KB173748

아버지의 자동차

메타디자인연구실

아버지의 자동차

우리가 마주하는 대부분의 역사는 영웅들의 역사다. 위대한 영웅들과 그들이 만들어낸 역사! 화려한 그들의 모습 속에서 우리는 영웅이 사후적 현상임을 망각하고 그들이 본래부터 영웅으로 태어난 것처럼 이해한다. 하지만 본래부터 영웅으로 태어난 이가 대단한 일을 하는 것이 아니라, 대단한 일이 있고 나서야 비로소 어떤 영웅이 탄생하는 것이다. 평범한 이가 역사적 사건을 통해 영웅으로 태어나고, 그 후에 비로소 역사가 출현하는 것이라고 보았을 때 영웅을 기록한 역사는 이중의 사후적 현상이라 할 수 있다.

영웅이란 것이 사후적 현상이기 때문에 시간을 거슬러 올라가는 움직임 속에서 역사가는 영웅의 영웅적이지 않음, 평범함보다 더욱 평범함과 마주할 수밖에 없다. 여기서 영웅의 서사를 믿는 역사가의 시선은 초점을 잃고 흔들린다. 이 지점에서 역사가들은 완벽한 서사라는 형식에 기대어 그 평범함을 배제하거나 어떤 비범함으로 포장함으로써 흔들림에서 벗어나려 한다. 이러한 역사가들의 포장과 배제에 의해 영웅의 영웅적임이 다시 영웅으로 이어지는 완벽한 서사, 하지만 그러한 이유로 허구적인 서사가 구성되는 것이다.

역사 주변에는 사실이라는 이름의 강박이 유령처럼 떠돈다. 역사는 여타의 이야기들과 다른 자신만의 정체성을 바로 이 사실이라는 이름을 통해 확인받으려 한다. 하지만 어쩌면 수다스럽게 '사실'이라는 용어를 반복함으로써 영웅의 역사는 자신에게 내재한 허구를 은폐하는 것인지 모른다.

영웅의 역사는 지배계급의 역사다. 그것은 영웅으로 태어난 영웅들만이 영웅적인 사건을 만들어간다고 주장함으로써 현실의 사회 구조를 고착화하고 역사적 헤게모니를 장악한 이들의 이익에 봉사한다. 그러한 역사를 받아들이는 순간 평범한 이들은 자신들의 무능을 당연한 것으로 받아들이고 억압의 구조를 순순히 받아들이게 된다. 영웅이 아니고, 영웅이 될 수 없으며, 따라서 자신은 역사의 주인공일 수 없다고 스스로를 자리매김하는 것이다.

새로운 역사는 영웅으로 태어난 이가 역사적 사건을 만드는 것이 아니라, 역사적인 사건을 만들어내는 이가 영웅으로 태어난다는 사실을 명확히 인식하는 데서 시작될 수 있다. 이것은 평범한 이들에게 희망의 메시지이다. 왜냐하면, 평범한 이들을 잠재력을 가진 존재, 언제든 역사적 영웅으로 다시 태어날 수 있는 존재로 호명하기 때문이다. 우리가 만일 이러한 역사 인식을 받아들인다면 현재는 새로운 미래를 만들어 낼 것이고, 미래는 새로운 역사를 가질 수 있을 것이다.

그런데 새로운 역사를 위한 또 다른 움직임이 있을 수 있다. 지금까지의 역사가 간과하고 은폐하는 지점들을 주목하는 것이 바로 그것이다. 그것은 죽은 자들을 불러들이고, 버려졌던 역사의 파편들을 모으며, 그것들을 다시 새롭게 조립하는 움직임 속에서 탄생한다. 지금 우리는 현재가 미래를 바꾼다는 진보적 세계관의 역상을 보아야 하는 것인지 모른다. 여기서 중요한 것은 현재가 과거를 바꾼다는 사실을 믿는 것이다. 이러한 믿음에 기대 탄생한 새로운 역사는 영웅의 역사가 주목하는 것들의 이데올로기적 성격을 드러내며 새로운 현재와 미래를 만들어 나갈 것이다.

'아버지의 자동차' 프로젝트는 바로 이러한 역사 인식에 토대를 두고 기획되었다. 다른 시기에 태어나, 다른 곳에서 자랐고, 따라서 서로를 알지 못하는 5명의 아버지들! 그들은 기존 역사가 주목하지 않았고, 그 시선으로부터 소외되었던 지극히 평범한 존재들이다. 그들의 삶, 그들의 이야기는 기존 역사의 잔해이고 파편이다. 하지만 그들과 그들의 이야기는 지금 이 시대를 살아가는 우리들의 과거이며, 동시에 미래 세대의 과거다.

　　여기에 등장하는 대부분의 아버지들은 1960년대에 태어나 공업화의 본격적인 움직임이 이루어진 80년대에 가정을 꾸렸다. 아버지의 자동차 프로젝트는 그들을 대단한 역사적 사건들의 증언자로 내세우는 데 관심이 없다. 이 기획의 관심은 그들을 배경으로 한 근대사의 사건들이 아니라, 오히려 그 사건들을 배경으로 한 아버지 자신들의 삶이다. 지금까지 누구도 주목하지 않았던 그들의 삶과 경험은 어쩌면 가장 생생한 역사적 기록이고, 앙상한 우리 근대사를 넘어서는 또 다른 역사적 풍경일 것이다.

5명의 아버지 이야기를 담고 있는 이 책은 기본적으로 크게 네 부분으로 이루어져 있다. 우선 첫 장에서 60년대 이후 한국 사회의 정치, 경제, 사회의 흐름과 의식주의 변화 모습을 다루고 있다. 이는 아버지들의 삶이 어떠한 사회적 맥락 속에 자리하고 있는지를 보여주는 좌표가 필요하다고 보았기 때문이다. 두 번째 장 역시 같은 맥락에서 60년대 이후 한국 자동차 산업에 대해 다루고 있다. 국내 자동차 생산 업체에서 생산한 자동차들의 흐름과 신문에 나타난 자동차 관련 기사, 그리고 자동차 관련 통계를 통해 그 흐름을 이해할 수 있을 것으로 기대했다. 세 번째 장에서는 자동차 산업의 현장에서 일했던 전문가들의 인터뷰를 실었다. 그리고 네 번째 장에서 5명의 아버지 이야기를 타임라인, 공간의 변화에 따른 아버지들의 자동차 경험, 그 경험들과 관련된 사실 자료들을 토대로 담아내었다.

　　모든 사물이 그러하지만, 자동차는 단순히 제품이기만 한 것이 아니다. 그것은 근대적 삶에 대한 꿈이자 약속이며, 다른 주체를 만들어내는 장치였다. 그것을 사용하는 이들이 그 구체적인 변화 내용을 알고 있든 그렇지 않든, 자동차는 그들과 그들의 삶을 빠르게 변화시켰다. 자동차가 없는 가정의 모습과 자동차를 소유한 가정의 모습은 다를 수밖에 없다. 자동차는 언제나 가정을 변화시킬 준비가 되어 있었고, 가정에 자리하면서 그러한 변화를 현실화하였다. 자동차가 품고 있는 근대적이고 이상적 가정의 모습이 현실화되면서 사용자들 역시 변화하였다. 본 기획이 주목하는 지점이 바로 여기다.

　　아버지들은 삶의 과정에서 자동차의 구입과 폐기를 반복하였다. 그 과정은 온갖 사연으로 채색된 삶의 풍경을 보여준다. 자동차 사용이 보편화된 오늘날, 삶에서 자동차는 가까이에 존재하는 당연한 것이 되었다. 바로 그 때문에 오히려 자동차가 가져온 변화의 내용이 어떤 것이었는지를 지각하고 떠올리는 것은 쉬운 일이 아니다. 그 내용을 알기 위해서는 경계의 지점, 다시 말해 문턱으로 향해야 한다. 자동차 이전에서 이후로 넘어가는 문턱, 그 문턱을 경험한 이들의 삶으로 말이다. 본 기획이 아버지들을, 그리고 아버지들의 전자제품을 주목하는 이유가 바로 여기에 있다. 아버지들의 삶은 하나하나의 자동차를 그들의 삶으로 초대하는 과정이었다. 그리고 그렇게 초대된 자동차는 구체적인 삶의 변화를 현실화하며 다양한 이야기들을 만들어 내었다.

기획을 처음 꺼내 들었을 때의 설렘은 아직 가시지 않았다. 하지만 벌써 계절이 두 번 바뀌어 제법 쌀쌀한 바람이 분다. 아버지들은 여전히 자동차를 사용하고 있고, 그 과정에서 새로운 사연과 이야기들은 또 만들어지고 있다. 그 조각난 이야기들은 누군가의 발견을 기다리는 잔해로 한참을 보낼 것이다. 어쩌면 영원히 잔해로 남아 있을 수도 있다. 그것을 운명으로 믿으면서 말이다.

　　2016년 가을의 문턱에서
　　오창섭

목차

1960년 이후,
한국

의복 문화

'대한복식디자이너 협회'설립

6.25가 가져다준 의상의 급전도. 스카트폭은 좁아서 걸음이 부자유스러울 지경이었고, 비난도 많았으나 용감한(?) 여성들이 부지런히 좁은 스카트를 입고 몇년을 걸었다. 외국에서는 H라인이 나오고 이어서 A라인이 발표되고 우리도 이것을 닮기에 바빴다. … 이처럼 우리는 외국의 패션을 부지런히 받아들여 소화도 해보고 때로는 소화되지 않은채 넘겨도 보았다.

출처: "돌이켜본 옷의 流行(유행)", 〈동아일보〉, 1963. 8. 16

돌이켜본 옷의 유행
출처: "돌이켜본 옷의 流行(유행)", 〈동아일보〉, 1963. 8. 16

가수 윤복희,
한국 최초 미니스커트 착용

최초의 월간 패션지
'衣裳(의상)' 창간

신세계백화점, 최초로
크레디트 카드제 실시

노라노 여사의 두번째
포부는 기성복의 보급이다.
원래 전공부터가 하이 · 패션 ·
기성복 · 디자인이었다.
20년간 주문복 디자인을
하면서 기성복이 발을
디디고 설 때를 기다려왔고
이제 그때가 왔다고 여사는
생각한다.
출처: "기성복의 보급 - 노라노
여사의 포부", 〈경향신문〉, 1966.9.3

노라노 여사 인터뷰
출처: "기성복의 보급 - 노라노
여사의 포부", 〈경향신문〉, 1966.9.3

유행하던 패션의 모습
출처: "衣裳(의상) 韓國最初(한국최초)의 패션雜誌(잡지)",
〈동아일보〉, 1968.12.14

1월, '남대문 최신시장'으로
개설

12월, '동대문 종합시장' 개설

군이 통일된 한 벌을 맞추지 않
더라도 스커트, 베스트,
블라우스, 쉐터 등등
몇가지를 가지고 껴입기,
결합, 선택, 곁들이기 등으로
항상 신선하고 개성적인
美(미)를 나타낼 수 있게 될
것이다. … 이러한 모드에
관해 패션평론가들은 '그것은
소비자중심의 패션화라고
말할 수 있다. 획일화된
정보사회에서 개성화의
움직임이라고 볼수있다'고
논평하고 있다.
출처: "개성미에 사는 현대여성",
〈매일경제〉, 1972.9.20

히피풍의 청바지(블루진)가
난무하고 있다. 밀물같은
조류를 타고 우리나라에
상륙한 청바지는 72년경부터
두각을 나타내기 시작,
이젠 청바지 시대라고 할만큼
눈길을 덮는다.
출처: "패션의 흐름(10) 청바지",
〈매일경제〉, 1974.6.8

명랑하면서도 품위지니게
출처: "여성", 〈경향신문〉, 1970.1.26

남성의 멋
출처: "새로운남성「패션」", 〈매일경제〉, 1970.6.30

당시에도 청바지가
출처: "패션의 흐름(10)
靑(청)바지", 〈매일경제〉, 1974.6.8

75

76

77

78

79

최초의 대기업 기성복 패션쇼
'댄디맥그리거 패션축제'

대기업의 기성복 업계 진출
'캠브리지', '제일모직' 등

여성의류브랜드 '톰보이'
벨트, 핸드백 등 판매 시작

76년 패션의 전모는
복고풍의 완전정착이다.
舊美(구미)의 패션에
절름발이 걸음을 하며 따르던
복고 모드가 금년에야 비로소
정착하게 될 거 같다.
출처: "76 패션 이모저모",
〈매일경제〉, 1976. 1. 10

맘보형 바지
출처: "安定感·古風의 물결 75년
여름패션 경향", 〈매일경제〉,
1975. 1. 18

대기업의 기성복 진출에 대한 화려한 예고
출처: "財閥企業(재벌기업) 旣成服(기성복)·패션…", 〈매일경제〉, 1978. 5. 8

1980	81	82	83	84

독일 스포츠 브랜드
'아디다스' 수입

미국 스포츠 브랜드
'나이키' 수입

토종 스포츠 브랜드
'프로스펙스' 탄생

신세계 백화점 업계 최초
현금자동지급기 설치

교복자율화 실시

미국 청바지 브랜드
'리바이스' 수입

캐주얼의상이 놀랍도록
다양하고 대담해진 것과
함께 패션잡지를 찾는
청소년들이 크게 늘어난 것은
교복자유화조치 이후 패션에
대한 관심이 부쩍 높아진
탓이라며 지나친 사치를
걱정하는 어른들이 많다.
그런가하면 '학생답다는게
바로 촌스럽다는 뜻은
아니잖느냐'며 세련된
패션감각을 익히려는 노력은
당연하다고 청소년들은
말한다.
출처: "세련 눈뜨는여고생 패션",
〈동아일보〉, 1983. 7. 4

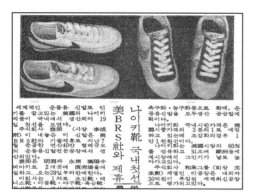

우리나라에 최초로 나이키가 들어오다
출처: "풍영 나이키靴(화) 국내첫선 美(미)BRS社(사)와 제휴", 〈매일경제〉,
1981. 8. 19

옷차림을 고민하는 여고생
출처: "「세련」눈뜨는「女高生(여고생)」
패션", 〈동아일보〉, 1983. 7. 4

기성복의 인기
출처: "색깔·디자인 주류는 복고조
올가을 기성복 패션", 〈동아일보〉,
1984. 9. 12

| 85 | 86 | 87 | 88 | 89 |

85

프랑스 의류 브랜드
'라코스테' 수입

86

스포츠 브랜드 '르까프' 탄생

중저가 패션브랜드
'이랜드' 탄생

87

영국 스포츠 브랜드
'리복' 수입

이탈리아 스포츠 브랜드
'엘레세' 수입

88

신사복 전문 브랜드
'빌트모아', '브랜우드',
'브룩스힐' 탄생

클래식 스타일 브랜드
'빈폴' 탄생

89

미국 캐주얼 브랜드
'켈빈클라인' 수입

한 번도 엘리베이터 걸들에게 말을 건네지 않았다. 두터운 화장으로도 감출 수 없는 어머, 애 왜 이럴까? 를 보기가 싫어서였다. 비슷한 직종이 지금도 있는지 알 순 없지만, 무렵의 그녀들은 정말이지 〈특별〉했다는 생각이다. 그것은 일종의 문화적 충격이었다. 말하자면 80년대에 대형백화점이 들어서기 전까지, 한국인은 한 번도 그런 유형의 인간을 접해본 적이 없었다. 우선 엘리베이터에 타는 순간 가면이라도 쓴 듯한 큰 키의 여자에게 모두가 압도되었다. 강렬한 원피스와 모자, 차라리 한 겹의 마스카라 봐야 할 화장…, 단정하면서도 오버하는 몸동작과 무엇보다 그 말투와 목소리….
출처: 박민규, 『죽은 왕녀를 위한 파반느』, 예담, 2009, p. 99

토틀패션은 구두 운동화 양말로부터 T셔츠 재킷 모자 등을 비롯해 팔찌 귀고리 목걸이 핸드백 머플러 등의 생활의 모든 것을 한 건물에서 전시, 소비자 취향대로 여러 가지를 구입할 수 있도록 한 것. 80년대 들어와 유니섹스모드가 유행하면서 하나 둘씩 등장하기 시작한 토틀패션 전문점은 최근 30여개로 늘어나 호황을 누리고 있다.
출처: "의생활 혁명…토틀패션", 〈경향신문〉, 1987. 5. 19

명동의 하이패션상권이 강남지역으로 옮겨지면서 압구정동·청담동 등이 새로운 하이패션가로 부각되고 있다. … 이는 강남지역에 고소득층이 많아 구매력이 있는데다 주차시설 등이 편리, 쇼핑환경 조성이 유리하고 각 하이패션업체가 강남지역에 직영매장을 전략적으로 집중 준비하고 있기 때문이다.
출처: "강남 하이패션가 부상", 〈매일경제〉, 1988. 10. 13

삼성물산의 한 관계자는 이같이 특수패션시장이 뜨겁게 달아오른데 대해 "올림픽으로 스포츠 붐이 일고있는 데다 건강과 미용에 대한 관심이 높아지고 편안한 것을 좋아하는 현대인의 성향이 패션과 기능의 양면성을 요구하기 때문"이라고 풀이한다.
출처: "스포츠의류에 패션바람", 〈동아일보〉, 1988. 3. 31

토틀패션화
출처: "의류 위주 탈피", 〈매일경제〉, 1986. 2. 22

중저가 의류업체들의 거리 점령
출처: "의류업계 中低價(중저가)상품 돌풍", 〈동아일보〉, 1989. 11. 4

개방화시대의 도래와 함께
홍수처럼 밀려들고 있는
외국브랜드와 숫자가 크게
늘고 있는 국내 고유 브랜드가
뒤섞여 소비자들의 판단을
혼란스럽게 만들고 있다.
출처: "브랜드 '홍수' 소비자는
혼란스럽다' 신발 · 의류 국내외 상표
점검", 〈한겨레〉, 1991. 11. 9

올봄에 가장 눈길을 끄는
현상은 남 · 여성복 전반에
걸쳐 복고풍, 특히 60년대의
낭만적이고 낙천적인 분위기
연출이 두드러져 '유행은
돌고 돈다'는 말을 실감하게
한다.
출처: "올봄 패션 60년대 복고풍 유행",
〈한겨레〉, 1991. 3. 20

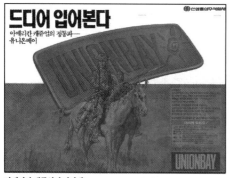

아메리칸 캐쥬얼이 뭐길래
출처: "드디어 입어본다 아메리칸 캐쥬얼의 정통파- 유니온베이", 〈동아일보〉,
1990. 4. 23

입고 또 입고
출처: "겨울 패션 '겹처입기' 바람",
〈한겨레〉, 1993. 10. 31

95

동대문 '밀리오레',
'두타' 개점

96

명동 패션 전문점
'유투존' 오픈

롯데백화점,
국내 첫 인터넷쇼핑몰 오픈

97

제1회, 서울패션위크 개최

98

99

'리바이스',
자사제품 인터넷 판매 독점

'이른바 유행패션 실종시대'
국제통화기금 (IMF) 한파로
패션업계의 신제품 출시가
줄어든 탓도 있지만 새로운
유행을 좇을 만큼 소비자들이
경제적 여유가 없는 것도
한 원인 … 예전 같았으면 최신
유행으로 무장한 여인들이
삼삼오오 몰려다녔을 거리엔
'제각각 패션'이 어느새 새로운
흐름으로 자리잡았다.
출처: "유행패션이 사라졌다",
〈동아일보〉, 1998.4.27

동대문 시장 대형 쇼핑몰이
실험한 기존재래시장이나
패션업계와는 완전히 다른
형태의 유통이 어느정도
성공하고 있는데서
전국적으로 패션몰이
확산되는 이유를 찾을 수
있다.
출처: "도소매벽 허물어 유통구조
바꾼다", 〈매일경제〉, 1999.11.30

당시 유행하던 스타일
출처: "10~30대까지 '셔츠드레스' 붐", 〈경향신문〉, 1996.5.27

빈티지도 패션으로
출처: "낡아보이는 '빈티지진',
새 유행 물결", 〈경향신문〉, 1999.9.30

아방가르드했던 서울의 패션쇼
출처: "패션코리아 이미지 높인다", 〈매일경제〉, 1997.10.18

2000

01

스트리트 패션과 쇼핑몰을
결합한 '힙합퍼닷컴' 오픈

미국 스포츠브랜드 멀티숍
'The Athlete's Foot' 수입

캐주얼의류브랜드
'베이직하우스' 탄생

02

한·일월드컵 개최와
붉은악마 탄생

일본슈즈멀티숍
'ABC마트' 수입

03

'웰빙'산업의 유행

'얼짱' 신조어 탄생

'빅사이즈몰' 등 맞춤형
인터넷쇼핑몰 창업 확산

04

해외명품브랜드,
한국패션시장 46% 차지 기록

롯데닷컴, 수입진 브랜드
전문 매장 오픈

군복무늬의 '밀리터리 룩
(military-look)'열풍이
미국에 몰아치고 있다.
여성패션은 물론 가방, 비키니
수영복, 소파까지 군복무늬를
넣은 제품이 날개돋친듯
팔리고 있는 것.
출처: "美 군복무의 '밀리터리 룩'
열풍", 〈한국경제〉, 2001.1.15

1318(중고생)= '선행후사'
(일단 저지르고 본다) 1318
세대의 키워드는 '사이버'다.
… 주된 관심사는 연예인등
유명인의 동향(52%).
스타들의 패션이나 말투를
모방하고 추종하기를 즐긴다.
출처: "〔소비자가 변한다〕(1)
소비 트렌드… 세대별 라이프스타일",
〈한국경제〉, 2001.11.8

몇몇 명품은 누구나
하나쯤은 소유하고 있을
정도의 이른바 '국민
브랜드'로 등극했다. …
신기록 행진이 가능했던 것은
신명품이라 불리는
'매스티지(masstige)'의 인기
덕택이다.
출처: "'매스티지' 뜨거운 유혹",
〈주간경향〉, 2004.7.8

이제는 전설이 된 붉은 악마
출처: "붉은 악마 응원복 입은
공무원들", 〈연합뉴스〉, 2002.5.31

넓어진 패션의 프리즘
출처: "'츄리닝' 누가 촌티난다고 했나!", 〈경향신문〉, 2003.7.10

패션계를 흔들었던 당시의 이효리
출처: "효리의 몸이냐? 수영의
감성이냐?", 〈주간한국〉, 2003.9.26

O5

일본 스파브랜드
'UNIQLO' 수입

성주그룹, 'MCM' 인수

신인디자이너 의류유통사
'에이랜드' 탄생

O6

기성복 의류제조업체
'LF' 탄생 (前 LG패션)

O7

미국 스파 브랜드
'GAP' 수입

스페인 스파 브랜드
'ZARA' 수입

FILA 코리아,
이탈리아 스포츠 브랜드
'FILA' 본사 인수

O8

아웃도어 시장규모
1조 8천억원 돌파

O9

온라인 디자인 멀티숍
'매그 앤 매그' 탄생

가장 큰 경쟁력의 원천은
속도다. 소비자들의 니즈를
신속히 파악해 '빛의 속도'
만큼이나 빠른 속도로
제품을 내놓는다. … 자라는
매장에서 소비자의 수요를
즉각 파악·연구해
디자이너들에게 신속히
제작을 의뢰하는 전략을
구사한다. 새 제품 출시기간이
4~8주에 불과하다.
출처: "'패스트패션' 휩쓴다",
〈매일경제〉, 2005. 6. 21

그녀에 비하면 앞자리 여자는 이야기를 상상해낼 만한 게 없다.
긴 스트레이트파마에 한창 유행하는 짧은 팬츠에 킬힐을
신고 속눈썹을 검게 칠한 공들인 화장을 했다. 예쁘긴 한데
전형적이다. 불특정 다수 모두에게 잘 보이려고 기를 쓰고
치장했다는 느낌 때문에 어딘지 천박해보인다. 아마 처음에
남자는 저 여자의 세련된 전형성에 더 끌렸을지도 모른다.
예쁘다는 실감에 앞서, 저런 모습이 예쁜 거라도 끊임없이
세뇌하는 유행이라는 상업 패턴에 속았을 것이다.
출처: 은희경, 『태연한 인생』, 창비, 2012, p. 31

'아이돌그룹 빅뱅'이
발목까지 올라오는 운동화를
즐겨 신으면서 하이탑슈즈가
일명 '빅뱅신발'로 통하며
인기몰이를 하고 있다.
출처: "너도 나도 하이탑슈즈",
〈노컷뉴스〉, 2008. 5. 6

패션의 선두, 동대문
출처: "실속파 멋쟁이들은 이 곳에
간다", 〈한국일보〉, 2007. 8. 30

아이돌이 대중에게 미치는 힘
출처: "소녀시대 컬러풀 스키니진, 올봄 잇(it) 아이템", 〈아이뉴스〉, 2009. 2. 17

'인디 브랜드'는, 기성 브랜드에 속하지 않은 디자이너들이 직접 만든 개인 브랜드를 말하는데요. '유행의 1번지' 명동과 가로수길을 중심으로 사랑 받기 시작해서, 이젠 개성파 멋쟁이들의 필수 아이템으로 떠올랐습니다.
출처: "'틀에 박힌 패션은 거부한다' …패션시장에 부는 '인디' 열풍", 〈SBS CNBC〉, 2011. 11. 14

남자스트릿패션, 여자스트릿패션에 대한 관심은 세계적인 추세다. 국내도 마찬가지. 최근 인기를 실감하듯 스트릿패션 관련 업계의 움직임이 분주하다. 최근 온라인을 중심으로 스트릿패션을 테마로 한 웹사이트, 블로그 등이 속속 등장해 스트릿 패션 열풍을 주도하고 있다.
출처: "엣지가 철~철~, 잘 빠진 스트릿패션 셀러브레이티 '상한가'", 〈스포츠 조선〉, 2012. 3. 2

'놈코어'는 '노말(normal)'과 '하드코어(hardcore)'의 합성어로… 디자인보다는 실용성에 기반을 둔, 성별을 구분하지 않는 패션으로 설명할 수 있다.
출처: "트렌디하지않은 트렌디, 올가을 '놈코어 패션'이 뜬다", 〈머니투데이〉, 2014. 8. 14

아메리칸 캐주얼 스타일의 유행
출처: "아베크롬비·홀리스터 인기 있는 이유? 오프라인매장에서 직접 느껴", 〈한국경제〉, 2012. 2. 7

스트릿 패션으로 개성표현
출처: "엣지가 철~철~, 잘 빠진 스트릿패션 셀러브레이티 '상한가'", 〈스포츠 조선〉, 2012. 3. 2

놈코어 패션의 예시
출처: "트렌디하지않은 트렌디, 올가을 '놈코어 패션'이 뜬다", 〈머니투데이〉, 2014. 8. 14

유통업계에 따르면, 올봄
패션트렌드는 '무난함'이
주도할 것으로 전망된다.
롯데백화점과 이랜드, 또
갤러리아명품관은
"화려함보다는 튀지 않는
디자인이 올봄 인기를 얻고
있다"고 말했다.
출처: "올봄 패션 트렌드, 키워드는
'무난한 스타일'", 〈아시아 뉴스통신〉,
2016. 3. 16

1960년 이후,
한국

음식 문화

1960

국내 최초 전기구이 통닭집
'명동 영양센타' 개점

61

62

혼분식 장려운동 전개 결정

세궁민 대상으로 쌀과 밀가루
무상배급

동아제약 '박카스' 출시

63

국내 최초 인스턴트 라면
삼양식품 '삼양라면' 출시

밀가루 제품 생산업체에
밀가루 배급지원

국내 최초 대량생산 아이스바
롯데삼강 '삼강하드' 출시

64

삼립식품 '크림빵' 출시

28일 상오 농림부는
신년도부터 실시할 절미운동
요강을 밝혔는데 지난 26일
각의에서 의결한 동요
강에서는 쌀가게에서 쌀을
팔 때 쌀은 팔 할 이하, 잡곡
이 할 이상의 비율로 팔아야
하며 음식점 등 접객업소도
이 할 이상의 잡곡을
혼식시키고 각 가정은 이일
일식은 분식을 여행토록
규정했다.
출처: "새해부터 전국서 절미운동".
〈동아일보〉, 1962. 12. 28

우리나라 최초의 라면은
삼양식품에서 1963년 출시한
'삼양라면'이다. 당시 1봉지
가격은 10원이었다.
삼양식품의 전신인 삼양식품
공업주식회사의 창업주
전중윤 명예회장이 식량난을
해소하기 위해 일본
묘조식품의 기술을 전수받아
출시했다. 우리나라 최초의
라면인 당시 삼양라면은 라면
시장을 선점하면서 '국민
라면'으로 자리 잡았다.
출처: "우리나라 최초의 라면,
1953년 출시된 삼양라면…
1봉지 당 가격은?", 〈스포츠동아〉,
2014. 12. 12

서울시는 하루벌이
노동자들의 점심을 위해 매일
3만6천6백 그릇의 국수를
실비로 나누어 주기로 했다.
시내 1백22개소에 설치될
민영실비식당에서는
2백50 그램의 국수 한 그릇을
실비인 12원에 나누어준다.
출처: "국수 한그릇 12원", 〈경향신문〉,
1964. 6. 10

전기구이 통닭원조
출처: 지면광고, 〈경향신문〉,
1966. 3. 2

전국문화원 활동상황 김천문화원 식생활개선을 위한 혼분식 특별요리 강습
출처: 국가기록원 - 기록으로 살펴보는 의식주 문화 - 사진기록물

**아이스케키를 사먹기 위해
몰려든 아이들**
출처: "[100년을 엿보다] (34)
아이스케키와 아이스크림",
〈경향신문〉, 2010. 6. 20

65

롯데공업 '롯데라면' 출시

66

의무 학교급식 계획 수립 및 시범

국내 최초 식물성기름 사조해표 '해표식용유' 생산

67

소고기 등급제 시행

보리를 이용한 제품 대거 등장

코카콜라社 '환타' 출시

68

'삼양라면' 첫 수출

식생활개선사업 시행

롯데제과 '그린껌' 출시

서울우유협동조합 '초코우유' 출시 (現 서울우유)

69

수·토요일 점심, 밥 판매금지고시(분식의 날) : 무미일 無米日

인스턴트 라면 발명의 영향으로 식품의 인스턴트화 열풍

라면의 유행 시작, 한 해 동안 1500만 봉지 판매

1960년대부터는 닭 사육만을 전문으로 하는 양계 농가가 생겨나기 시작하여 양계 산업이 본격적으로 성장하게 되었으며, 1960년대 중반부터는 산란계(産卵鷄)가 아닌 육계(肉鷄)를 전문으로 사육하는 양계장이 등장하였다. 한편, 동방유량(주)에서 1966년 '해표식용유'란 이름으로 국내 최초로 식물성기름을 대량 생산하기 시작한 것은 닭을 튀기는 요리법이 급증하는 계기를 마련하였다.
출처: "샐러드미인백과", Retrieved June, 10, 2016 from http://me2.do/FOAkruzk

쌀을 주식으로 하는 우리 식생활의 결함을 보완하기 위하여 보리의 활용범위를 높이려는 노력이 결실을 보았다. 연세대학교 가정대학은 농림부의 위촉을 받고 보리를 주 원료로 사용하여 음식을 만들어 보았는데 그 중 영양면으로나 맛으로나 훌륭한 보리음식 1백13종을 선정, 그 조리법과 영양가를 발표하기에 이르렀다.
출처: "보리쌀로 만든 음식", 〈동아일보〉, 1967. 2. 11

최근 대중화하는데 크게 성공한 '라면' 등에 이어 식품업계에서도 각종재래식 식품이 점차 '인스턴트'화 되어가고있다. 이는 작년부터 면류로 모밀국수, 냉국수 등이 일본메이커와의 기술제휴아래 '인스턴트'제품으로 등장하였으며, 최근에는 또 팥죽을 비롯해 콩비지, 빈대떡까지도 '인스턴트' 제품화되어 시중에 발매되고 있는 것이다.
출처: "식품 점차 '인스턴트'화", 〈매일경제〉, 1969.1.18

콩비지 광고
출처: 지면광고, 〈매일경제〉, 1969. 2. 4

1970	**71**	**72**	**73**	**74**
해태제과 '브라보콘' 출시	국내 최초의 국산 향음료 동아제약 '오란씨' 출시 삼립식품 '호빵' 출시	식량 증산정책으로 통일벼 등장과 평가회 개최	'오란씨' 파인향 출시 롯데제과 대형 껌 세트 출시 '쥬시후레쉬', '스피아민트', '후레쉬민트'	식품업계, 신제품 개발붐 삼립식품 '퍼모스트투게더 (俔 투게더)', '호이호이' 출시 삼립식품 국내 최초의 습면 '하이면' 출시 롯데제과 '은단껌' 출시 서울우유협동조합 '바나나우유' 출시

국내 자본으로 만든 '최초의 플레이버(flavor·향) 음료'라는 콘셉트를 내세웠다. 처음에는 오란씨도 오렌지향을 생산했으나 환타의 두꺼운 벽을 넘기가 쉽지 않았다. … 동아식품(동아오츠카 전신)측은 TV·지면 광고 외에도 미스 오란씨 선발대회를 여는 등 마케팅에 각별한 관심을 기울였다. 채령, 김윤희, 송혜령 씨 등이 오란씨 광고모델을 거치며 스타로 부상했다. 오란씨가 표방한 '상큼함'의 판터지는 최근까지 문학작품으로 변주될 만큼 대중적 영향력을 발휘했다. 소설가 배지영 씨는 지난 2월 펴낸 첫 소설집과 그 표제작의 제목을 〈오란씨〉로 붙였다. 소설 속에서 오란씨는 주인공들의 꿈이자, 희망이자, 환상을 표상한다.
출처: "[100년을 엿보다](31) 청량음료", 〈경향신문〉, 2010.5.30

함박눈이 소복이 내린 한겨울 아침이면 대문 앞에 배달된 우유를 가지러 나가기가 정말 싫었다. 일단 날이 추워 움직이기 싫은 데다 만지면 소름이 돋을 정도로 차가운 우유병 때문이었다. 그렇지만 일단 우유를 들고 집안에 들어오면 아침식사 준비로 한창 바쁜 엄마 뒤로 가서 우유를 데워먹겠다고 난리법석을 부렸다. 중탕할 냄비에 물을 넣고 끓인 뒤, 그 물에 우유병을 데우면 끝이었지만 이따금 병이 깨져 난감할 때도 있었다.
출처: "[100년을 엿보다](2)·우유", 〈경향신문〉, 2010.1.3

식품업계 신제품 개발붐. 성수기 앞두고 유가공 제품·주류 등 각축 벌일듯. 식품업계에 신제품 개발붐이 일어나고 있다. 이같은 현상은 식품산업이 경기변동에 크게 영향을 받지 않는 업종인데다 인스턴트식품에 대한 수요가 계속 늘어나고 있기 때문인것으로 풀이되고 있다. 더구나 지난해보다 20~30%의 매상증가를 계상해온 식품메이커들은 이고지 점령을 위한 방법의 하나로 신제품 개발에 나서고 있어 성수기를 앞두고 치열한 판매경쟁이 예상되고 있다.
출처: "식품업계 신제품 개발붐", 〈매일경제〉, 1974.3.9

한 우유 배달원이 자전거에 실은 짐 상자에서 배달할 우유를 꺼내고 있다
출처: "[100년을 엿보다](2)·우유", 〈경향신문〉, 2010.1.3

75

롯데공업 '농심라면' 출시,
'농심'으로 사명 개칭

76

커피믹스, 동서식품을 통해
세계 최초 탄생

해태음료
'써니텐(Sunny10)' 출시

케익류 빵 '보름달' 출시

77

최초의 프라이드치킨 전문점
'림스치킨' 개업

통일벼 생산 영향으로 주곡
자급 달성

78

금지되었던 쌀막걸리 재생산

버터, 커피원두, 맥주, 바나나
등 소비재 수입 대폭 개방

청량음료 소비 급증

79

최초 국산 카라멜
'오리온 밀크 카라멜' 출시

동아제약 식품사업부 분리,
'동아오츠카' 탄생

커피와 크림, 설탕을 배합한
고급 방습포장 일회용 가용성
커피믹스는 인스턴트 커피를
한 단계 발전시킨 파생
제품이었다. … 세계적으로
유례가 없는 제품으로 소비자
시각에서 국내에서 처음
개발한 제품이다.
출처: "[Brand Story] 커피믹스는
'빨리빨리'가 만든 발명품", 《매일경제》,
2014. 11. 4

1977년에는 통일형이 전체
논 면적의 반이 넘는 54%에
재배되었다. … 정부는
1977년 1월11일 무미일을
폐지하고 10월 14일에는 쌀의
7분도정제를 폐지하였으며,
그동안 금지해 왔던 쌀
막걸리가 14년 만인 1977년
12월 8일에 재등장하였다.
출처: "신품종 개발",
Retrieved August, 29, 2016
from http://theme.archives.go.kr/
next/foodProduct/newVariety.do

계속되는 불볕더위에
청량음료가 불티났다.
본격적인 무더위가 시작된
지난주 초부터 폭발적으로
늘어나고 있는 사이다. 콜라
등 각종 청량음료의
예상수요는 7월과 8월 사이에
월 2억2천만 병. 그러나 국내
생산능력은 기껏 1억7천만
병에 불과, 이를 풀가동해도
수요를 따를 수 없고 빈병
공급의 차질 등이 겹쳐
올여름은 더위와 함께 심한
갈증에 시달려야 할 것 같다.
출처: "무더위 즐기는「복경기」청량
음료 불티", 《동아일보》, 1978. 7. 26

청량음료 불티
출처: "무더위 즐기는 '복경기' 청량음료 불티", 《동아일보》, 1978. 7. 26

오리온 밀크 캬라멜
출처: "국내 최초의 카라멜은 어디?",
Retrieved August, 15, 2016
from http://www.sisabiz.com/biz/
article/67773

1980	81	82	83	84
		국내 최초 외식업체 '(주)놀부'의 시초, '놀부보쌈' 개업	국수류 판매 전문 체인점 '장터국수' 개점	종로2가, 'KFC' 1호점 개점
			돼지고기 포장제 시행	종로3가, '버거킹' 1호점 개점

증가하는 외식 업체
출처: "패스트푸드가 몰려온다 외식산업 '팽창'", 〈경향신문〉, 1990. 5. 14

85	**86**	**87**	**88**	**89**
이태원, '피자헛' 1호점 개점	농심 '신라면' 출시	자기과시풍조 퇴색 및 가족 외식 알뜰화 추세	압구정, '맥도날드' 1호점 개점	대학로, 진로㈜ 펍 레스토랑 '헬로우 두꺼비', 패스트푸드점 '뽀빠이스' 개점
대형 닭고기 생산업체 '마니커' 등장	대형 닭고기 생산업체 '하림' 등장		방이동, 국내 최초 편의점 '세븐일레븐' 1호점 개점	신사동, 어묵 패스트푸드 체인점 '삼호랑' 1호점 개점
			신사동, 미도파 백화점 레스토랑 '코코스' 1호점 개점	지하철 역사 내 간이식당 인기

요즘에야 라면 하면 '매운맛'을 연상하지만, 86년 '신라면'이 출시되기 전에만 해도 라면은 순한 맛이 많았다. 매운맛을 콘셉트로 잡은 신라면은 당시 100~120원 대이던 일반 라면에 비해 200원으로 고가정책을 취하면서 라면시장의 판도를 뒤흔들었다. 지난 20여년간 라면업계 부동의 1위 역시 신라면이 지켰다. 검은색과 붉은색으로 이뤄진 제품 패키지 디자인은 한국을 대표하는 디자인으로도 선정됐으며, 20여년 전 패키지 디자인 그대로 전 세계 70여개국에 수출되고 있다.
출처: "100년을 엿보다)(28)라면". 《경향신문》, 2010. 5. 9

가족동반외식이 늘어나면서 그 유형 도한 점차 경제화, 알뜰화되고 있다. 우리나라에 외식산업이 뿌리내리기 시작한지도 꽤 오랜 세월이 흘러 이젠 주말을 이용한 가족 동반 외식이 전혀 낯설지 않게 되었다.
출처: 가족외식 알뜰화 추세". 《매일경제》, 1987. 8. 8

지하철 간이식당에서 아침식사를 간단히 해결하는 새로운 풍속이 지하철역을 중심으로 퍼져가고 있다.
출처: "시간도없고 입맛도 없어, 지하철식당에 아침손님 몰린다". 《한겨레》, 1989. 4. 5

독특한 맛과 다양한 메뉴, 그리고 정통 캘리포니아 서비스를 만나는 곳 - "코코스"
출처: 지면광고, 《매일경제》, 1995. 4. 15

지하철 역사 내 간이식당 인기
출처: "따끈한 새벽출근 지하철 간이식당 인기", 《경향신문》, 1991. 1. 9

1990

오금동, '도미노피자' 1호점 개점

주류업계 (진로, OB, 백화주조) 전문레스토랑 열풍

주류업계 전문레스토랑 속속 개점. 진노 「헬로우두꺼비」 유럽풍장식 값도싼편. 「백화주막」청주에 곁들인 전통 안주류 별미. 국내주류 업체들이 사업다각화 및 건전한 주류문화정착을 위해 잇따라 전문외식 레스토랑을 개점, 관심을 끌고있다.
출처: "주류업계 전문레스토랑 속속개점", 〈매일경제〉, 1990. 2. 7

91

우리나라 최초의 센트럴키친 등장〔(주) 놀부 설립〕

서초동, 멕시코 음식점 '타코벨' 1호점 개점

여의도, 샌드위치 전문점 '서브웨이' 1호점 개점

주말 가족 근교 드라이브 여행객 증가

배달 음식 서비스 성업

요즘은 겨울이라도 주말이나 공휴일이면 간편한 캐주얼 복장으로 가족과 함께 드라이브겸 주말여행을 즐기는 이들이 급격히 늘고있다. 서울의 경우 도로공사의 집계에 따르면 지난해 12월 한달동안 매주 평균 20만~35만명이 서울을 빠져나갔다가 다음날 돌아오는 것으로 나타났다.
출처: "소문따라 절경따라 겨울주말 '별미여행'", 〈경향신문〉, 1991. 1. 18

최근에는 별도의 매장없이 배달판매만 하는 전문 업소까지 등장했고 매장 안의 좌석을 없애고 가져가서 먹도록 하는 형태의 도시락 전문점이 선보였다. … 피자헛도 매장별로 1~2대의 배달전용차량과 오토바이를 배치하면서 배달판매의 비중이 20%이상 늘어났고….
출처: "'전화주문 외식배달' 인기", 〈매일경제〉, 1991. 11. 21

92

국내 최초 패밀리레스토랑 'TGI Friday' 개점

93

창동, 'E마트' 1호점 개점

야식 배달 전문업체 등장

94

논현동, 패밀리레스토랑 '스카이락' 개점

일산, 'E마트' 2호점 개점

양평동, '프라이스클럽' 1호점 개점

신촌, 신개념 복합문화공간 '민들레영토' 1호점 개점

야식 배달 전문업체 성업

새손식품의 한 관계자는 "야간에 갑작스런 손님을 맞은 가정주부나 늦게까지 영업을 하는 점포들 그리고 심야근무 인구가 많은 오피스텔을 중심으로 수요가 크게 늘어나고 있다"고 밝혔다.
출처: "야식전문업체 속속 등장", 〈매일경제〉, 1995. 6. 26

'헬로우 두꺼비'에서의 식사
출처: "주류업계 전문레스토랑 속속개점", 〈매일경제〉, 1990. 2. 7

겨울週末 "別味여행"

늘어나는 주말여행
출처: "소문따라 절경따라 겨울주말 '별미여행'", 〈경향신문〉, 1991. 1. 18

95

청담동, '시즐러' 1호점 개점
잇따라 2, 3호점 개점

잠원동, '킴스클럽' 1호점
개점

혜화동, '베니건스' 1호점
개점

외식산업 체인점 경쟁 가속화

국내 패밀리레스토랑은 지난
91년 2백50억원에
불과했으나 94년
7백 50억원의 시장을
형성했고 95년 1천1백억원,
98년에는 4천억원대로
매년 47%가 넘는 고성장을
기록할 것으로 전망된다.
출처: "외국계 외식업체 점포수
늘리기 경쟁", 〈매일경제〉, 1995. 2. 20

96

송림동, '마크로' 1호점 개점
일산, 2호점 개점

중동, '까르푸' 1호점 개점
일산, 2호점 개점

가정 내 외식지출비 증가

도시 근로자들이 차를
굴리거나 외식을 하는데에
돈을 많이 쓰고 있다. …
10년간 소득은 연평균 16.8%
늘었는데 교통통신비는
23.5% 증가했다. 교통통신비
중 차를 구입하고 유지하는
데에 들어간 개인교통비
증가율은 소득 증가율의
약 4배인 연평균 61.4%에
달했다. 외식비도 소득증가
속도의 약 2배인 29.5%씩
늘어났다.
출처: "도시근로자 자가용·외식에 돈
많이쓴다", 〈경향신문〉, 1996. 10. 17

97

이화여대 앞,
'스타벅스' 1호점 개점

공항동,
제일제당 'VIPS' 1호점 개점
'아웃백' 1호점 개점

압구정, '우노' 1호점 개점

98

IMF의 영향으로 외식비 및
외식횟수 급감

퓨전푸드의 유행 시작

국내 최초 대형 실내 포장마차
'한신포차' 탄생

가계소득이 1년 사이
23.4%가 줄자 외식비를 가장
많이 줄였고(39.5%)
사교육비 24.4%, 축의금
23.4%, 조위금 22.6%를
각각 줄였다. 외식횟수는 월
평균 4.7회에서 1.3회로
감소했으며 31.4%는 전혀
외식을 하지 않는다고
응답했다.
출처: "도시민 'IMF나기' 외식발길
뜸해졌다", 〈동아일보〉, 1988. 12. 3

99

외식비 절감을 위한
외식 대용품 유행

'국진이빵' 출시

생과일 전문점 '캔모아' 등장

우리나라에서 가정용
외식대용품 시장이 형성되기
시작한 것은 97년 말
IMF체제로 들어서면서부터,
극심한 소비위축과
불황에따라 사람들의 외식
횟수가 줄어들면서
외식대용품이 인기를 끌기
시작했다.
출처: "집에서 즐기는 일류
레스토랑의 맛 외식대용식품 인기
'상한가'", 〈매일경제〉, 1999. 05. 13

출처: "야식 전문배달업 밤늦게 출출할때 전화하세요", 〈한겨레〉, 1998. 5. 4

선풍적인 인기를 끄는 가정용 외식대용품
출처: "집에서 즐기는 일류 레스토랑의 맛 외식대용식품 인기 '상한가'",
〈매일경제〉, 1999. 5. 13

2000

01

국내 최초 편의점
'세븐일레븐' 1000호점 돌파

'캔모아' 상표등록

02

테이크아웃 문화 확산

월드컵 영향으로 '치맥' 열풍

신촌, 매운 닭 요리 전문점
'홍초불닭' 1호점 개점

03

'웰빙' 라이프스타일 국내에
등장 및 유행

홍대 앞,
'홍초불닭' 2호점 개점

이화여대 앞,
요거트 아이스크림 전문점
'레드망고' 1호점 개점

'캔모아' 100호점 돌파

04

불닭의 등장과 인기로
매운 맛 열풍 시작

일본식 선술집
'이자카야' 유행

브랜드가 있는 외국계 체인이 최근 급성장하여 커피, 패스트푸드 뿐만 아니라 스테이크, 초밥 등 고급식품도 테이크아웃 방식으로 판매 - 국내 테이크아웃 커피시장은 2002년에 전년대비 60~70% 증가하여 1,300~1,500억 원으로 늘어났음.
출처: 최순화, "CEO information 379호", 〈삼성경제연구소〉, 2002. 12. 18

스포츠하면 빼놓을 수 없는 음식이 바로 치킨과 맥주다. 대한민국이 4강에 올라간 2002년 월드컵으로 거슬러 올라가보자. 그때 치킨은 없어서 못 파는 음식이었다. 월드컵 특수를 톡톡히 누린 치킨 업계는 국가적인 스포츠가 있을 때면 그때마다 2002년 월드컵만 같기를 기도했을 것이다. 업계의 사활이 걸린 만큼 선수와 감독보다 더 승리에 민감하지 않았을까. 축구부터 시작해 야구 심지어 e스포츠까지…. 사람들은 흥미진진한 경기가 있을 때마다 치킨과 콜라, 혹은 치킨과 맥주를 시키고는 TV 앞에서 경기를 기다린다. 스포츠와 치맥은 대한민국에서 하나의 문화로 자리 잡았다. 대한민국에서 이제 어떤 스포츠의 빅 매치가 있을 때 TV 앞에 치킨과 콜라, 그리고 맥주가 없는 장면은 상상하기 힘든 일이다.
출처: 김무엽, "대한민국의 치맥을 알고 싶다면 이 책을 보라", 〈오마이뉴스〉, 2014. 9. 24

우리나라에서도 웰빙 관련 산업이 급성장하고 있다. 유기농식품만 전문으로 취급하는 매장과 온라인 쇼핑몰, 레스토랑이 증가하고, 요가학원과 휘트니스센터의 태보(TaeBo. 태권도와 복싱 등을 원용한 에어로빅의 일종) 강좌가 성황을 누리고 있으며, 보디 디자인 관련 제품 및 매장도 호황을 누리고 있다고 한다. 인터넷에 웰빙 카페가 생기고 웰빙족을 위한 전문지까지 등장했다. 은행 프라이빗뱅킹센터에서 바디라인 및 체형·모발 관리, 와인 감정, 테이블 세팅, 오페라 감상, 미술품 설명회 등으로 짜여진 웰빙이벤트를 열 정도로 이제 웰빙은 우리에게도 그리 낯선 단어는 아닌 것 같다.
출처: 장수태, "웰빙, 웰빙족을 아시나요?", 〈한국소비자원 - 소비자뉴스 - 소비자칼럼〉, 2003. 11. 20

2000년대 초반 유행한 생과일 전문점과 대표메뉴
출처: "과일과 생크림의 만남 달달한 유혹에 빠졌네", 〈기호일보〉, 2012. 5. 25

자리엔 팬케이크, 오믈렛, 와플 같은 아기자기한 메뉴들이 놓여진다. … 남자들은 '스테이크도 아니고 빵 조각 몇 개 먹으면서 무슨 2만원씩이나 내느냐'고 할 일이다. 그래도 상관없다. 어차피 허기를 채우러 온 건 아니니까. '브런치'라는 또 하나의 '문화'를 먹으러 온 것 아니었던가.
출처: "느긋하게 즐기는 아 · 점 '브런치' 시대", 〈조선일보매거진 주간조선〉, 2006. 4. 1

2000년대 중반 이후 카페문화는 간단한 식사가 곁들여진 '비스트로 형태'가 각광받았다. 비스트로 카페로 대표적인 장소가 도산공원에 위치한 〈느리게 걷기〉다. 맛있는 식사와 제대로 된 커피를 느긋하게 즐기고 싶은 욕구를 만족시킨 이 카페는 20~30대 여성들의 입소문을 타고 빠르게 전파됐다. 서울의 카페문화는 1,2년 전부터 다시 급속도로 변하고 있다. 현재는 빈티지풍의 인테리어와 직접 볶은 수제 커피가 어우러진 유럽풍 카페가 각광받고 있다. 가게에서 커피 원두를 로스팅하는 것은 물론이고 히말라야에서 홍차 재료를 공수하기도 한다. 계절별로 전통차를 직접 만들어 파는 곳도 있다. 서울 유명 카페를 소개한 책 〈힙 카페〉를 기획 편집한 웅진 리빙하우스 김윤선 팀장은 "커피와 차가 중심이 된, 말 그대로 '카페' 문화가 정착된 것은 최근 1년 정도다"고 말했다.
출처: "유럽풍으로 진화하는 2030 카페문화", 〈주간한국〉, 2008. 6. 2

2006년 유행하던 브런치 메뉴
출처: "느긋하게 즐기는 아 · 점 '브런치' 시대", 〈조선일보매거진 주간조선〉, 2006. 4. 1

2010년대에 들어서면서부터,
더 정확히는 2012년경부터
음식은 방송프로그램에서
가장 인기있는 아이템 중의
하나가 되었다.
출처: 김수철, "한국 텔레비전 음식
프로그램과 음식 문화의 관계",
〈방송문화연구〉, 2015년 제 27권 2호,
p.111

물론 '한식 뷔페'라는 업종은 그전부터 존재했습니다. 하지만
동네 식당 수준의 한식 뷔페 카테고리에는 절대 강자라는 것은
존재하지 않았고, 소비자들이 인지하는 실체도 없었지요. 즉
'계절밥상'이 등장함으로써 비로소 '한식 뷔페 레스토랑'이라는
카테고리를 소비자들이 인지하게 된 것입니다. 지금
소비자들에게 우리나라 한식 뷔페의 리더, 또는 원조가 누구냐고
묻는다면 다수의 사람이 CJ푸드빌의 '계절밥상'이라고 답을
할 것입니다. CJ푸드빌은 영리했습니다. 가동은 되고 있었으나
가동률이 갈수록 떨어지는 VIPS의 '센트럴 키친'의 가동률을
다시 올릴 수 있는 계기가 바로 이 '계절밥상'입니다.
기존에 구매해서 쓰던 식자재나 물류 유통망을 그대로 활용해서
효율성을 올렸습니다.
출처: 문정훈, '[문정훈 교수의 음식 읽기 #1] 패밀리 레스토랑, 몰락인가 시즌2의
시작인가?', 〈셰프뉴스〉, 2015. 4. 6

오늘날 우리 사회의 가장 뜨거운 관심사가 된 음식에
백종원이라는 가공할 '푸드 엔터테이너'의 등장까지, '집밥'은
이제 인기 있는 외식 메뉴라는 흥미로운 아이러니에서
사회·문화적 담론의 대상으로 지위가 변모했다.
출처: 박선영, "식당서도, TV서도, 칼럼서도 핫이슈… 집밥이 뭐길래", 〈한국일보〉,
2015. 7. 16

대만 음료 '버블티'의 유행
출처: "Gong cha", Retrieved
September 30, 2016
from http://www.gong-cha.co.kr/
pc/#/menu_list/베스트콤비네이션/0

15

'집밥'의 유행

'혼밥족(혼자 밥 먹는 사람)'
대중화

'소셜푸드' 개념 등장

16

저렴한 생과일 쥬스 전문점
'쥬씨', '떼루와' 홍행

10여년 만에 혼자 밥 먹는 사람들을 쉽게 볼 수 있게 되었다. …
이른바 '혼밥족'들은 그들만의 문화를 창조하기도 하는데 혼자
밥 먹는 것을 단계별로 나눈 뒤 실행에 옮겨 온라인상에 인증
사진을 남기는 것이 유행처럼 번지기도 했다. 식품 및
외식 업계에서는 이들을 타깃으로한 제품과 서비스를 앞 다투어
내놓고 있다

출처: 전나래, "핫트렌드 2016 (12) 따뜻함: 2016년 1인 가구 식문화 키워드",
〈넥스트데일리〉, 2015. 12. 02

그렇다면 2015년에는 어떤 식문화가 발달했을까. 하타나카는
'소셜푸드'가 키워드라고 꼬집는다. 음식 본연의 맛이 아닌
소셜네트워크서비스(SNS)나 대중 사이의 '이미지'를 중시하는
식문화가 발달하고 있다는 것이다. 맛집을 찾더라도 이색적이고
독특한 콘셉트의 가게나 요리를 찾는 것이 그 일례다. …
연예인이 바나나 다이어트에 도전해 갑자기 바나나의 판매량이
급증하는 것, 맛집 블로거가 올린 독특한 도너츠 사진에
'인증사진'을 찍기 위해 맛집을 찾는 사람들이 생기는 것,
이 모두가 '소셜푸드 현상'이라는 것이다.

출처: "음식도 '사연'이 있어야 살아남나", 〈헤럴드 푸드 매거진 「REAL FOODE」〉,
2015. 12. 14

1960년 이후,
한국

주거 문화

정부수립 후 최초의 인구주택
국세조사 시행

'우이동 국민주택' 건설

12월, 국내 최초 단지형
아파트, '마포아파트' 준공

공유수면매립법 시행에 따른
한강변 매립공사

공영주택법 실시

강남 지역, 서울특별시로 편입

서울인구 326만명

한국전쟁 후 만연하였던 사회
문제 중 특히 시급했던 것은
주택부족 문제였다. 전후 도시
인구급증에 따른 도시주택
문제의 심화와 함께 남한주택
재고량의 약 1/5인 59만
6천호가 파괴되어 1956년
전국적으로 약 110만호의
주택이 부족한 실정이었고,
전국적으로 필요주택수 대비
부족주택수 비율이 약 29%나
되었으며, 특히 서울은
46%에 달했다.
출처: 기획재정부, 『2011 경제발전
경험모듈화사업: 한국형 서민주택건설
추진방안』, 2011, p.31

70년대 초반, 나는 시내에서
전세를 얻을 수 있을까 말까한
돈을 들고 우이동 골짜기로
들어갔다. 대지 39평에 건평
14.5평(전용면적)짜리
국화빵집 십여 호가 옹기종기
혼기를 놓친 처녀들처럼
암담하니 엎드려 있었다.
그도 그럴 것이 도시의 상징인
문명의 줄기라고는 겨우 절기
하나가 연결되어 있을 뿐
주택의 기반 시설이 아예
되어 있질 않았으니 입주가
더딜 수밖에 없었을 터.
출처: 이규희, 『우이동 골짜기』,
문학의 집 서울, 2006, p.144

마포아파트는 정부의 제1차
경제개발 5개 계획의 주택
사업 중 일부로 추진된
것이었다. 당시의 목표는
'국민 재건의욕을 고취하고
대내외에 건설상을 과시하며
토지 이용률을 제고하는
견지에서 평면 확장을
지양하고 고층화를 시도하는
것, 그리고 생활양식을
간소화하고 공동생활의
습성을 향상시키는 국민에게
현대 문명의 혜택을 제공하는
것'이었다.
출처: 전남일 외 3명, 『한국 주거의
사회사』, 돌베개, 2008, p.210

한남동 판자집 철거
출처: "서울시 철거민 이주정착단지조성을 위한 일단의 주택지 조성사업 시설
결정(1972. 8. 23)", Retrieved August, 31, 2016 from https://opengov.seoul.
go.kr/seoul/1201643

마포아파트
출처: "로마 '인슐라'부터 한국 '종암아파트'까지! 세계 아파트의 역사탐험",
Retrieved August, 31, 2016 from http://blog.daum.net/hello_gico/652

65

66

국내최초 근대적 주거 단지의
개념을 도입한 '한강맨션
아파트' 준공

서울인구 380만명

67

'세운상가아파트' 개관

최초의 초고층 아파트 한남동
'힐탑 외인아파트' 건설

68

북한의 '무장공비 침투
사건'으로 한강 이남 지역에
대한 본격적인 개발 시작

69

'주택은행' 설립

서울인구 478만명

이들 상가 아파트는 우리나라
공동주택의 발달에서 중요한
의미를 갖는다. 상가 아파트는
이전의 건축 작업에서는
찾아볼 수 없는 대규모
프로젝트로서 고밀도화를
전제로 하여 도시의 수직적
분배를 시도했다.
출처: 전남일 외 3명, 「한국 주거의
사회사」, 돌베개, 2008. p.210

울진·삼척 무장 공비 침투
사건은 1968년 10월
30일부터 11월 2일까지
3차례에 걸쳐 북한의 무장
공비 120명이 울진·삼척
지역에 침투하여 12월 28일
대한민국의 토벌대에
소탕되기까지 약 2개월간
게릴라전을 벌인 사건이다.
이는 한국전쟁 휴전 이후
최대 규모의 도발로, 침투한
무장공비 중 7명이 생포되고
113명이 사살되었으며,
남한측도 민간인을 포함하여
40명이 넘게 사망하고 30명이
넘게 부상하는 등 피해를
입었다.
출처: "울진·삼척 무장 공비 침투
사건", Retrieved August, 30, 2016
from https://ko.wikipedia.org/wiki/
울진·삼척_무장_공비_침투_사건

세운상가 개관(1967. 7. 26)
출처: "서울도시계획 기본계획 수립(1966.05)", Retrieved August, 31, 2016
from https://opengov.seoul.go.kr/seoul/535738

1970	71	72	73	74
'와우아파트' 붕괴사고	'여의도아파트단지' 준공	주택건설촉진법	'반포아파트단지' 준공	
'한강맨션아파트' 준공	'한강맨션아파트' 입주 시작	서울 인구 600만명	한강 이남 지역(강남) 인구 5만명	
최초의 모델하우스 등장	광주대단지사건			
남서울개발계획	강남으로 대법원 이전			
영동신시가지 개발사업				

광주대단지사건은 서울시 무허가 판자촌 철거 계획에 따라 경기 광주군 중부면(현 성남시 수정구 중원구) 일대로 강제이주한 철거민 10만여 명이 1971년 8월 10일 생존권 대책을 요구하며 벌인 집단 저항사건이다. 수도 전기 도로 화장실 등 기본적인 생활 기반 시설이 없는 곳으로 내몰린 상황에서 토지대금 일시 납부와 세금 징수를 독촉받자 성남출장소를 습격해 일시 무정부 상태가 됐다. 당시 사건으로 주민 22명이 구속돼 형사처벌을 받았고 폭동 또는 난동이라는 오명이 붙었다.
출처: "성남시, 45년전 '광주대단지 사건' 진상 가린다", 〈동아닷컴〉, 2016. 9. 19

주택의 절대적 물량이 부족한 시기에 공급을 촉진시켜 1970년대 초에 70%대에 그쳤던 주택보급률이 2010년대 들어 100%에 도달하는데 기여하였고, 주거의 질도 향상시켜 1980년대만 해도 일부 주택에서만 설치되었던 대부분의 온수시설과 수세식 화장실은 이제 대부분의 주택이 갖추게 되었다. 하지만 지나치게 공급 위주의 정책을 실행하여 주택시장이 불안정해지고 지역 간 양극화 현상이 나타나는 등 문제점도 함께 나타났다.
출처: "주택법", Retrieved August. 31, 2016 from http://terms.naver.com/entry.nhn?docId=2459014&cid=46673&categoryId=46673

서울시는 한강변에 새 제방들을 쌓고, 기존 제방은 강 쪽으로 더 들여 다시 쌓으면서 확보한 택지를 팔아 엄청난 이익을 챙겼다. 이른바 '공유수면매립공사' 사업이다. 기업, 종교, 단체, 고위 장성 등도 큰 이권사업임을 알고 달려들었다. 1962년 제정된 공유수면매립법에 따라 한강변에는 크고 작은 공유 수면 매립공사가 진행됐다. 동부이촌동, 압구정동, 잠실, 반포 아파트 단지의 부지가 그렇게 조성된 땅이다. 동작동 국립현충원 앞 원불교 중앙본부와 합정동 천주교 절두산교회는 종교단체에서 매립했다.
출처: "[서울 만들기] 17. 공유수면 매립", 〈중앙일보〉, 2003. 9. 25

와우아파트 붕괴사고
출처: "[길을 찾아서] 와우아파트 붕괴 계기지역주민운동 태동", 〈한겨레신문〉, 2013. 3. 11

한강맨션아파트
출처: "[아파트 이야기] 한강맨션아파트", 〈MK뉴스〉, 2011. 9. 1

75

'잠실아파트단지' 준공

서울시 강남구, 성동구에서 분리

한강 이남 지역 (강남) 인구 32만명

76

아파트 지구 제도 도입

'서울시 강남구 압구정동 현대아파트' 건설

77

주택 청약 제도 도입

분양가 상한 제도 도입

78

'광명레지던스' 준공

'서울시 용산구 서빙고동' 판자촌 강제철거

'압구정동 현대아파트' 고위층 특혜분양 사건

79

'서울시 강남구 대치동 은마아파트' 준공

실제로 70년대 서울시정의 최대 과제 중 하나는 강북 인구 집중 억제였다. 72년 초 양택식 당시 시장은 '사치와 낭비 풍조를 막고 도심 인구 과밀을 억제하기 위해 강북 주요지구 내에서는 백화점, 도매시장, 공장, 각종 유흥시설 등의 신규 시설 일체를 불허한다'는 내용의 기자회견을 가졌다. 또한 종로구, 중구, 용산구, 마포구, 성북구, 성동구의 전지역 혹은 일부 지역을 '특정시설제한 구역'으로 묶어 개발을 제한했다. 이어 취임한 구자춘 시장은 한 발 나아가 75년 '한강 이북지역 택지개발금지 조치'를 발표하여 아예 한강 이북 지역의 모든 전답이나 임야를 택지로 전환할 수 없도록 한다.
출처: "나는 이렇게 삥(군셀 강)南이 되었다", Retrieved August. 31, 2016 from http://www.snujn.com/news/2111

1976년에는 민간 기업이 중, 대형 아파트 단지의 건설을 보다 신속히 수행할 수 있도록 하기 위해 대규모 아파트 건설용 택지를 도시 계획적으로 지원하는 '아파트 지구 제도'를 도입했다. 이에 따라 반포, 압구정, 청담, 도곡, 잠실, 이수, 원효, 이촌, 여의도 등 총 12개의 아파트 지구가 지정되어 민간 건설업자에 의한 아파트 건설이 활기를 띠게 되었다.
출처: 전남일 외 3명, 『한국 주거의 사회사』, 돌베개, 2008, pp.222~223

현대그룹 산하 한국도시개발 주식회사의 아파트 특수 분양사건을 수사해온 서울 지검 특수부(도태구 부장 검사)는 14일 새벽 한국도시 개발로부터 아파트를 특수 분양받은 곽후섭 서울시 제2부시장…등 3명을 특정범죄가중처벌법 위반 (수뢰) 혐의로, 한국도시개발 사장 정몽구 씨와 상무 김상진 씨 등 2명을 뇌물공여 혐의로 각각 구속했다. … 검찰에 따르면 곽 부시장은… 한국도시개발이 특수분양할 수 있는 길을 열어주는 등 이 회사의 편의를 봐주고 65평형 아파아트 하가구를 특수분양 받음으로써 분양 당시 3백만원의 프리미엄에 해당하는 뇌물을 받은 혐의인 것으로 알려졌다.
출처: "아파아트 특혜 관련자 5명 구속", 〈동아일보〉, 1978. 7. 14

1978년 당시 압구정동 현대아파트 주변
출처: "강남개발시대 연 '명품타운 1번지'…대치 · 반포동에 밀렸던 명성 되찾나'", 〈한국경제〉, 2014. 3. 14

1980	**81**	**82**	**83**	**84**
과천 신도시 개발	전두환 前 대통령, 주택 500만호 공약 시행수단으로 '택지개발 촉진법' 시행	명문고 배정 목적의 위장전입 관련자 처벌 발표	목동 신시가지 개발	임대주택 건설 촉진법
학군배정, 거주지 중심으로 변경				최초의 오피스텔 '마포 성지빌딩' 건축
1970년 대비 전국지가 15배 상승, 강남지가 200배 상승				

80년대에 들어 변화한 것이 있다면 그동안의 검약과 절제에서 어느 정도 벗어나 여유를 다시 찾았다는 것이다. 1970년대 '가정의례준칙' 등으로 인해 소홀히 했던 제사, 명절, 생일, 손님 초대 등의 행사도 집에서 다시 치르게 되었다. 이러한 일이 이루어지는 공간은 대부분 주택의 중심에 자리잡은 거실이었다.
출처: 전남일 외 2명, 『한국 주거의 사회사』, 돌베개, 2009, p.199

손정목 전 서울시립대 명예교수는 '택지개발촉진법은 대한민국 정부 수립 이후 제정 공포된 6000여개의 법률 중 가장 무시무시한 위력을 가진 법률'이라고 평가했다. 택지개발예정지구라는 이름으로 어떤 땅이나 수용해 택지로 개발할 수 있고, 다른 법과 처분의 적용이 일체 배제되는 법이다. 이후 20년 동안 1억 1380만평이 택지개발예정지구로 지정됐다. 이 시기 남아 있던 모든 녹지는 택지로 변했다. … 분당·일산·평촌·산본·중동 등 수도권 신도시가 건설된 것을 비롯해 전국 방방곡곡에 대단위 아파트 단지가 들어섰다. 전두환의 '주택 500만호 건설'과 노태우의 '주택 200만호 건설' 공약에서 '주택'이란 아파트의 다른 이름이었다.
출처: "[노주석의 서울택리지 테마기행] (2) 아파트(중)", 〈서울신문〉, 2014. 3. 24

1980년대 초반 은마아파트 분양 광고
출처: "은마아파트 분양 광고", 〈동아일보〉, 1979. 9. 5

85

상계지구 아파트 사업

86

서울 아파트 평균 매매가
'1억 2000만원'

87

가변형 아파트 등장

한강 이남 지역 (강남) 인구
80만명 돌파

'8학군병', '서울시
강남특별구' 등의 신조어 등장

88

노태우 前 대통령,
'주택 200만호 건설계획' 발표

서울시 강남구에서 서초구,
송파구 분리

'올림픽 선수촌 아파트' 준공

89

분당 일산 신도시계획 발표

부동산 가격 안정방안으로
학군조정 발표

1987년 중반에 이르면서
'강남가면 명문대 간다'는
'학군병'이 널리 퍼지기
시작했다. 8학군에 대한
수요는 점점 늘어 불씨만
댕기면 언제든지 주택가격
폭발로 이어질 기세였다.
8학군인 서울 강남의 삼성동,
역삼동, 청담동, 서초동 등
명문고 배정 안정지대에서는
전셋값이 집값과 비슷해졌다.
4년 전부터 매물이 없어
거래가 끊긴 상태라 전셋값만
상승했기 때문이다.
출처: 전남일 외 2명, 『한국 주거의
사회사』, 돌베개, 2009, p.199

1970 ~ 80년대 인구 증가와
급격한 도시화로 주택
보급률은 1975년 74.4%,
1980년 71.2%, 1985년
69.8%로 계속 떨어졌고
공급 부족으로 집값은
폭등했다. 결국 정부는
1989년 4월 수도권 1기
신도시 개발 계획을 발표하고
분당 · 산본 · 일산 · 중동 ·
평촌 등 5곳에 주택 200만호
건설을 추진했다. 1992년 말
입주가 끝난 1기 신도시는
도시 중산층의 아파트 거주를
완전히 정착시켰고 주택
보급률은 1995년 86%로
껑충 뛰어올랐다.
출처: "[주거 파워시프트] 주택
보급률로 본 주거문화 변천사",
〈이데일리〉, 2015.1.6

공동학군제는 정부가 1974년
평준화를 도입할 때 '도심
지역 거주학생만 도심지에
몰린 명문고에 지원하면
불공평하다'는 외곽 지역의
불만을 고려, 서울의 모든 중3
학생에게 문호를 개방한
제도를 말한다. 당시
서울시교위가 학군제를
변경한 것은 통학의 불편을
없애기 위해서였다.
출처: "대통령도까지 못했던 8학군",
〈정책브리핑〉, 2007.3.19

<table>
<tr><td>

1990</td><td>

91</td><td>

92</td><td>

93</td><td>

94</td></tr>
</table>

경제호전, 무역수지 흑자로
'주택 200만호 건설계획'
조기 달성

주택 불경기로 지방도시
미분양주택 대량 발생

8학군 고교배정 대상자수
최초로 감소

도심재개발기본계획

남산 복원 목적으로
'외인아파트' 해체

이 200만호 건설의 추진은
우리나라의 당시 주택공급
능력을 초과함으로써 많은
문제를 야기했다는 비판이
제기되었다. 우선 당시
내수경기는 유례없는 호황을
누리고 있어 안정화 시책이
필요할 때인데 건설경기가
달아오르는 바람에 과열
경기를 부채질했다는 것이다.
그 결과로 임금의 급상승을
초래하여 1990년 한 해 동안
건설노임은 평균 40% 이상
올랐다. 또한 공장근로자들이
고임금을 쫓아 대거
건설현장으로 옮겨감으로써
제조업의 인력난을
초래하였고, 철근, 위생도기,
시멘트, 골재 등 건자재의
부족과 함께 공사 단가를
급등시켰다.
출처: 기획재정부, 『2011 경제발전
경험모듈화사업: 한국형 서민주택건설
추진방안』, 2011, p.63

삼성물산의 아파트 분양 광고
출처: "〈창간기획〉 대한민국 아파트 50년 역사에 미래가 담겨있다", 〈건설경제신문〉,
2014. 3. 3

외인아파트 철거
출처: "[남기고] 고건의 공인 50년 〈84〉 남산제 모습 찾기", 〈JTBC〉, 2013. 6. 14

95

서울 등 6개 대도시지역
제외한 분양가 자율화

서울시민 45%, 집 살 때
1순위는 '교통환경'

96

97

외환위기로 주택분양 급감

98

전국 주택분양가 자율화

코쿤하우스 등장

99

'삶의 질 추구'가 화두가 된
1990년 이후에는 시장의
요구에 따라 새로운 종류의
주택들이 공급되고 때로는
유행하기도 했다. 생활방식의
변화에 따른 새로운 요구들로
인해 주택이 상품으로 기획,
창조되어 시장에 등장하게
된 것이다.
===
사회사』, 돌베개, 2008, p.331

코쿤은 누에고치를 뜻하는데
'고치'라는 뜻에서 느낄 수
있듯이, 한 사람이 들어가
겨우 누울 만한 작은 2-4평의
쪽방이나 아주 작은 사무실을
뜻한다. 미니원룸이라 할 수
있다. 코쿤하우스에 살거나
일하는 사람들을 코쿤족이라
하며 젊은 독신 직장인이
많이 이용한다. 서울에서는
역세권을 중심으로
보급되었으며 남자전용,
여자전용도 있다. … 월
임대료를 내며 수시로 입주와
퇴거를 자유롭게 한다.
출처: "코쿤하우스", Retrieved
August. 30, 2016 from http://terms.
naver.com/entry.nhn?docId=5871
38&cid=42094&categoryId=4200
8&cid=42094&categoryId=42094

아파트 브랜드가 국내에 첫 선을 뵌 것은 1990년대 후반이다. 1998년 동아건설의 '솔레시티'와
월드건설의 '월드메르디앙'이 그 선두였다. 1년 뒤인 1999년 브랜드 명은 쉐르빌 · 타워팰리스 ·
가든스위트 · 하이페리온 등 고급 주상복합아파트 위주로 확산됐다. 이전까지의 아파트 이름은
단출했다. 1960년대 초기 아파트는 '종암아파트', '마포아파트' 등 주로 지역명을 땄다. 정부
주도로 지어져 이름을 통한 차별화가 필요하지 않았던 까닭이다. 1970년대 들어 민간 건설사의
성장과 아파트 건설 붐으로 단지 이름이 보다 복잡해졌다. '압구정 현대아파트', '삼성 마포아파트'
등 지역과 건설사 명을 함께 넣는 식이었다. 본격적인 아파트 브랜드시대는 '래미안'과
'e-편한세상'이 열었다. 대림산업은 2000년 용인 기흥구 보정동에 분양한 아파트에
'e-편한세상'이라는 이름을 처음 달았다. 그해 삼성물산 건설부문은 업계 최초로 브랜드 선포식을
열고 '래미안'을 공개했다. 지금은 친숙한 푸르지오 · 롯데캐슬 · SK-View · 아이파크 등은 모두
그 후발 주자들이다. 달라진 주택시장의 여건이 아파트 브랜드 탄생의 계기였다. 1997년 외환위기
직후 국내 부동산시장은 급격히 얼어붙었다. 서울 아파트값은 1998년 13% 이상 폭락했고
건설사들은 미분양 아파트를 떠안았다. 전례 없는 일이었다. 그 결과 수요자의 위상이
크게 높아졌다. 건설사들이 생존 경쟁에서 살아남으려면 수요자의 선택을 받아야 했기 때문이다.
깐깐해진 수요자들의 눈높이와 당시 정부가 부동산시장 부양을 위해 내놓은 분양가 자율화
방침은 민간 아파트의 상품화에 불을 지폈다. 고만고만한 아파트의 차별화 방법을 고민하던
업체들이 주택의 고급 브랜드화로 눈을 돌린 것이다.
출처: "[창간 기획]무한경쟁 시대의 생존전략, '아파트 브랜드史'", 〈이데일리〉, 2013. 10. 2

2000

전국 주택보급률 100%
가까이 달성

헌법재판소의 과외금지
위헌 결정으로 대치동이
'사교육 1번지'로 급부상

외환위기 이후 주택공급
부족에 따른 주택가격 급등과
공급량 폭증

삼성물산, '래미안' 런칭

01

판교 신도시 개발안 확정

실버타운 '노블 카운티' 등장

02

장기 임대주택 100만호
건설계획

강남중심 아파트값 상승을
막기 위한 '공교육 내실화
대책' 발표

'서울시 강남구 도곡동
타워팰리스' 완공

'강남입성', '강남불패신화'
등의 신조어 등장

이명박 前 대통령,
1차 뉴타운 사업 시행

주택보급률이 지난해
100%를 돌파했다. 7일 건설
교통부에 따르면 지난해 말
현재 국내 가구 수는 1227만
1500가구, 주택수는 1236만
6000가구로 주택보급률이
100.8%를 기록했으며
주택난이 심각한 수도권
보급률은 서울 83.8%, 경기
94.2% 등 평균 91.8%인
것으로 잠정집계됐다.
건교부 관계자는 "시, 도별
건설실적과 멸실률 등을
따져봐야 주택보급률
추정치가 나오겠지만 지난해
5대 신도시 건설 이후 가장
많은 65만가구가 건설됐기
때문에 전국 평균 보급률은
100%를 넘었다"고 말했다.
출처: "국내 주택보급률 100% 돌파",
〈제주신보〉, 2003. 1. 8

03

공동주택 대상 친환경 건축물
인증제도 시행

'푸르지오', '하늘채' 등
친환경을 강조한 아파트
브랜드 등장

2차 뉴타운 선정

시대에 따라 CF의 '꽃'도
변한다. 지난해 신용카드
광고가 CF계의 '꽃'이었다면
올해에는 아파트 광고가 그
자리를 대신하고 있다. 24일
관련업계에 따르면 국내
여성 톱 스타들이 아파트
광고에서 자존심을 건 한판
승부를 벌이고 있다. 최근
아파트 브랜드화 시대가
도래함에 따라 건설 회사들이
이미지 고급화 및 차별화를
위해 국내 톱 여성 스타들을
앞 다퉈 기용하고 있다. 두산
아파트 '위브'의 이미연,
대우건설 '푸르지오'의
김남주, LG건설 '자이'의
이영애가 3강 구도를 이루고
있는 것. … LG건설의 '자이'
광고는 지적인 커리어우먼을
대표하는 이영애를 내세워
지난해 LG카드에서 보여준
자신의 삶을 즐길 줄 아는
적극적인 여성상을 고스란히
아파트 광고에 담아냈다.
출처: "아파트 광고여성모델
전성시대", 〈서울경제〉, 2003. 3. 25

04

'롯데캐슬', '로열팰리스',
'동양파라곤', 'e편한세상' 등
고급화를 강조한 주상복합
브랜드의 대거 등장

현대아파트 분양 광고
출처: "타워팰리스", Retrieved August, 30, 2016 from http://www.adic.co.kr/
ads/list/showNewspaperAd.do?ukey=123393

LG건설의 아파트 '자이' TV광고
출처: "아파트 광고여성모델
전성시대", 〈서울경제〉, 2003. 3. 25

뉴타운 사업은 대한민국에서
낙후된 기성 시가지의 주거
환경을 정비하는 광역단위
도시개발사업의 한 형태로,
동일 생활권 지역 전체를
대상으로 도시기반시설은
공공부문이, 아파트 등 건축
사업은 민간 또는 공공부문이
계획에 따라 추진하는
사업이다. '도시재정비 촉진을
위한 특별법'에 따른
공식적인 이름은 재정비촉진
사업(再整備促進事業)이다.
출처: "재정비 촉진사업", Retrieved
August, 30, 2016 from goo.gl/
VAufyN

'한강 르네상스사업'은
오 시장이 2006년부터 시작
한 '디자인 서울'의 핵심으로
'새빛둥둥섬', '서해뱃길(한강
운하)', '한강 예술섬',
'양화대교 확장' 등이
대표적이다. 또 한강 곳곳에
생태공원을 조성하고
접근로를 설치하는 등 크고
작은 사업들이 포함돼 있다.
출처: "[10.26공약쟁점②]
한강 르네상스, 박 '전면 재검토' vs
나 '큰틀 유지'", 〈폴리뉴스〉,
2011. 10. 14

세빛섬
출처: "[볼거리-먹거리] 개장 1년 만에
한강을 복합 수상문화 공간으로
탈바꿈 시킨 세빛섬", 〈자투리경제〉,
2015. 10. 15

2010
'고교선택제' 도입

11
'땅콩집'(듀플렉스 하우스)
등장

12

13
'하우스 푸어 대책' 발표

'렌트 푸어 대책' 발표

14
'주거급여법' 제정

2010년부터 적용될 새로운 학군제에 따르면 서울의 중3 학생은 강남을 포함한 서울 전역의 고교에 지원할 수 있게 된다. 각 고교는 1단계에서 서울 전 지역 학생으로부터 지원을 받아 정원의 20~30%를 추첨을 통해 배정한다. 2단계에서는 거주지 학군 학생의 지원을 받아 정원의 30~40%를 추첨 배정한다. ··· 이같은 '학교선택권 확대안'은 공정택 서울시 교육감이 "서울 교육사(史)에 한 획을 긋는 역사적인 날이다"라고 말한 것처럼 큰 의미를 갖고 있다. 1983년 이래 논의만 무성했던 8학군 조정문제가 24년 만에 이뤄졌고, 8학군 등장 30년만에 '강남구에 거주해야 8학군에 간다'는 원칙이 깨졌기 때문이다.
출처: "대통령도 깨지 못했던 8학군", 정책브리핑, 2007.3.19

서울을 기준으로 지난 3년간 전셋값은 21.1% 상승했으며 마포구의 경우 42.5%나 올랐다. 2000년 이후 최악의 상황인 것이다. 이러한 상황에서 2011년 대한민국에 '땅콩집' 열풍이 불었다. 서울 아파트 전셋값으로 수도권에 한 가구당 30평가량의 실내공간과 36평 정도의 공동마당을 갖춘 듀플렉스(duplex)형 단독주택 짓기 프로젝트가 소개되면서, 아파트 값과 대출금에 재산의 상당 부분을 저당잡힌 도시인들은 삶과 주거의 의미를 다시금 생각하게 되었고 이는 땅콩집 짓기 열풍으로 이어졌다.
출처: "[충무로에서]'땅콩집' 열풍 무엇을 뜻하나", 〈아시아경제〉, 2011.12.6

경기도 용인시 땅콩주택
출처: "3억원 땅콩주택이 바꾸는 신 주거풍속", 〈아시아경제〉, 2011.6.7

15

서울 아파트 평균 매매가
5억 5485만원(30년 전 대비
5배 상승)

'행복주택' 입주 시작

아파트 구입시 고려사항에서
'브랜드', 5위로 하락

16

28년만에 서울 인구
1000만명 시대 종료
(3월 기준 999만 9116명)

박근혜 정부의 대표적인 주거
정책인 '행복주택'도 이런
문제를 해소하기 위해
등장했다. 대학생이나
사회초년생, 신혼부부 등에게
시세의 60~80%의 가격으로
공급되는 이 임대주택은
최근 큰 인기를 끌고 있는
중이다.
출처: "내가 행복주택서 산다면…
'렌터세대' 인턴들의 수다",
〈동아일보〉, 2016.7.25

셰어하우스는 하숙, 기숙사,
원룸과는 달리 여러 사람, 즉
1인 가구들이 집을 나누어
사는 형태를 말한다. 한 지붕
아래에 모인 다양한 사람들이
기꺼이 살면서 일상을
공유한다. 이들은 보통 도시의
높은 보증금 부담때문에, 혹은
혼자 사는 외로움 때문에
셰어하우스를 선택한다.
출처: "나랑, 같이 살래요? - 한지붕
여러 살림 쉐어하우스 우주",
〈뉴스토마토〉, 2015.9.21

늘어나는 1~2인 가구 수요에
맞춰 쉐어하우스가 진화하고
있다. 기존에는 건물을
임대해 리모델링을 하거나
건물의 일부 가구를 임대하는
것이 보편적. 하지만 최근에는
쉐어하우스 용도로만
고려된 신축 건물이 속속
등장하기에 이른 것. 여기에
거주공간으로만 구성됐던
기존 건물과 달리 업무와
문화 등의 기능을 결합한 복합
건물이 등장하는 것도 눈에
띄게 달라진 점이다.
출처: "급증하는 싱글족…
쉐어하우스의 진화", 〈서울경제〉,
2016.3.6

송파구 삼전행복주택
출처: "[르포] 젊은층 사로잡은
'송파삼전 행복주택'…주민공동시설
눈길", 〈아주경제〉, 2015.10.27

복정동 틈틈집
출처: "[2015 한국건축문화대상]
우수상, 틈틈집", 〈서울경제〉,
2015.11.4

1960년 이후,
한국

기술 문화

1960

59년 11월,
국내 최초 라디오
금성사, 'A-501' 출시

출처: 한국산업기술진흥원
기술문화팀, "최초의 라디오는 어떻게
생겼나", 〈한국산업기술진흥원
기술문화팀〉, 기술과 미래,
통권 제84호 vol.8, 2012, p.69

국내 최초 선풍기 금성사,
'D-301' 출시

61

국내 최초 자동 전화기
금성사, '금성1호' 출시

농어촌 라디오 보급 확대 조치
'1가구 1대 보급'목표, 무료로
라디오 지급

서울 텔레비전 방송국 개국
(現 KBS)

문화방송 개국(現 MBC)

62

서울시내 번화가에 시내용
첫 무인공중전화 10대 설치

출처: "[대한민국 최초 알기③]
'전화기' 없이 못 사는 요즘…",
〈아시아경제〉, 2013. 12. 30

라디오 '농촌 방송' 시작

미국, 홍콩에 라디오 수출

63

전국 라디오
151만 4,000대 보급

DBS(동아방송) 개국

최초의 국산 볼펜 모나미社,
'모나미 153' 출시

출처: 지면광고, 〈경향신문〉,
1969. 5. 5

64

TBC '라디오서울(RSB)'
개국

TBC '동양TV' 개국

65

서울 FM방송 개국

국내 최초 냉장고
금성사, 'GR - 120' 출시

66

국내 최초 TV
금성, 'VD - 191' 출시

출처: "HERITAGE SEARCH BY
AREA", Retrieved August, 31, 2016
from http://me2.do/FLzLkFWC

'한국케이블공업'
'금성사'에 합병

67

한국식으로 개량한 아궁이
겸용 석유풍로 생산 및 판매

한국생산성본부,
국내 최초 컴퓨터 도입

금성사, 한국 최초 FM / AM
라디오 생산

68

북한의 '무장공비 침투
사건'으로 한강 이남 지역에
대한 본격적인 개발 시작

최초 국내산 에어컨
금성사, 'GA - 111' 생산 개시

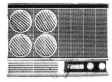

출처: "건강 에어컨 시대가 열린다",
〈경향신문〉, 1990. 5. 28

69

문화방송, '별이 빛나는 밤에'
첫 방송

금성사,
2조식 전기 수동 세탁기
'백조세탁기 WP - 181' 출시

출처: "방학맞이 도심 속 역사체험은
'이곳'에서!", Retrieved August, 31,
2016 from http://me2.do/
Gtmx5Kr8

금성사, 국내 최초
가스레인지 'PC - 201' 출시

1970

은행업무 컴퓨터 시스템 도입
(전자계산)

71

서울 부산간 'DDD' 개통
(Direct Distance Dialing
장거리 자동 전화)

국내 최초 싱크대
오리표(現 에넥스), 싱크 등장

출처: 지면광고, 《동아일보》,
1971. 6. 19

72

전국 라디오 보유수
400만대 돌파

공중전화 보급 확대와
이용자 폭증 영향으로
'공중전화 3분 제한' 규제

73

74

금성사, 자전거에 부착 가능한
라디오 'RC888' 개발

동남전기,
라디오카세트 개발

아남전자,
일본 마쓰타전기와 합작으로
국내 최초 컬러TV
'한국나쇼날' 생산 및 수출

75

삼성전자,
절약형 TV '이코노TV' 개발

출처: "Samsung Econo TV 1970s~1980s commercial (korea) 삼성 이코노TV 광고", Retrieved July, 21, 2016 from https://www.youtube.com/ watch?v=jKrXMYNN5_U

서울시내 전화보급률이
인구 100명당 7.6대로 집계,
전국 전화 가입자수
100만 초과

76

전자식 교환기 도입 추진

공중전화 전국 2만대 돌파

금성사,
컬러 TV 'CT-807' 개발

출처: "방학맞이 도심 속 역사체험은 '이곳'에서!", Retrieved July, 22, 2016 from http://me2.do/ Gtmx5Kr8

국내 최초 가스오븐레인지
린나이社, 'RD3-615' 출시

77

금성사, 삼성전자,
컬러TV 생산 및 전량 수출로
경제 활성화에 이바지

삼성전자,
학습용 입체투시기 개발

78

국내 최초
자체 개발 전자레인지
삼성전자, 'RE-7700' 출시

출처: "'또 하나의 가족'…30년 쓴 전자렌지 내놓은 사연", 〈이데일리〉, 2010.3.8

79

삼성전자,
세계 4번째, 국내 최초 VCR
'SV-7700S' 개발

출처: "[주식회사 디지털 대한민국](6) 조국근대화의 기수-수출 드라이브 시대", 〈전자신문 ETNEWS〉, 2005.10.5

1980

TBC, 한국방송공사와 통폐합되며 RBS → KBS2로 변경

컬러 TV 방송 시작

삼성전자, 법랑석유풍로 개발

선진 씨오투社, 연탄풍로 개발

출처: "연탄풍로개발", 〈매일경제〉, 1980. 8. 28

81

컬러 TV 보급 100만대 돌파

교육방송 개국(現 EBS)

삼성전자, '마이마이' 시판

출처: "청춘가요, '마이마이', '아하' 풍미하던 시대", 〈민중의 소리〉, 2009. 10. 27

82

KBS FM, '이산가족 찾아주기 운동' 실시

83

84

모든 TV 채널 컬러 송출

금성사, 국내 최초 김치냉장고 'GR-063' 출시

출처: 지면광고, 〈동아일보〉, 1984. 3. 20

일반인들 대상으로 카폰 보급 시작 & 셀룰러시스템 도입으로 실질적인 카폰 대중화

대우전자, 국내 최초 전자동
세탁기 'RWF - 460H' 출시

출처: 지면광고, 〈경향신문〉,
1986. 2. 70

MS카드식 공중전화기 등장

삼성전자, 최초의 국산 카폰
'SC - 1000' 출시

출처: 지면광고, 〈매일경제〉,
1987. 10. 15

진명화학, 수정액 발매

전국전화자동화 사업 완성,
시외자동전화 전국으로 확대

국내 최초 휴대폰 수입
모토로라, '다이나택 8000SL'

출처: "세계 최초의 휴대폰 '다이나텍
8000x', 출시 25주년 맞아", 〈IT조선〉,
2008. 12. 2

삼성전자, 국내 최초 국산
기술 휴대폰 'SH - 100' 출시

1990

선풍기의 보급률 95% 육박

대우전자, 게임기 · TV 등의 기능을 갖춘 어린이용 오락기 '수퍼보이' 출시

삼성전자 · 대우전자, 휴대용 CDP 출시

삼성전자, 국내최초 LDP 'DV5000' 개발

삼성항공, 세계에서 두번째의 최소형카메라 '슈퍼컴팩트 AF카메라' 제작 성공 및 시판

출처: "초소형 · 초경량 · 다기능 컴팩트형 카메라 AF-SLIM", 〈경향신문〉, 1991.3.27

91

대우전자, 공기방울세탁기 출시

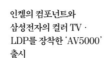

출처: "大宇 '공기방울 세탁기' 세계 첫 개발", 〈동아일보〉, 1991.8.30

삐삐, 전국으로 무선호출서비스 실시

인켈의 컴포넌트와 삼성전자의 컬러 TV · LDP를 장착한 'AV5000' 출시

삼성전자, 화면의 가사를 보며 노래할 수 있는 비디오케 'LD-K700' 출시

캠코더 내수시장규모 5백억원 돌파

출처: "캠코더시장 國産 대체 바람", 〈매일경제〉, 1991.8.29

92

금성사, 세계최대용량 세탁기 '금성 리듬세탁기 여유만만' 출시

삼성전자, 히터장치 · 스테인리스 세탁조를 장착한 세탁기 'SEW 7588' 출시

출처: "'삶아빠는 세탁기' 개발", 〈한겨레〉, 1992.6.24

모토로라, 마이크로택 Ⅱ 수입

국내 삐삐 가입자 백만명 돌파

금성사, CDP 'CD200' 출시

대우전자, CDP '핫라인' 출시

삼성전자, CDP 'MYCD3' 출시

출처: "휴대용 CDP 인기 家(傳社 다기능化로 승부", 〈동아일보〉, 1992.6.13

93

삼성전자, 대형 32인치 와이드 TV 시판

금성사, 텔레비전 · VCR · 오디오를 결합한 '아베스트' 출시

출처: "금성사 AV시스템 개발", 〈한겨레〉, 1993.4.16

삼성, 국내 최초 휴대폰 'TS1700' 출시

94

금성사, TV · 노래방 · 어린이 시청각교육 등 다기능을 제공하는 'CDG-텔레비전' 출시

삼성전자, 전자레인지 · 가스레인지의 기능을 통합한 '미니듀오' 출시

대우전자, 냉기가 다방면에서 나오는 냉장고 '탱크' 출시

삐삐 가입자 400만 돌파

출처: "삐삐 단말기 市場 현황", 〈매일경제〉, 1994.7.14

코넷(現 KT) · 10 아이네트 · 나우콤, 상용 ISP(인터넷 서비스 제공) 서비스 실시

국내 컴퓨터 보급대수 5백만대 돌파

금성사, 32비트 게임기 '얼라이브' 출시

출처: "이제, 16비트게임은 끝났다!", 〈한겨레〉, 1994.12.14

95

컬러TV · 냉장고의 시장 규모 1조원 돌파

LG전자 · 삼성전자 · 대우통신, TV · 비디오 · 오디오를 통합한 '홈PC' 출시

출처 : "TV자리 홈PC 파고든다", 〈매일경제〉, 1995.9.15

오리온전기, 21인치 PDP TV 시제품 개발 성공

윈도우 95 출시

한국PC통신, 인터넷서비스 실시

삼성전자, 미니 디스크 플레이어 MY · MD 10 개발 및 시판

출처 : "三星전자 세계最輕量 오디오 개발", 〈매일경제〉, 1994.10.26

공중전화기, 주화 전용에서 주화 / 카드 겸용으로교체

교통단속목적의 CCTV 설치 시작

한국코닥, 디지털카메라 'DC40' 출시

삼성전자, 디지털 카메라 자체 개발 성공

사무용 복사기 연간 보급 10만대 육박

거원시스템 설립 (現 코원 시스템)

금성사, LG로 사명 변경

96

삼성전자, 국내최초 벽걸이 텔레비전 출시

삼성전자, 화상절단현상을 해결한 TV '명품플러스 원' 출시

출처 : "첨단가전제품 '봇물'", 〈경향신문〉, 1996.8.30

LG전자, 디지털 직접 위성방송(DBS) 전용 와이드 TV '위성방송수신 와이드 TV' 출시

한국이동통신, 세계최초로 CDMA 디지털 이동전화 상용서비스 시작

모토로라, '스타택 7760' 출시

LG전자, 개인용정보통신 단말기(FDA) 출시

현대전자, 국내 최초 TV · 오디오시스템을 결합한 차량용 AV 시스템 개발

전자상거래 서비스기업 '메타랜드' 창립

LG전자, 국내 최대 고배율의 카메라 착탈식 액정 캠코더 '아트캠 프리' 출시

출처 : "첨단가전제품 '봇물'", 〈경향신문〉, 1996.8.30

97

국내 에어컨시장 1백 15만대, 1조 1천억원 규모 형성

삼성전자, 고급 백색가전 브랜드 '지펠' 도입

삼성전자, 국내 최초 양문 개폐식 냉장고 '지펠' 출시

출처 : "670L급 냉장고 '지펠'", 〈경향신문〉, 1997.4.29

한국통신프리텔 · 한솔PCS · LG Telecom, 개인휴대통신 (PCS) 상용서비스 시작

한국인터넷협회 창립

국내 최초 무료 웹메일 서비스 '한메일넷' 개설

한글 인터넷 검색서비스 '야후코리아' 개설

하이텔 유니텔 · 천리안, mp3 유료 서비스 시작

새한정보시스템, 세계최초로 mp3 상품화한 'MP맨' 출시

현대전자, 디지털 카메라 'QV-100' 출시

출처 : "필름없는 카메라 현대전자 市販", 〈매일경제〉, 1997.1.9

98

삼성전자, 프로젝션 TV '파브' 출시

출처 : "500만원대 TV 사는데 열홀 대기", 〈매일경제〉, 1998.11.27

가전 3사(LG · 삼성 · 대우), 부가기능을 없앤 TV 등 가격을 낮춘 'IMF형 가전' 출시

검색포털 '라이코스' 한국 진출

삼성전자 세계최소형 오디오 플레이어 '엡(YEPP)' 개발

출처 : "테이프없는 초소형 카세트 개발 삼성전자", 〈매일경제〉, 1998.10.20

거원시스템, 만능 오디오 · 비디오 플레이어 '제트오디오 4.0프로' 출시

99

삼성전자, 고선명 디지털방송 수신 프로젝션 TV '디지털 파브' 출시

삼성, 세계 최초의 MP3 폰 'SPH-M2100' 출시

커뮤니티 '다음카페' 개설

검색포털 '네이버' 개설

인터넷 인맥 관리 사이트 '싸이월드' 개설

포토 커뮤니티 '하두리' 오픈

KT · 하나로, 초고속인터넷서비스 실시

LG전자, mp3플레이어 · 카세트 · 라디오를 통합한 'MP프리' 출시

'(주)하이마트' 출범 (前 한국신용유통)

LG전자, 64인치 디지털 TV 출시

출처 : "LG전자 64인치 디지털TV 선보여", 〈매일경제〉, 1999.10.6

2000

LG전자, HD 디지털 TV
브랜드 '엑스캔버스
(Xcanvas)' 도입

동양매직, 전자식 가스오븐
레인지 '퓨전' 출시

동양매직, 국내 최대 크기
김치냉장고 '매직김치냉장고'
출시

출처: "[새상품] 인켈 마이크로
컴포넌트 외", 〈한겨레〉, 2000. 7. 17

삼성전자, 세계 최초의
카메라폰 'SCH - V200' 출시

출처: "[IT명품—휴대폰] 카메라폰,
'굿바이 디카~' 휴대폰 들고 찰칵",
〈이투데이〉, 2015. 10. 19

국내 인터넷 이용자수
1천만명 돌파

메신저 서비스 '버디버디'
출시

360도 회전식 CCTV
설치 시작

'(주)아이리버' 설립

01

삼성전자, 국내 최대 용량의
김치냉장고 출시

LG전자, 세계최고가 PDP
TV 수출

주부 사업가 한경희,
'스팀청소기' 출시

LG전자, 세계 최초 리니어
압축기를 채용한 냉장고
'디오스' 출시

LG전자, DVD · VCR
복합제품 'DVD플레이어
콤비' 출시

가야전자, 차량용
DVD플레이어 개발

샤프전자, 전자사전
'PW - 5100' 출시

거원시스템, All-In-One
초소형 mp3 플레이어
'iAUDIO CW200' 출시

출처: "Cowon iAUDIO CW200",
Retrieved July, 22, 2016 from
http://www.testfreaks.ru/
mp3-players/cowon-iaudio-cw200/

02

삼성전자, 세계 최대 54인치
LCD TV 개발

국산 디지털 TV 내수판매
100만대 돌파

삼성전자, 고급 가전 브랜드
'하우젠(HAUZEN)' 도입

LG전자, '빌트인 전용
김치냉장고' 출시

삼성전자, 이건희폰으로
불린 'SGH - T100' 출시 및
판매 1천만대 돌파

아이리버, 세계 최초
512MB 용량의 mp3,
'iFP - 100' 출시

출처: "[광복-70개 상품]아이리버,
MP3의 '성공신화'", 〈이데일리〉,
2015. 8. 12

올림푸스 코리아, 300만화소
디지털카메라 'C - 300 줌',
'C - 720 울트라 줌' 출시

삼성테크윈, 400만화소
디지털카메라
'Digimax 410' 출시

출처: "삼성 Digimax 410",
Retrieved July, 22, 2016 from
http://goo.gl/f6xccW

03

LG전자, 국내 최초 로봇
청소기 '로보킹(Robok-
ing)' 출시

샤프전자, 인플루엔자
바이러스를 제거해주는
공기청정기 '플라즈마
클러스터' 출시

LG전자, 공기청정기 기능을
갖춘 가습기 출시

삼성전자, 은나노 시스템을
적용한 '하우젠 드럼세탁기'
출시

SK커뮤니케이션즈,
인터넷 전용음반 출시

거원시스템, 멀티미디어
플레이어 '제트오디오 5.0'
출시

서울지하철공사, 지하철 전
객차에 CCTV 설치 계획 발표

데이콤사이버패스, 핸드폰
통화 · 온라인 게임 등에 이용
가능한 전자화폐 서비스
'사이버패스 매니아' 출시

LG · 대우, 홈 네트워크
솔루션 공동개발 제휴 체결

샤프전자, 국내 최초 미국식
발음 기능을 담은 전자사전
'리얼딕 RD - 6200' 출시

삼성전자, 터치패드 방식의
mp3 'YP - 780' 출시

출처: "터치패드로 조작 엠피3
플레이어", 〈한겨레〉, 2004. 1. 6

04

HP 코리아, 홈 전용 시네마
디지털 프로젝터 'HP -
ep7110', 'HP - ep7120'
출시

출처: "[IT-가전]디지털 홈 프로젝터
출시 외", 〈세계일보〉, 2004. 11. 16

LG전자, 에어컨에
공기청정기를 추가한 '투인
원 플러스' 출시

삼성전자, 블루투스 기능이
탑재된 핸드폰
'SGH - D500' 출시 및 판매
1천만대 돌파

LG텔레콤, 우체국 제휴
모바일 뱅킹 서비스
'뱅크온' 제공

아이리버, mp3 플레이어
시장에서 국내 점유율 70%
달성

안철수연구소, 기업용
안티스파이웨어 솔루션
'스파이제로2.0' 출시

올림푸스 코리아,
700만화소 디지털카메라
'C - 70줌' 출시

출처: "올림푸스 한국, 700만 화소
5배줌 'C-70z' 출시", 〈지디넷〉,
2004. 11. 16

O5

쿠쿠홈시스, 세계최초 돌솥밥 조리밥솥 '돌내솥 IH 전기압력밥솥' 개발

필립스전자, 프리미엄 주방가전라인 '메탈 블랙퍼스트' 출시

삼성전자, 건강식품의 제조기능을 갖춘 김치냉장고 '하우젠 다고내' 출시

출처: "[fn 탑프라이드 상품 - 가전] 삼성전자, 하우젠 '다고내'", 〈파이낸셜 뉴스〉, 2005. 12. 18

삼성전자, 세계 최초 위성 DMB폰 'SCH - B100' 출시

롯데캐논, 고해상도 저가형 포토 프린터 'Canon PIXMA iP1200' 출시

LG전자, 초콜릿폰 'KV5900' 출시

출처: "[Product/Toy] 슬림 슬라이드폰 LG-KV5900", Retrieved August, 31, 2016 from http://ivdesign.co.kr/bbs/board. php?bo_table=etrend&wr_ id=1381

O6

레인콤, 'E10' 출시

코원, '아이오디오 F2' 출시

SKT, 3G 무선 데이터통신 상용화

삼성카드, 삼성증권과 제휴해 세계최초의 CMA 체크카드 출시

LG전자, '스팀 트롬' 세탁기 출시

출처: "삼성 이어 LG전자도 스팀 세탁기 출시 예정", 〈BuykingNEWS〉, 2005. 2. 22

삼성전자, 'SCH - V840' 출시

출처: "SCH-V840", Retrieved August, 31, 2016 from http:// www.samsung.com/sec/support/ model/SCH-V840SVSK

O7

LG전자, 국내최초 냉난방 겸용 에어컨 출시

DSLR 카메라 판매량, 사상 첫 필름카메라보다 우위

한국스마트카드, 마이비카드, 이비카드, 지역간 교통카드 시스템 호환

레인콤, '아이리버 B20' 출시

KT링커스, 공중전화에 교통카드 모듈 추가

출처: "공중전화", Retrieved August, 31, 2016 from https://goo.gl/92pFSh

LG전자, '프라다폰' 출시

출처: "[한국의 컬덕트④] 아이폰보다 앞선 혁신의 결정체 LG 프라다폰", 〈자유광장〉, 2014. 8. 1

O8

삼성전자, '하우젠 버블' 세탁기 출시

출처: "[2008인기상품] 삼성전자/ 하우젠 버블 세탁기", 〈전자신문〉, 2008. 12. 17

삼성전자, '햅틱' 출시

출처: "애니콜 햅틱 개발자와 대담 제1부", Retrieved August, 31, 2016 from http://chitsol.com/552

파나소닉, 최초의 미러리스 카메라 'DMC - G1' 출시

출처: "Panasonic Lumix G1 Review", 〈DP REVIEW〉, 2009. 1. 19

아이나비, 3D 전자지도 내비게이션 '아이나비 K2' 출시

유투브, 한국어 서비스 시작

페이스북, 아이폰 어플 출시

O9

서울시, 지하철 종이 승차권 없애고 1회용 교통카드로 대체

로비오 엔터테인먼트, '앵그리버드' 출시

삼성전자, 'T옴니아2' 출시

애플, '아이폰' 국내 출시

삼성전자, 셀피 촬영이 가능한 최초의 듀얼 LCD 콤펙트 카메라 'ST550' 출시

출처: "Samsung ST500 and ST550 digital cameras – here's looking at you(rself)", Retrieved August, 31, 2016 from http://www.gadgetguy. com.au/samsung-st500-and- st550-digital-cameras-heres- looking-at-yourself/

삼보컴퓨터, 국내최초 64비트 운영체제 탑재한 PC 출시

출처: "삼보컴퓨터, 64비트 운영체제 얹은 PC 5종 선보여", 〈베타뉴스〉, 2009. 4. 2

2010

삼성전자, 3D TV 출시

스마트폰 가입자 수 500만명 돌파

삼성전자, '갤럭시S' 출시

출처: "최상의 화질, 갤럭시S 출시!!", Retrieved August, 31, 2016 from http://blog.samsungdisplay.com/41

애플, '아이패드' 국내 출시

니콘이미징코리아, '쿨픽스 S6000' 출시

출처: "COOLPIX S6000", Retrieved August, 31, 2016 from http://www.nikonusa.com/en/nikon-products/product-archive/compact-digital-cameras/coolpix-s6000.html

인스타그램, SNS '인스타그램' 출시

한국도로공사, 고속도로카드 사용중단

카카오, '카카오톡' 출시

출처: "이석우 대표가 들려준 카카오의 어제 · 오늘 · 내일", 〈IT동아〉, 2014. 4. 1

11

록앤올, 무료 네비게이션 '김기사' 출시

컴투스, 모바일 게임 '타이니팜' 출시

우아한 형제들, 배달앱 '배달의민족' 출시

LG전자, 세계최초 4D 입체 냉방 에어컨 '휘센미니' 출시

출처: "LG 휘센, 스포츠 모델 효과 '톡톡'", 〈THE PR NEWS〉, 2011. 8. 23

SKT, LTE 상용화 서비스 시작

한국, 스마트폰 판매량 1000만대 돌파

삼성전자, '갤럭시S2' 출시

삼성전자, '갤럭시노트' 출시

삼성전자, '갤럭시 탭 10.1' 출시

출처: "삼성전자, 갤럭시탭 10.1 국내 출시", 〈IT동아〉, 2011. 3. 6

삼성전자, 갤럭시 플레이어 출시

소니코리아, 세계 최경량 미러리스 카메라 '알파 NEX-C3' 출시

출처: "소니 알파 NEX-C3, 예약 판매 실시", 〈IT WORLD〉, 2011. 7. 4

12

선데이토즈, 안드로이드 버전 모바일 게임 '애니팡' 출시

네이버, 모임앱 '밴드' 출시

카카오, SNS '카카오스토리' 출시

킹닷컴, 모바일 게임 '캔디크러쉬사가' 출시

아이나비, 국내최초 실사지도 내비게이션 '아이나비 K11 AIR' 출시

서울시, 서울 지하철 7호선, 2호선 객실에 각각 CCTV 1008대, 712대 설치

이동통신 3사, 공공장소 무료 와이파이 구축

SK텔링크, 위성 DMB 폐지

한국닌텐도, '닌텐도 3DS' 국내 출시

LG전자, '옵티머스G' 출시

출처: "옵티머스 G에 숨겨진 5가지 비밀", Retrieved August, 31, 2016 from http://social.lge.co.kr/lg_story/the_blog/product/optimusg_secret/

알피지코리아, '요기요' 출시

아이리버, 국내최초로 MQS 음원 재생가능한 아스텔앤컨 'AK100' 출시

출처: "아이리버, '아스텔앤컨' 골드 · 실버 컬러 한정판출시", 〈전자신문〉, 2013. 4. 17

13

삼성전자, 'UHD 디스플레이' 개발(3840 x 2260픽셀)

LG전자, 'G2' 출시

삼성전자, '갤럭시노트3' 출시

삼성전자, '갤럭시기어' 출시

출처: "[IFA 2013] 독일 '삼성 언팩'에서 갤럭시 노트3, 갤럭시 기어 공개", 〈삼성뉴스룸〉, 2013. 9. 5

신한은행, '신한앱카드' 출시

캐논, 'EOS 100D' 출시

소니코리아, 최초의 풀프레임 미러리스 카메라 '알파7' 출시

'카카오톡' 가입자 수 1억명 돌파

다음카카오, '카카오톡' PC버전 출시

데브시스터즈, '쿠키런' 출시

출처: "모바일게임 '쿠키런' 출시 5개월만에 매출 300억원 달성", 〈중앙일보〉, 2013. 9. 2

14

무료 메신저 '텔레그램', 한국어 버전 출시

삼성전자 · LG전자 스마트홈 서비스 시작

다음카카오, '카카오페이' 출시

아이나비, 국내최초 증강현실 매립형 내비게이션 '아이나비X1' 출시

오픈크리에이터즈, 국내최초 가정용 3D 프린터 '아몬드' 출시

애플, '아이폰6', '아이폰6+' 출시

소니코리아, 셀카를 위한 카메라 'KW11' 출시

고프로, '고프로 히어로4' 출시

출처: "고프로4 공개, 터치스크린에 14만원짜리 저가 모델까지", 〈MOTOGRAPH〉, 2014. 9. 29

삼성전자, 세계최초 '커브드 UHD TV' 출시

출처: "[2014대한민국 대표브랜드] 삼성 커브드 UHD TV, 압도적 몰입감으로 TV화질의 새 시대 열다", 〈동아닷컴〉, 2014. 4. 7

NHN, 간편결제 서비스
'페이코' 출시

네이버, 네이버 ID로 다양한
가맹점에서 쇼핑 가능한
'네이버페이' 출시

아이리버, 스탠드형 오디오
'AK T1' 출시

네이버, 모바일 지도 검색 앱
'네이버지도' 출시

삼성전자, '갤럭시S6',
'갤럭시노트5' 출시

다음카카오, 콜택시 서비스
앱 '카카오택시' 출시

SKT, 스마트홈 서비스 시작

삼성전자, 모바일 결제
서비스 '삼성페이' 출시

신세계그룹, 간편 결제
서비스 'SSG페이' 출시

출처: "패션테크 시대가 다가온다
PART 3 - 핀테크가 바꾼 모바일
세상", 〈FASHION SEOUL〉,
2016. 2. 19

LG전자, '듀얼에어컨' 출시

출처: "LG전자, 휘센 '듀얼 에어컨' TV
광고 온에어", 〈기업앤미디어〉,
2015. 3. 31

LG전자, 모바일 결제 서비스
'LG페이' 출시

네이버, '네이버페이'
체크카드 출시

지상파DMB 특별위원회,
지상파DMB 고화질 시청
서비스 시작

삼성전자, '갤럭시S7',
'갤럭시S7 엣지' 출시

출처: "선택의 순간! 갤럭시S7, 갤럭시
S7엣지", Retrieved August, 31,
2016 from https://brunch.co.kr/@
thebetterday/155

삼성전자, '세리프 TV' 출시

출처: "세리프TV, 가전이 아니라
가구다", Retrieved August, 31, 2016
from http://www.gearbax.com/
27451

**삼성전자, 냉장고 '패밀리
허브' 출시**

출처: "패밀리 허브", Retrieved
August, 31, 2016 from
http://www.samsung.com/sec/
consumer/kitchen-appliances/
refrigerators/chef-collection/
RF85K9993SG/

1960년 이후,
한국

정치 · 경제 · 사회

1960	61	62	63	64

정치

제4대 대통령
윤보선 (1960.8 ~ 1962.3)

제5 ~ 9대 대통령
박정희 (1963.12 ~ 1979.10)

3월 15일
3.15 부정선거

5월 16일
5.16 군사정변

4월 19일
4.19 혁명

경제

7월 22일
경제기획원 설립

1월 5일
**제 1차 경제개발 5개년 계획
실시**

11월 30일
수출 1억 달러 달성

사회

**상공부에서 60개 점포를
선정하여 정찰제 정착 및
직영체계 개편 촉진**

4월
한국기생충박멸협회 설립

65　　66　　67　　68　　69

1월 26일
베트남 전쟁 파병

12월 28일
한 · 일 국교 정상화

12월 5일
국민교육헌장 선포

9월 14일
삼선개헌

4월 15일
GATT 가입

6월 24일
컴퓨터 도입
(경제기획원 조사통계국)

10월 23일
마산 수출 자유지역 설치

11월 21일
주민등록번호 발급(12자리)

1970	71	72	73	74
정치				

1월 4일
농촌근대화 10개년 계획

9월 8일
국토종합개발 10개년 계획

4월 11일
새마을 운동 제창

10월 17일
10월 유신

1월 12일
중화학공업 육성 계획

경제 ....

4월 1일
포항제철 기공

10월 16일
1차 오일쇼크

사회 ....

7월 7일
경부고속도로 개통

11월 13일
전태일 사망

3월 31일
서울 - 부산 전화 개통

12월 24일,
국민복지연금법 제정
(現 국민연금법)

12월 31일
주요도시 그린벨트 공포

8월 15일
서울지하철 개통

75	76	77	78	79

제10대 대통령
최규하(1979.10 ~ 1980.8)

10월 26일
10.26 사태

12월 12일
12.12 사태

12월 31일
물가안정 및 공정거래법 공포

7월 1일
부가가치세 도입

6월 28일
2차 오일쇼크

12월 31일
수출 100억달러 달성

9월 22일
주민등록번호 갱신(13자리)

6월 19일
원자력발전 고리 1호기 점화

8월 9일 ~ 11일
YH 무역사건

1980　81　82　83　84

정치 ....

제11 ~ 12대 대통령
전두환(1980.8 ~ 1987.6)

5월 15일
서울역 광장집회

3월 25일
제5공화국 성립

5월 18 ~ 27일
5.18 민주화운동

경제 ....

5월 6일
공정거래위원회 발족

7월 3일
금융실명거래, 금융자산소득
종합과세 발표

5월 14일
해운업 통폐합

사회 ....

칼라TV 판매 시작

1월 6일
통행금지 해제

7월 24일
데이콤네트(現 LG) **개통**

3월 27일
첫 프로야구 경기

4월
한국건강관리협회 설립

85	**86**	**87**	**88**	**89**
		제13대 대통령 **노태우**(1988.2 ~ 1993.2)		
		1월 14일 **박종철 사건**	12월 27일 **헌법재판소 개소식**	
		4월 13일 **4.13 호헌조치**		
		6월 10 ~ 29일 **6월 민주항쟁**		

6월 27일 **66개 업종 외국인 투자 자유화**			12월 1일 **단계적 금리자유화 계획 발표**	1월 19일 **해외부동산 투자자유화** 12월 30일 **토지공개념 도입**

현대백화점 본점 개설	9월 **천리안 서비스 시행** 9월 1일 **의료보험 확대실시**		**서울시 인구 1,000만 돌파** **88 서울올림픽 개최**	4월 3일 **분당, 일산 신도시 계획 발표**

1990	91	92	93	94

정치

제14대 대통령
김영삼(1993.2 ~ 1998.2)

1월 22일
3당 합당

9월 17일
남북한 동시 UN가입

12월 8일
국제노동기구 가입

경제

1월 3일
증시 외국인 개방

8월 13일
금융실명제 시행

10월 27일
업종전문화시책 확정

사회

8월 20일
**경부고속철도 차종
테제베(TGV)로 결정**

삼구홈쇼핑, LG홈쇼핑 개시

**일반인 대상으로
코넷(現 KT)이
인터넷 서비스 시작**

전국에 8개 백화점 개점

제15대 대통령
김대중(1998.2 ~ 2003.2)

6월 27일   12월 26일   1월 15일
지방자치제 실시   **노동법 파동**   **노사정위원회 출범**

2월 14일
정리해고법안 통과

1월 1일   12월 12일   12월 3일   9월 30일
세계무역기구(WTO) 가입   **경제협력개발기구(OECD)**   **IMF 경제위기**   **순채권국으로 전환**
                        가입
                                                12월 24일
                                                100억 달러 구제 요청
                                                및 지원 결정

6월 29일
삼풍백화점 붕괴

2000	O1	O2	O3	O4
정치				

			제16대 대통령 노무현(2003.2 ~ 2008.2)	
6월 13 ~ 15일 남북정상회담		6월 13일 미군 장갑차 '여중생 압사사건' 및 반미 시위	5월, 10월 이라크 파병	6월 22일 김선일 피살 사건
10월 23일 주5일 근무제 합의		10월 24일 한 · 칠레 FTA타결		

경제

3월 24일 외국기업 국내 직상장 허용	5월 건강보험 재정파탄 사태	11월 3일 부실 신협 115개 퇴출	신용위기 '카드대란'	9월 23일 개인회생제도 시행
10월 31일 현대건설 1차 부도	12월 21일 대우자동차 GM에 매각		6월 25일 신용불량자 65만 구제 대책 발표	
11월 8일 대우자동차 부도			11월 11일 농촌지원사업 119조 지원 발표	

사회

12월 10일 김대중 대통령, 노벨평화상 수상	3월 29일 인천국제공항 개항	5월 31일 한 · 일 월드컵 개막	1월 10일 북한, 핵확산조약 탈퇴	4월 1일 고속철도(KTX) 개통
	9월 28일 판교신도시 개발안 확정	9월 18일 경의선 및 동해선 연결 착공식	2월 18일 대구지하철 참사	9월 30일 복지부 출산 장려 대책 발표
		11월 4일 공무원 사상 첫 파업	7월 1일 청계천 복원 공사 기공	12월 7일 황우석, 배아세포 복제 성공
				한류열풍 시작 (겨울연가 배용준)

O5	O6	O7	O8	O9
			제17대 대통령 **이명박**(2008.2 ~ 2013.2)	
3월 16일 **시네마현의 다케시마의 날 지정, 독도 영유권 분쟁 심화**	12월 14일 **반기문, UN사무총장 취임**	10월 2 ~ 4일 **2차 남북정상회담**	5월 ~ 7월 **미국 소고기 수입 반대 촛불시위와 폭력 진압**	5월 23일 **노무현 前 대통령 서거** 8월 18일 **김대중 前 대통령 서거** 11월 **4대강 사업 시작**
8월 31일 **부동산 대책 발표**	2월 3일 **한 · 미 FTA 협상**	4월 2일 **한 · 미 FTA 타결** 11월 6일 **김용철 변호사의 삼성 비자금 고발**		4월 30일 **크라이슬러 파산 신청** 6월 1일 **제너럴모터스 파산 신청**
3월 2일 **호주제 폐지 결정** **'왕의 남자', 한국영화 최초 천만 관객 달성** **황우석, 논문 조작 파문** **조류독감 유행**	**장미란 선수, 한 · 중 · 일 국제초청역도대회에서 세계신기록 경신** **사행성 게임, '바다이야기' 파문**	12월 7일 **태안 앞바다 기름 유출 사고**	2월 10일 **숭례문 방화 사건** 7월 11일 **금강산 방문 관광객 북한군에 피격 사망** **박태환 선수, 베이징올림픽에서 한국 수영 최초 남자 자유형 400m 금메달 획득**	1월 20일 **용산재개발 철거민 참사** 2월 16일 **김수환 추기경 선종** 7월 22일 **미디어법 국회 본회의 통과** **신종플루 확산**

2010	11	12	13	14
정치				
			제18대 대통령 박근혜(2013.2 ~)	
3월 26일 천안함 피격 사건	8월 24일 오세훈 前서울시장 사퇴		국정원 여론 조작 사건	국정원 간첩 조작 사건
			이석기 내란 음모 의혹	3월 26일 새정치민주연합 출범
11월 23일 연평도 포격 사건	10월 26일 서울시장 보궐선거 및 박원순 시장 당선			

경제				
	4월 외화보유액 3000억달러 돌파	2월 가계부채 900조원 돌파	3월 29일 국민행복기금 출범	1월 18일 카드사(국민, 농협, 롯데) 개인정보유출 사태
		3월 15일 한 · 미 FTA 발효		2월 25일 경제혁신 3개년 계획 발표
		5월 2일 한 · 중 FTA 협상 개시		

사회				
3월 11일 법정스님 입적	7월 21일 일반 의약품 약국 외 판매 개정안 시행	5월 12일 ~ 8월 12일 여수 세계 엑스포 개최	1월 30일 한국 첫 우주발사체, '나로호(KSLV-1)' 발사 성공	4월 16일 4 · 16 세월호 참사
6월 10일 나로호 발사 실패	11월 20일 셧다운제 시행	7월 1일 세종시 공식 출범	7월 6일 인천발 샌프란시스코행 아시아나항공 'OZ 214편' 착륙 사고	6월 22일 남한산성, 유네스코 세계문화유산으로 등재
김연아 선수, 벤쿠버 동계올림픽 여자 피겨 부분 금메달 획득		삼성 - 애플 특허소송 논란		11월 21일 도서정가제 개정안 시행
		스마트폰 이용자 3천만명 돌파		
		외국인 관광객 천만명 돌파		

15   16

8월 4일
DMZ 지뢰 폭발 사건

4월 13일
제 20대 국회의원 선거

12월 28일
한 · 일 '위안부' 합의

한국사 교과서 국정화 논란

3월
**한국은행 기준금리
사상 첫 1% 대 진입**

2월 26일
간통죄 폐지

이세돌 9단,
인공지능 '알파고'에 패배

메르스(MERS) 확산 논란

1960년 이후,
한국

통계

1인당 국민소득

출처: "KOSIS - 10.1.1 연간지표 (국가통계포털)",
Retrieved August, 31, 2016
from http://kosis.kr/statHtml/statHtml.do?orgId=301&tblId=DT_102Y002&conn_path=I2#

단위: 만원

2,923 ....

2,513 ....

2,095 ....

1,676 ....

1,257 ....

838 ....

419 ....

1.00

0

| 1960 | 61 | 62 | 63 | 64 | 65 | 66 | 67 | 68 | 69 | 1970 | 71 | 72 | 73 | 74 | 75 | 76 | 77 | 78 | 79 | 1980 | 81 | 82 | 83 | 84 | 8 |

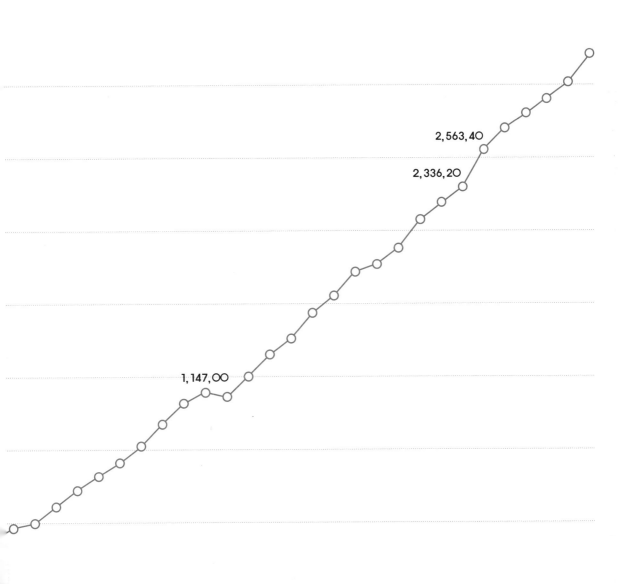

2,563,40

2,336,20

1,147,00

88 89 <u>1990</u> 91 92 93 94 95 96 97 98 99 <u>2000</u> 01 02 03 04 05 06 07 08 09 <u>2010</u> 11 12 13 14 15

수출통계

출처: "K-stat 총괄 (한국무역협회)",
Retrieved October, 11, 2016
from http://stat.kita.net/stat/kts/sum/SumImpExpTotalList.screen

단위: 백만 달러

600,000

500,000

400,000

300,000

200,000

100,000

0

| 1960 | 61 | 62 | 63 | 64 | 65 | 66 | 67 | 68 | 69 | 1970 | 71 | 72 | 73 | 74 | 75 | 76 | 77 | 78 | 79 | 1980 | 81 | 82 | 83 | 84 |

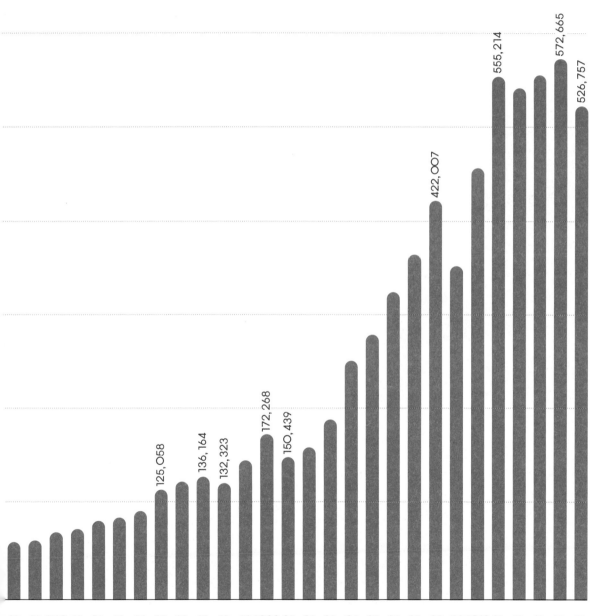

88 89 <u>1990</u> 91 92 93 94 95 96 97 98 99 <u>2000</u> 01 02 03 04 05 06 07 08 09 <u>2010</u> 11 12 13 14 15

국민 주택보급률

출처:
"KOSIS – 10.1.1 연간지표 (국가통계포털)",
Retrieved August, 31, 2016
from http://kosis.kr/statHtml/statHtml.do?orgId=301&tblId=DT_102Y002&conn_path=I2#

"국토교통부",
Retrieved August, 31, 2016
from http://www.molit.go.kr/portal.do

기준: 주택보급률 (%)

* 주택보급률 = 주택수 / 일반가구수 x 100

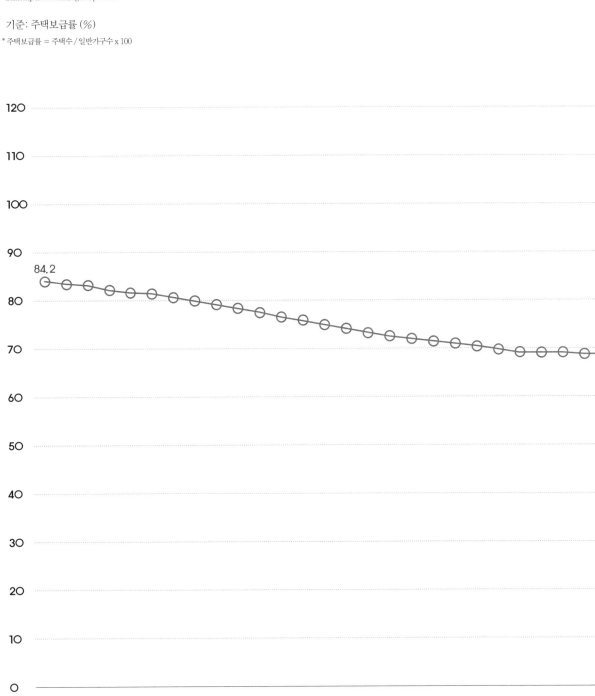

120

110

100

90

84.2

80

70

60

50

40

30

20

10

0

1960 61 62 63 64 65 66 67 68 69 1970 71 72 73 74 75 76 77 78 79 1980 81 82 83 84 85

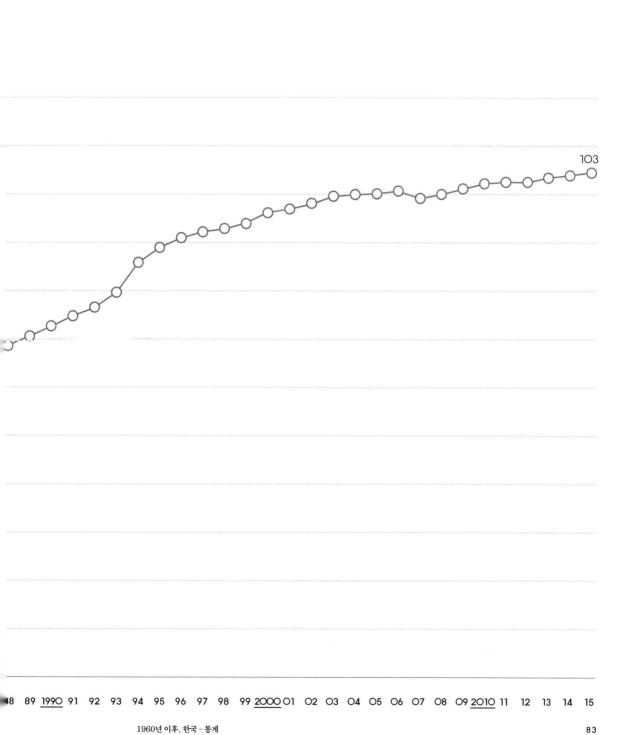

103

대한민국 평균 초혼 연령

출처: "혼인율 (국가지표체계)".
Retrieved October, 11, 2016
from http://www.index.go.kr/strata/jsp/showStblGams3.jsp?stts_cd=292102&idx_cd=2921

■ 남자
■ 여자

단위: 나이

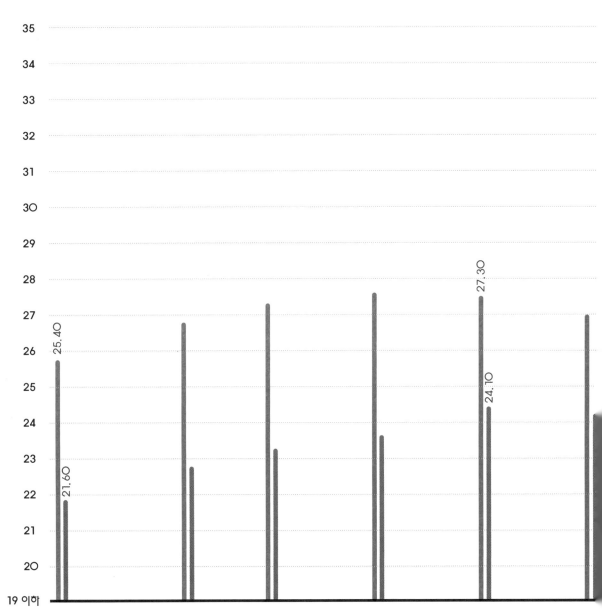

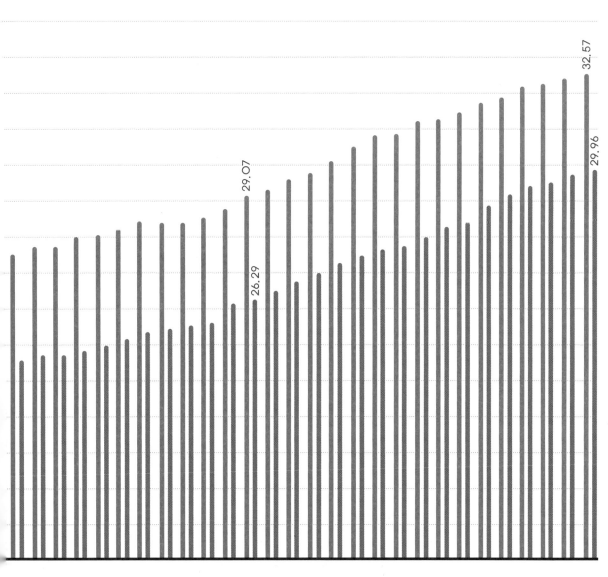

88 89 <u>1990</u> 91 92 93 94 95 96 97 98 99 <u>2000</u> O1 O2 O3 O4 O5 O6 O7 O8 O9 <u>2010</u> 11 12 13 14 15

29.07

26.29

32.57

29.96

조이혼율

출처: "이혼율 (국가지표체계)",
Retrieved October, 11, 2016
from http://www.index.go.kr/potal/main/EachDtlPageDetail.do?idx_cd=2922

인구 1,000명당 건

* 조이혼율
인구 1,000명당 이혼건수. 연간 발생한 총이혼건수를 당해년도
주민등록연앙인구(7월 1일)로 나누어 천분비로 나타낸 수치

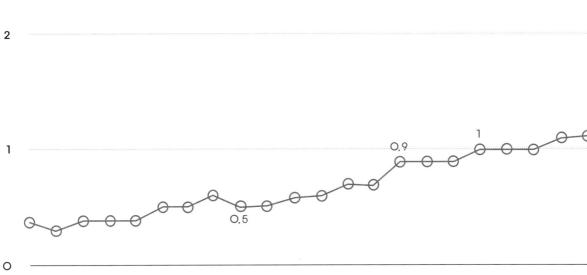

3.4

2.5

2.5

2.1

94　95　96　97　98　99　2000　01　02　03　04　05　06　07　08　09　2010　11　12　13　14　15

대학진학률

출처: "KOSIS – 10.1.1 연간지표 (국가통계포털)",
Retrieved October, 12, 2016
http://kosis.kr/statHtml/statHtml.do?orgId=301&tblId=DT_102Y002&conn_path=I2#

기준: 진학률 (%)

* 대학진학률 = 당해 연도 고교졸업자 중 진학자 / 당해연도 고교졸업자 x 100

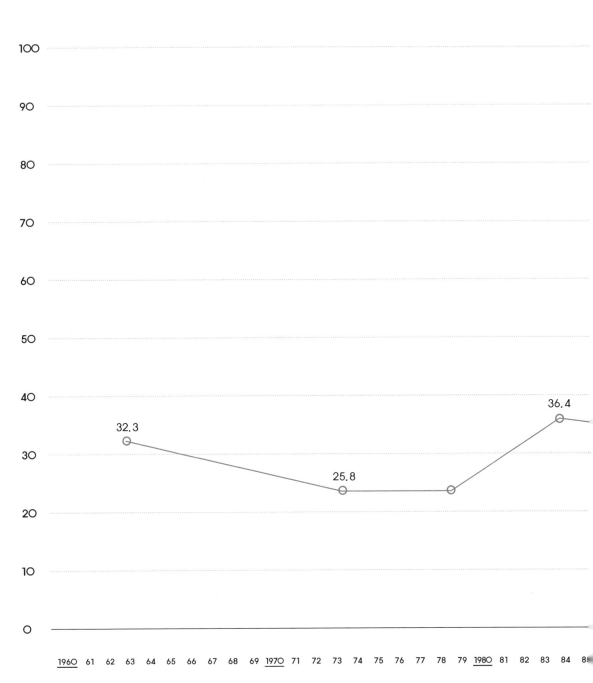

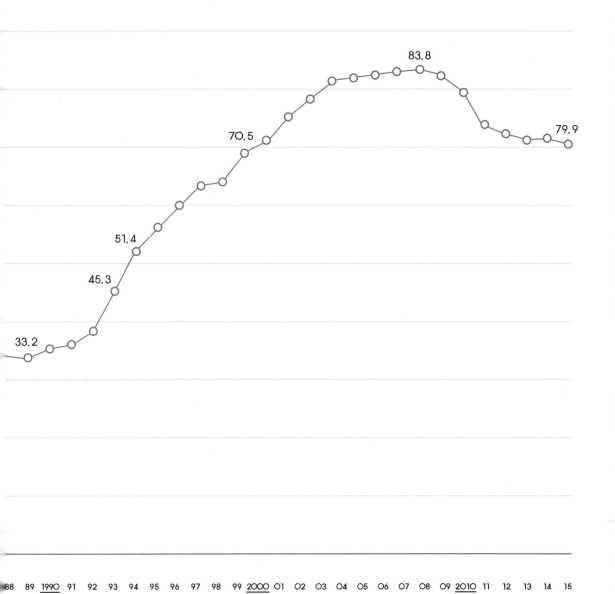

1960년 이후,
한국의 자동차

기아자동차 · 현대자동차

기아산업·아시아자동차

1944년
'경성정공' 설립

1952년
'기아산업'으로 상호 변경

K - 360 [1]
기아산업
소형
356cc
1962 ~ 1964

T - 1500 [2]
기아산업
중형
1,484cc
1963

현대자동차

'아시아자동차' 설립

아시아자동차,
'동국제강'에 인수

기아마스타 T - 2000 [3]
기아산업
중형
1,985cc
1967 ~ 1974

기아마스타 T - 600 [4]
기아산업
소형
577cc
1969 ~ 1974

'현대자동차' 설립   울산 공장 착공

코티나 [5]
소형
1,600cc
1968 ~ 1983

포드 20M [6]
소형
2,000cc
1969 ~ 1973

기아산업·아시아자동차 ·······

기아산업, 소하리 공장 준공

피아트 124[7]
아시아자동차
소형
1,200cc
1970 ~ 1973

브리사[8]
기아산업
소형
958cc
1974 ~ 1981

현대자동차 ······················

아시아자동차, 기아산업에
인수

포니 9
소형
1,238cc
1975 ~ 1985

HD - 1000 포터 10
중형
2,497cc
1977 ~ 1981, 1986 ~

그라나다 12
대형
1,993cc
1978 ~ 1985

미니버스 HD-1000 11
소형
1977 ~ 1981

'중소형화물차 및 버스 전문
생산업체' 지정

봉고코치 [13]
대형
2,200cc
1981 ~ 2005

현대자동차

포니2 [14]
소형
1,238 ~ 1,439cc
1982 ~ 1990

스텔라 [15]
중형
1,500cc
1983 ~ 1997

'프라이드' 미국 진출　　　　　　　　　　　　　　아산만 주조공장 준공

프라이드 [16]
소형
1,323cc
1986 ~ 2000

콩코드 [18]
준중형
1,998cc
1987 ~ 1995

캐피탈 [19]
준중형
1,498cc
1989 ~ 1996

베스타 [17]
대형
1,998cc
1986 ~ 1997

쏘나타 [20]
중형
1,500cc
1985 ~ 1987

그랜저 [22]
준대형
1,997 ~ 2,972cc
1986 ~

뉴 쏘나타 [24]
중형
1,796 ~ 2,351cc
1988 ~ 1993

포니 엑셀 [21]
소형
1,298 ~ 1,468cc
1985 ~ 1988

그레이스 [23]
대형
2,476cc
1986 ~ 2003

**기아산업, '기아자동차'로
상호 변경**

세피아 [25]
준중형
1,498cc
1992 ~ 2000

스포티지 [27]
준중형
1,988cc
1993 ~ 2002

아벨라 [28]
소형
1,323cc
1994 ~ 1999

포텐샤 [26]
대형
2,184 ~ 2,954cc
1992 ~ 2002

현대자동차

스쿠프 [29]
스포츠카
1,468cc
1990 ~ 1995

갤로퍼 [31]
중형
2,476cc
1991 ~ 2003

쏘나타 2 [32]
중형
1,796 ~ 1,997cc
1993 ~ 1996

엑센트 [33]
소형
1,341 ~ 1,495cc
1994 ~ 1999

엘란트라 [30]
준중형
1,468 ~ 1,596cc
1990 ~ 1995

기아 및 아시아자동차,
현대자동차에 낙찰

현대그룹에 편입

크레도스 34
중형
1,793 ~ 1,998cc
1995 ~ 2000

엘란 36
스포츠카
1,793cc
1996 ~ 1999

슈마 37
준중형
1,498 ~ 1,793cc
1997 ~ 2000

카니발 39
대형
2,500 ~ 2,900cc
1998 ~

비스토 41
경형
798cc
1999 ~ 2004

프레지오 35
대형
2,957cc
1995 ~ 2004

엔터프라이즈 38
대형
3,605cc
1997 ~ 2002

레토나 40
소형
2,500 ~ 2,900cc
1998 ~ 2003

카스타 42
준중형
1,997cc
1999 ~ 2002

터키 공장 준공

기아자동차 주식 51%
인수 계약 체결

기아자동차 인수

티뷰론 45
스포츠카
1,975cc
1996 ~ 2001

다이너스티
대형
2,497 ~ 3,496cc
1996 ~ 2005

쏘나타 3
중형
1,796 ~ 1,997cc
1996 ~ 1998

싼타모
준중형
1,997cc
1996 ~ 2002

스타렉스 46
대형
2,476 ~ 2,972cc
1997 ~

그랜저 XG 48
대형
1,998 ~ 2,972cc
1998 ~ 2005

EF 쏘나타
중형
1,997 ~ 2,493cc
1998 ~ 2001

올 뉴 아반떼
준중형
1,495 ~ 1,795cc
1998 ~ 2000

에쿠스 49
대형
3,497 ~ 4,498cc
1999 ~ 2015

베르나
소형
1,341 ~ 1,495cc
1999 ~ 2009

트라제 XG
대형
1,991 ~ 2,656cc
1999 ~ 2008

아반떼 43
준중형
1,495 ~ 1,795cc
1995 ~ 1998

마르샤 44
중형
1,997 ~ 2,497cc
1995 ~ 1997

아토스 47
경형
798cc
1997 ~ 2002

기아자동차

현대그룹에서 계열 분리   **현대자동차그룹에 편입**   **남양종합기술연구소 통합 출범**   **슬로바키아 공장 기공식**

옵티마 [50]
중형
1,997cc
2000 ~ 2005

쏘렌토 [52]
중형
2,497cc
2002 ~ 2009

오피러스 [53]
대형
2,656 ~ 3,497cc
2003 ~ 2011

모닝 [55]
경형
999cc
2004 ~

스펙트라 [51]
준중형
1,493 ~ 1,793cc
2000 ~ 2003

쎄라토 [54]
준중형
1,495 ~ 1,975cc
2003 ~ 2008

뉴 스포티지 [56]
준중형
1,991cc
2004 ~ 2010

현대자동차

현대차, 현대그룹으로부터 자동차전문그룹으로 분가   **현대 · 기아 디자인 테크니컬 센터 완공**

싼타페 [57]
중형
1,991 ~ 2,656cc
2000 ~ 2005

라비타 [59]
소형
1,495 ~ 1,795cc
2001 ~ 2007

클릭 [60]
소형
1,341 ~ 1,495cc
2002 ~ 2010

투싼 [61]
준중형
1,991cc
2004 ~

아반떼 XD [58]
준중형
1,495 ~ 1,975cc
2000 ~ 2006

투스카니
스포츠카
1,975 ~ 2,656cc
2001 ~ 2008

테라칸
중형
2,476 ~ 3,497cc
2001 ~ 2006

뉴 EF 쏘나타
중형
1,795 ~ 2,493cc
2001 ~ 2004

NF 쏘나타 [62]
중형
1,991cc
2004 ~ 2009

미국 조지아 공장 착공

중국 제2공장 준공식

**미국법인 신사옥 및
디자인 센터 준공**

로체[63]
중형
1,798 ~ 2,359cc
2005 ~ 2008

뉴 프라이드
소형
1,493 ~ 1,599cc
2005 ~ 2011

그랜드 카니발
대형
2,902cc
2005 ~ 2014

모하비[64]
대형
2,959cc
2008 ~

포르테
준중형
1,582 ~ 1,591cc
2008 ~ 2012

쏘울
준중형
1,591 ~ 1,975cc
2008 ~

로체 이노베이션
중형
1,998 ~ 2,360cc
2008 ~ 2010

K7[65]
대형
2,359 ~ 3,470cc
2009 ~

쏘렌토 R[66]
중형
1,995 ~ 2,656cc
2009 ~ 2014

글로벌 100대 브랜드 진입

**자동차 총생산량 세계 6위
진입**

그랜저 TG[67]
준대형
2,656 ~ 3,778cc
2005 ~ 2008

싼타페[68]
중형
1,991cc
2005 ~ 2012

베라크루즈[69]
대형
2,959 ~ 3,778cc
2006 ~ 2015

아반떼 HD[70]
준중형
1,582 ~ 1,975cc
2006 ~ 2010

i30[71]
준중형
1,591cc
2007 ~

제네시스[72]
대형
3,342 ~ 3,779cc
2008 ~

제네시스 쿠페[73]
스포츠카
1,998 ~ 3,778cc
2008 ~

YF 쏘나타[74]
중형
1,998 ~ 2,359cc
2009 ~ 2014

투싼 ix[75]
준중형
1,995 ~ 1,998cc
2009 ~ 2015

기아자동차

미국 조지아 공장 준공

K5 [76]
중형
1,998 ~ 2,359cc
2010 ~

스포티지 R [77]
준중형
1,998 ~ 2,359cc
2010 ~

레이 [78]
경형
998 cc
2011 ~

올 뉴 프라이드 [79]
소형
1,396 ~ 1,591cc
2011 ~ 2014

K9 [80]
대형
3,342~ 3,778 cc
2012 ~

K3 [81]
준중형
1,591cc
2014 ~

중국 3공장 착공

슬로바키아 공장 기공식

올 뉴 쏘렌토 [82]
중형
1,995 ~ 2,199cc
2014 ~

더 뉴 프라이드
소형
1,396 ~ 1,591cc
2014 ~

올 뉴 카니발
대형
2,199 ~ 3,342cc
2014 ~

현대자동차

러시아 공장 준공

아반떼 [83]
준중형
1,591cc
2010 ~ 2015

엑센트 [84]
소형
1,396 ~ 1,591cc
2010 ~

'글로벌 100대 브랜드'
61위 선정

벨로스터 [85]
준중형
1,591cc
2011 ~

i40
중형
1,685 ~ 1,999cc
2011 ~

5G 그랜저
준대형
2,199 ~ 2,999cc
2011 ~

쏘나타 하이브리드
중형
1,999cc
2011 ~ 2014

브라질 공장 준공

싼타페 [86]
중형
1,995 ~ 2,199cc
2012 ~

해외 누적 판매 5천만 대 돌파

맥스크루즈 [87]
대형
2,199cc
2013 ~

그랜저 하이브리드 [88]
준대형
2,359cc
2013 ~

브랜드 체험 공간
'현대모터스튜디오' 개관

아슬란 [89]
대형
2,999 ~ 3,342cc
2014 ~

LF 쏘나타 [90]
중형
1,998 ~ 2,359cc
2014 ~

스포티지 91
준중형
1,685 ~ 1,995cc
2015 ~

제네시스 EQ900 92
대형
3,342 ~ 5,038cc
2015 ~

아이오닉 94
준중형
1,580cc
2016 ~

올 뉴 투싼 93
준중형
1,591 ~ 1,995cc
2015 ~

출처

1. "1962년:기아산업, 3륜트럭 K-360 출시", Retrieved April, 11, 2016 from http://www.cybercarmuseum.or.kr/html/history/
2. "1963년:기아산업, 3륜트럭 T-1500 출시", Retrieved April, 11, 2016 from http://www.cybercarmuseum.or.kr/html/history/
3. "1967년:기아산업, 기아마스타 T-2000 출시", Retrieved April, 15, 2016 from http://www.cybercarmuseum.or.kr/html/history/
4. "기아 T-600", Retrieved April, 11, 2016 from https://upload.wikimedia.org/wikipedia/commons/thumb/4/40/Kia_T600.JPG/1920px-Kia_T600.JPG
5. "1968년:현대자동차, 포드 코티나 조립생산 시작", Retrieved May, 10, 2016 from http://www.cybercarmuseum.or.kr/html/history/
6. "1969년:현대자동차 포드 20M 조립생산 시작", Retrieved May, 10, 2016 from http://www.cybercarmuseum.or.kr/html/history/
7. "1970년:아시아자동차, FIAT로부터 CKD 도입 FIAT124 생산판매", Retrieved May, 14, 2016 from http://www.cybercarmuseum.or.kr/html/history/
8. "1974년:기아산업, 고유모델 소형차 브리사 출시", Retrieved April, 15, 2016 from http://www.cybercarmuseum.or.kr/html/history/
9. "1981 포니 해치백", Retrieved May, 10, 2016 from http://auto.naver.com/car/main.nhn?yearsId=13699
10. "현대 HD1000", Retrieved October, 5, 2016 from https://namu.wiki/w/현대%20HD1000
11. "현대 HD1000", Retrieved October, 5, 2016 from https://namu.wiki/w/현대%20HD1000
12. "1978 현대 그라나다 V6", Retrieved April, 15, 2016 from http://auto.naver.com/car/main.nhn?yearsId=54963
13. "1981년:기아산업, 미니버스 봉고 코치 개발", Retrieved May, 10, 2016 from http://www.cybercarmuseum.or.kr/html/history/
14. "1985 포니 해치백", Retrieved April, 11, 2016 from http://auto.naver.com/car/main.nhn?yearsId=13693
15. "1983년:현대자동차, 코티나 대체용 고유모델 중형급 스텔라 출시", Retrieved April, 11, 2016 from http://www.cybercarmuseum.or.kr/html/history/
16. "1997 프라이드", Retrieved April, 15, 2016 from http://auto.naver.com/car/main.nhn?yearsId=13630
17. "기아 베스타", Retrieved October, 5, 2016 from https://namu.wiki/w/기아%20베스타
18. "1988 콩코드", Retrieved May, 10, 2016 from http://auto.naver.com/car/main.nhn?yearsId=61563
19. "1989 캐피탈", Retrieved June, 16, 2016 from http://auto.naver.com/car/main.nhn?yearsId=61557
20. "쏘나타", Retrieved October, 5, 2016 from https://namu.wiki/w/현대%20쏘나타?from=쏘나타#s-2.1
21. "20세기 자동차 베스트 한국차 시발부터 카니발까지 베스트 모델 '20'", Retrieved October, 5, 2016 from http://www.carlife.net/bbs/board.php?bo_table=cl_4_1&wr_id=3268
22. "현대 그랜저 | 종합정보 | 자동차 백과 : 다나와 자동차", Retrieved October, 15, 2016 from http://auto.danawa.com/auto/?Work=model&Model=1653
23. "1987 현대 그레이스", Retrieved June, 14, 2016 http://auto.naver.com/car/main.nhn?yearsId=50563
24. "1988년:현대자동차 독자적 기술로 중형차량 뉴 쏘나타 출시", Retrieved May, 10, 2016 from http://www.cybercarmuseum.or.kr/html/history/
25. "1992 세피아", Retrieved April, 15, 2016 from http://auto.naver.com/car/main.nhn?yearsId=16592
26. "1992 포텐샤", Retrieved May, 10, 2016 from http://auto.naver.com/car/main.nhn?yearsId=17124
27. "1993년:기아자동차, SUV 스포티지 출시", Retrieved April, 13, 2016 from http://www.cybercarmuseum.or.kr/html/history/
28. "1994 아벨라", Retrieved April, 11, 2016 from http://auto.naver.com/car/main.nhn?yearsId=17145
29. "1991 스쿠프", Retrieved April, 15, 2016 from http://auto.naver.com/car/main.nhn?yearsId=59799
30. "1990 엘란트라", Retrieved April, 11, 2016 from http://auto.naver.com/car/main.nhn?yearsId=16607
31. "현대 갤로퍼 | 종합정보 | 자동차 백과: 다나와 자동차", Retrieved May, 10, 2016 from http://auto.danawa.com/auto/?Work=model&Model=1682
32. "1994 쏘나타2", Retrieved May, 10, 2016 from http://auto.naver.com/car/main.nhn?yearsId=13649
33. "1999 엑센트", Retrieved May, 14, 2016 from http://auto.naver.com/car/main.nhn?yearsId=13600
34. "1995 크레도스", Retrieved April, 15, 2016 from http://auto.naver.com/car/main.nhn?yearsId=17368
35. "2001 프레지오", Retrieved June, 16, 2016 from http://auto.naver.com/car/main.nhn?yearsId=13423
36. "1999 엘란", Retrieved May, 14, 2016 from http://auto.naver.com/car/main.nhn?yearsId=13597
37. "2000 슈마", Retrieved May, 10, 2016 from http://auto.naver.com/car/main.nhn?yearsId=13574
38. "2000 엔터프라이즈", Retrieved April, 15, 2016 from http://auto.naver.com/car/main.nhn?yearsId=13571
39. "1998년:기아자동차, 밴 카니발 출시", Retrieved May, 23, 2016 from http://www.cybercarmuseum.or.kr/html/history/
40. "2001 레토나", Retrieved June, 11, 2016 from http://auto.naver.com/car/main.nhn?yearsId=13489
41. "1999 비스토", Retrieved April, 11, 2016 from http://auto.naver.com/car/main.nhn?yearsId=17219
42. "2001 카스타", Retrieved April, 15, 2016 from http://auto.naver.com/car/main.nhn?yearsId=13455
43. "1995 아반떼", Retrieved April, 16, 2016 from http://auto.naver.com/car/main.nhn?yearsId=13665
44. "1995 마르샤", Retrieved May, 10, 2016 from http://auto.naver.com/car/main.nhn?yearsId=13671
45. "1996 티뷰론", Retrieved June, 16, 2016 from http://auto.naver.com/car/main.nhn?yearsId=16694
46. "2003 스타렉스", Retrieved May, 16, 2016 from http://auto.naver.com/car/main.nhn?yearsId=13200
47. "2001 아토스", Retrieved April, 15, 2016 from http://auto.naver.com/car/main.nhn?yearsId=13464
48. "2005 그랜저 XG", Retrieved May, 27, 2016 from hhttp://auto.naver.com/car/main.nhn?yearsId=13049
49. "2002 에쿠스 세단", Retrieved June, 14, 2016 http://auto.naver.com/car/main.nhn?yearsId=13352
50. "2001 옵티마", Retrieved May, 10, 2016 from http://auto.naver.com/car/main.nhn?yearsId=13461

51. "2002 스펙트라", Retrieved April, 15, 2016 from http://auto.naver.com/car/main.nhn?yearsId=13370

52. "2002 쏘렌토", Retrieved May, 9, 2016 from http://auto.naver.com/car/main.nhn?yearsId=13361

53. "2004 오피러스", Retrieved June, 15, 2016 from http://auto.naver.com/car/main.nhn?yearsId=13071

54. "2005 쎄라토 세단", Retrieved April, 11, 2016 from http://auto.naver.com/car/main.nhn?yearsId=12944

55. "2008 모닝", Retrieved May, 10, 2016 from http://auto.naver.com/car/main.nhn?yearsId=11397

56. "2004 스포티지", Retrieved May, 11, 2016 from http://auto.naver.com/car/main.nhn?yearsId=13086

57. "2000년: 현대자동차, 중형 SUV 싼타페 출시", Retrieved May, 14, 2016 from http://www.cybercarmuseum.or.kr/html/history/

58. "2003 아반떼XD 세단", Retrieved June, 16, 2016 from http://auto.naver.com/car/main.nhn?yearsId=13182

59. "2002 라비타", Retrieved May, 10, 2016 from http://auto.naver.com/car/main.nhn?yearsId=13406

60. "2002 클릭", Retrieved May, 14, 2016 from http://auto.naver.com/car/main.nhn?yearsId=13321

61. "2004 투싼", Retrieved May, 10, 2016 from http://auto.naver.com/car/main.nhn?yearsId=58659

62. "2006 NF 쏘나타", Retrieved April, 15, 2016 from http://auto.naver.com/car/main.nhn?yearsId=12169

63. "2006 로체", Retrieved May, 10, 2016 from http://auto.naver.com/car/main.nhn?yearsId=12772

64. "2008 모하비", Retrieved April, 11, 2016 from http://auto.naver.com/car/main.nhn?yearsId=11394

65. "2010 K7", Retrieved April, 11, 2016 from http://auto.naver.com/car/main.nhn?yearsId=10018

66. "2009 쏘렌토R", Retrieved April, 15, 2016 from http://auto.naver.com/car/main.nhn?yearsId=10673

67. "2006 그랜저 TG", Retrieved April, 11, 2016 from http://auto.naver.com/car/main.nhn?yearsId=12834

68. "2005 싼타페", Retrieved May, 10, 2016 from http://auto.naver.com/car/main.nhn?yearsId=12948

69. "2007 베라크루즈", Retrieved April, 26, 2016 from http://auto.naver.com/car/main.nhn?yearsId=11979

70. "2006 아반떼 HD", Retrieved April, 16, 2016 from http://auto.naver.com/car/main.nhn?yearsId=12472

71. "2008 i30", Retrieved June, 15, 2016 from http://auto.naver.com/car/main.nhn?yearsId=10858

72. "2009 제네시스 밸류업", Retrieved May, 13, 2016 from http://auto.naver.com/car/main.nhn?yearsId=66037

73. "2008 제네시스 쿠페", Retrieved May, 17, 2016 http://auto.naver.com/car/main.nhn?yearsId=65489

74. "2010 쏘나타", Retrieved May, 13, 2016 from http://auto.naver.com/car/main.nhn?yearsId=10261

75. "2010 투싼ix", Retrieved June, 15, 2016 from http://auto.naver.com/car/main.nhn?yearsId=10124

76. "2010년: 기아자동차, 중형 세단 K5 출시", Retrieved May, 10, 2016 from http://www.cybercarmuseum.or.kr/html/history/

77. "2010 스포티지R", Retrieved June, 13, 2016 from http://auto.naver.com/car/main.nhn?yearsId=13708

78. "2012 레이", Retrieved April, 11, 2016 from http://auto.naver.com/car/main.nhn?yearsId=16440

79. "2012 프라이드 해치백", Retrieved April, 23, 2016 from http://auto.naver.com/car/main.nhn?yearsId=16109

80. "2013 K9", Retrieved April, 11, 2016 from http://auto.naver.com/car/main.nhn?yearsId=15116

81. "2013 K3 세단", Retrieved June, 17, 2016 from http://auto.naver.com/car/main.nhn?yearsId=18514

82. "2015 쏘렌토", Retrieved June, 17, 2016 from http://auto.naver.com/car/main.nhn?yearsId=54005

83. "2011 아반떼", Retrieved May, 13, 2016 from http://auto.naver.com/car/main.nhn?yearsId=13761

84. "2011 엑센트 위트", Retrieved April, 15, 2016 from http://auto.naver.com/car/main.nhn?yearsId=15119

85. "2011년: 현대자동차, 소형 쿠페 벨로스터 출시", Retrieved June, 17, 2016 from http://www.cybercarmuseum.or.kr/html/history/

86. "2013 싼타페", Retrieved May, 14, 2016 from http://auto.naver.com/car/main.nhn?yearsId=17828

87. "2013 맥스크루즈", Retrieved May, 10, 2016 from http://auto.naver.com/car/main.nhn?yearsId=29204

88. "2014 그랜저 하이브리드", Retrieved April, 15, 2016 from http://auto.naver.com/car/main.nhn?yearsId=50963

89. "2014년: 현대자동차, 준대형차 아슬란 출시", Retrieved June, 17, 2016 from http://www.cybercarmuseum.or.kr/html/history/

90. "2015 쏘나타", Retrieved June, 11, 2016 from http://auto.naver.com/car/main.nhn?yearsId=56943

91. "2016 스포티지", Retrieved April, 11, 2016 from http://auto.naver.com/car/main.nhn?yearsId=59889

92. "2016 EQ900", Retrieved April, 15, 2016 from http://auto.naver.com/car/main.nhn?yearsId=61325

93. "2016 투싼", Retrieved June, 17, 2016 from http://auto.naver.com/car/main.nhn?yearsId=57067

94. "2016 아이오닉", Retrieved June, 10, 2016 from http://auto.naver.com/car/main.nhn?yearsId=61747

1960년 이후,
한국의 자동차

쌍용자동차 · GM코리아

하동환자동차

1954년
'하동환자동차제작소' 설립

'하동환 자동차공업주식회사'
설립 공식 발표 및 상호 변경

HDH 마이크로 버스[1]
하동환자동차
대형
1,200cc
1964 ~ 1967

신진공업사·새나라자동차

1955년
'신진공업사' 설립

'새나라자동차' 설립

신진공업사,
새나라자동차 인수

새나라[2]
새나라자동차
소형
1,200cc
1962 ~ 1963

신성호[3]
신진공업사
소형
1,300cc
1963 ~ 1964

하동환자동차, 한국 최초로
브루나이, 베트남으로
자동차 수출

신진공업사,
신진자동차공업으로 상호 변경

코로나[4]
소형
1,323cc
1966 ~ 1972

퍼블리카[5]
소형
790cc
1967 ~ 1971

크라운[6]
소형
1,323cc
1967 ~ 1972

새한자동차 ··

도요타 합작 철수   신진자동차공업, GM과   AMC와 합작,
합작해 'GM코리아' 설립   '신진지프자동차공업' 설립

쉐보레 1700 [7]
준중형
1,698cc
1972 ~ 1975

레코드 1900 [8]
소형
1,897cc
1972 ~ 1985

기업공개 및 주식 상장   특수 자동차 생산 개시   하동환자동차, '동아자동차 공업주식회사'로 상호 변경   트랙터 생산 개시   일반버스 생산 개시

GM코리아, '새한자동차'로 상호 변경   대우그룹, '대우자동차' 설립   신진지프자동차공업, '신진자동차'로 상호 변경

레코드 로얄[9]
소형
1,897cc
1975 ~ 1983

카미나[10]
소형
1,492cc
1976 ~ 1977

제미니[11]
소형
1,492cc
1977 ~ 1982

'코란도' 브랜드 첫 발표

동아자동차,
'거화자동차' 인수

코란도 [12]
준중형
2,238cc
1983 ～ 2005, 2011～

대우자동차

신진자동차,
'거화자동차'로 상호변경

새한자동차,
'대우자동차'로 상호 변경

로얄 살롱 [13]
대형
1,979cc
1980 ～ 1991

맵시 [15]
소형
1,272 ～ 1,492cc
1982 ～ 1983

맵시 – 나 [16]
소형
1,492cc
1983 ～ 1986

로얄 프린스
소형
1,272 ～ 1,492cc
1983 ～ 1991

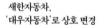

로얄 DSL [14]
대형
2,000cc
1980 ～ 1989

로얄 XQ
중형
1,492cc
1983 ～ 1987

쌍용그룹, '동아자동차' 인수

'쌍용자동차주식회사'로
상호 변경

쌍용자동차,
독일 벤츠와 기술제휴

코란도 훼미리[17]
준중형
2,238cc
1988 ~ 1996

르망[18]
소형
1,498cc
1986 ~ 1997

슈퍼 살롱[20]
대형
2,000cc
1987 ~ 1991

르망 해치백[19]
소형
1,498cc
1986 ~ 1997

91　　　92　　　93　　　94

쌍용자동차

칼리스타[21]
스포츠카
1,998cc
1991 ~ 1994

무쏘[22]
중형
2,874cc
1993 ~ 1998

대우자동차

**GM, 대우와의 합작관계
종료로 사업 철수**

에스페로[23]
준중형
1,998cc
1990 ~ 1997

티코[24]
경형
796cc
1991 ~ 2001

다마스
경형
796cc
1991 ~

프린스
중형
1,799 ~ 2,000cc
1991 ~ 1997

씨에로[25]
소형
1,498cc
1994 ~ 1996

브로엄
대형
2,000cc
1994 ~ 1996

아카디아
대형
3,206cc
1994 ~ 1999

95	96	97	98	99

쌍용자동차,
대우자동차에 매각

쌍용자동차,
대우계열에서 분리

뉴 코란도[26]
준중형
2,874cc
1996 ~ 2005

체어맨[27]
대형
3,200cc
1997 ~ 2003

뉴 무쏘[28]
중형
2,299cc
1998 ~ 2005

'대우사태', 대우자동차
워크아웃 대상으로 결정

라노스[29]
소형
1,498 ~ 1,598cc
1996 ~ 2002

레간자[30]
중형
1,796 ~ 2,198cc
1997 ~ 2002

마티즈[32]
경형
796cc
1998 ~ 2000

매그너스[33]
중형
1,998cc
1999 ~ 2006

누비라[31]
준중형
1,799cc
1997 ~ 1999

누비라 2[34]
준중형
1,498cc
1999 ~ 2002

렉스턴 [35]
대형
2,874cc
2001 ~ 2006

무쏘 스포츠 [36]
대형
2,874cc
2002 ~ 2006

로디우스 [37]
대형
2,700cc
2004 ~ 2013

GM코리아

GM대우와 GM코리아,
NEW GM에 편입

레조 [38]
준중형
1,998cc
2000 ~ 2007

라세티 [40]
준중형
1,498cc
2002 ~ 2009

칼로스 [41]
소형
1,150cc
2003 ~ 2008

젠트라 [42]
소형
1,498cc
2004 ~ 2011

마티즈 2 [39]
경형
796cc
2000 ~ 2005

O5　　　O6　　　O7　　　O8　　　O9

쌍용자동차,
'상하이자동차'에 매각

카이런 [43]
중형
1,998cc
2005 ~ 2011

렉스턴 2 [45]
대형
2,696cc
2006 ~ 2008

체어맨 W [47]
대형
3,199 ~ 4,966cc
2008 ~

체어맨 H
대형
2,799 ~ 3,199cc
2008 ~ 2011

액티언 [44]
준중형
1,998cc
2005 ~ 2010

액티언 스포츠 [46]
대형
1,998cc
2006 ~ 2011

슈퍼 렉스턴
대형
2,696cc
2008 ~ 2012

스테이츠맨 [48]
대형
2,792 ~ 3,564cc
2005 ~ 2006

윈스톰 [50]
중형
1,991cc
2006 ~ 2011

G2X [52]
스포츠카
1,988cc
2007 ~ 2008

베리타스 [54]
대형
3,564cc
2008 ~ 2010

라세티 프리미어 [56]
준중형
1,598 ~ 1,991cc
2009 ~ 2011

마티즈 크리에이티브
경형
995cc
2009 ~ 2011

올 뉴 마티즈 [49]
경형
796cc
2005 ~ 2009

토스카 [51]
중형
1,993 ~2,492cc
2006 ~ 2010

젠트라 X [53]
소형
1,206cc
2007 ~ 2011

윈스톰 맥스 [55]
중형
1,991cc
2008 ~ 2010

마티즈 클래식
경형
796cc
2009 ~ 2011

**쌍용자동차, '마힌드라'와
M&A 본 계약 체결**

코란도 스포츠 [57]
대형
1,998cc
2011 ~

렉스턴 W [59]
대형
1,998cc
2012 ~

코란도 투리스모 [60]
대형
2,157cc
2013 ~

코란도 C [58]
준중형
1,998cc
2011 ~

GM코리아

**GM 대우, 'GM코리아'로
회사명 변경 및 '쉐보레'
브랜드 전면 도입**

알페온 [61]
대형
2,385 ~ 2997cc
2010 ~ 2015

스파크 [62]
경형
995cc
2011 ~ 2015

올란도
준중형
1,998cc
2011 ~

말리부
중형
1,998 ~ 2,384cc
2011 ~

크루즈
준중형
1,598 ~ 1,998cc
2011 ~

트랙스 [63]
소형
1,362cc
2013 ~

티볼리[64]
소형
1,597cc
2015 ~

티볼리 에어[65]
소형
1,597cc
2016 ~

더 넥스트 스파크[66]
경형
999cc
2015 ~

카마로 SS[68]
스포츠카
6,162cc
2016 ~

임팔라[67]
준대형
2,457 ~ 3,564 cc
2015 ~

올 뉴 말리부[69]
중형
1,490 ~ 1,998 cc
2016 ~

출처

1. "창업, 그 역사의 시작과 장인정신 - 여객 수송의 주역, 마이크로 버스…", Retrieved April, 11, 2016 from http://www.smotor.com/kr/company/center/history/busi_his/index.html
2. "1962 대우 새나라", Retrieved April, 11, 2016 from http://auto.daum.net/newcar/make/model/main.daum?modelid=3017
3. "1963 신진 신성호", Retrieved April, 15, 2016 from http://auto.naver.com/car/main.nhn?yearsId=53589
4. "1966 신진 코로나", Retrieved April, 11, 2016 from http://auto.naver.com/car/main.nhn?yearsId=16716
5. "1967 퍼블리카", Retrieved May, 10, 2016 from http://auto.naver.com/car/main.nhn?yearsId=16706
6. "1967 신진 크라운", Retrieved May, 10, 2016 from http://auto.naver.com/car/main.nhn?yearsId=16712
7. "1972 쉐보레 1700", Retrieved May, 10, 2016 from http://auto.naver.com/car/main.nhn?yearsId=17026
8. "1973 레코드 1900", Retrieved May, 10, 2016 from http://auto.naver.com/car/main.nhn?yearsId=17030&carId=17032
9. "1975년:새한자동차, 대우자동차의 '로얄 시리즈'의 시초가 되는 레코드 로얄 출시", Retrieved May, 10, 2016 from http://www.cybercarmuseum.or.kr/html/history/
10. "1976 신진 카미나", Retrieved May, 10, 2016 from http://auto.naver.com/car/main.nhn?yearsId=17034
11. "1977 새한 제미니", Retrieved May, 10, 2016 from http://auto.naver.com/car/main.nhn?yearsId=17038
12. "1983년:신진지프, 코란도 출시", Retrieved May, 10, 2016 from http://www.cybercarmuseum.or.kr/html/history/
13. "1980 로얄살롱", Retrieved May, 10, 2016 from http://auto.daum.net/newcar/make/model/main.daum?modelid=2816
14. "1980년:새한자동차, 로얄의 후속 차종 로얄 DSL, 로얄 살롱(오토) 출시", Retrieved May, 10, 2016 from http://www.cybercarmuseum.or.kr/html/history/
15. "1982 대우 맵시", Retrieved May, 10, 2016 from http://auto.naver.com/car/main.nhn?yearsId=17054
16. "1983 대우 맵시나", Retrieved May, 10, 2016 http://auto.daum.net/newcar/make/model/main.daum?modelid=2919
17. "스타일(Style)", Retrieved May, 10, 2016 from http://www.smotor.com/kr/company/center/history/prod/family/index.html#
18. "1986 대우 르망 세단", Retrieved May, 10, 2016 from http://auto.daum.net/newcar/make/model/main.daum?modelid=3007
19. "1986 대우 르망 해치백", Retrieved May, 10, 2016 from http://auto.daum.net/newcar/make/model/main.daum?modelid=3006
20. "1997 슈퍼살롱", Retrieved May, 10, 2016 from http://auto.daum.net/newcar/make/model/main.daum?modelid=88
21. "1991 쌍용 칼리스타", Retrieved May, 10, 2016 from http://auto.daum.net/newcar/make/model/main.daum?modelid=2853
22. "1993 무쏘", Retrieved May, 10, 2016 from http://auto.naver.com/car/main.nhn?yearsId=17129
23. "1990 에스페로", Retrieved May, 10, 2016 from http://auto.naver.com/car/main.nhn?yearsId=16688
24. "1991 티코", Retrieved May, 10, 2016 from http://auto.naver.com/car/main.nhn?yearsId=16691
25. "1994 씨에로", Retrieved May, 10, 2016 from http://auto.naver.com/car/main.nhn?yearsId=17149
26. "서울시 버스 전용차로 단속 차량 선정", Retrieved May, 10, 2016 from http://www.smotor.com/kr/company/center/history/prod/korando/index.html#
27. "기본 및 선택 사양 조종해 낮은 가격으로 출시", Retrieved May, 10, 2016 from http://www.smotor.com/kr/company/center/history/prod/chairman/index.html#
28. "2003 쌍용 무쏘", Retrieved May, 10, 2016 from http://auto.daum.net/newcar/make/model/main.daum?modelid=641
29. "1999 라노스", Retrieved May, 10, 2016 from http://auto.naver.com/car/main.nhn?yearsId=13603
30. "2001 레간자", Retrieved May, 10, 2016 from http://auto.naver.com/car/main.nhn?yearsId=13495
31. "1997 누비라", Retrieved May, 10, 2016 from http://auto.naver.com/car/main.nhn?yearsId=17163
32. "1998 마티즈", Retrieved May, 10, 2016 from http://auto.naver.com/car/main.nhn?yearsId=16575
33. "2000 매그너스", Retrieved May, 10, 2016 from http://auto.naver.com/car/main.nhn?yearsId=13577
34. "1999 누비라2", Retrieved May, 10, 2016 from http://auto.naver.com/car/main.nhn?yearsId=28911
35. "2003 쌍용 렉스턴", Retrieved May, 10, 2016 from http://auto.daum.net/newcar/make/model/main.daum?modelid=632
36. "2003 쌍용 무쏘 스포츠", Retrieved May, 10, 2016 from http://auto.daum.net/newcar/make/model/main.daum?modelid=642
37. "2005 로디우스", Retrieved May, 10, 2016 from http://auto.naver.com/car/main.nhn?yearsId=13028
38. "2004 레조", Retrieved May, 10, 2016 from http://auto.naver.com/car/main.nhn?yearsId=13116
39. "2005 마티즈 2", Retrieved May, 10, 2016 from http://auto.daum.net/newcar/make/model/main.daum?modelid=75
40. "2003 라세티", Retrieved May, 10, 2016 from http://auto.naver.com/car/main.nhn?yearsId=13267
41. "2006 칼로스", Retrieved May, 10, 2016 from http://auto.naver.com/car/main.nhn?yearsId=12396
42. "2007 젠트라", Retrieved May, 10, 2016 from http://auto.naver.com/car/main.nhn?yearsId=11777
43. "2007 쌍용 카이런", Retrieved May, 10, 2016 from http://auto.daum.net/newcar/make/model/main.daum?modelid=667
44. "2007 액티언", Retrieved May, 10, 2016 from http://auto.naver.com/car/main.nhn?yearsId=11815
45. "2006 렉스턴2", Retrieved May, 10, 2016 from http://auto.naver.com/car/main.nhn?yearsId=12781
46. "2007 액티언 스포츠", Retrieved May, 10, 2016 from http://auto.naver.com/car/main.nhn?yearsId=11812
47. "2008 체어맨W", Retrieved May, 10, 2016 from http://auto.naver.com/car/main.nhn?yearsId=11088
48. "2006 스테이츠맨", Retrieved May, 10, 2016 from http://auto.naver.com/car/main.nhn?yearsId=12547
49. "2007 All New 마티즈", Retrieved May, 10, 2016 from http://auto.naver.com/car/main.nhn?yearsId=11561
50. "2008 윈스톰", Retrieved May, 10, 2016 from http://auto.naver.com/car/main.nhn?yearsId=11148

51. "2006 토스카", Retrieved May, 10, 2016 from http://auto.naver.com/car/main.nhn?yearsId=12360
52. "2008 G2X", Retrieved May, 10, 2016 from http://auto.naver.com/car/main.nhn?yearsId=10862&carId=4381
53. "2008 젠트라X", Retrieved May, 10, 2016 from http://auto.naver.com/car/main.nhn?yearsId=11109&carId=6152
54. "2008 베리타스", Retrieved May, 10, 2016 from http://auto.naver.com/car/main.nhn?yearsId=11365
55. "2008 윈스톰 맥스", Retrieved May, 10, 2016 from http://auto.naver.com/car/main.nhn?yearsId=11145
56. "2009 라세티 프리미어", Retrieved May, 10, 2016 from http://auto.naver.com/car/main.nhn?yearsId=10800&carId=7063
57. "2012 쌍용 코란도 스포츠", Retrieved May, 10, 2016 from http://auto.daum.net/newcar/make/model/main.daum?modelid=2713
58. "2011 쌍용 코란도 C", Retrieved May, 10, 2016 from http://auto.daum.net/newcar/make/model/main.daum?modelid=2452
59. "2012 쌍용 렉스턴 W", Retrieved May, 10, 2016 from http://auto.daum.net/newcar/make/model/main.daum?modelid=2837
60. "2013 쌍용 코란도 투리스모", Retrieved May, 10, 2016 from http://auto.daum.net/newcar/make/model/main.daum?modelid=3056
61. "2011 알페온", Retrieved May, 10, 2016 from http://auto.naver.com/car/main.nhn?yearsId=13792
62. "2011 스파크", Retrieved May, 10, 2016 from http://auto.naver.com/car/main.nhn?yearsId=15197
63. "2013 트랙스", Retrieved May, 10, 2016 from http://auto.naver.com/car/main.nhn?yearsId=18759
64. "2016 쌍용 티볼리", Retrieved May, 10, 2016 from http://auto.daum.net/newcar/make/model/main.daum?modelid=3761
65. "2016 쌍용 티볼리 에어", Retrieved May, 10, 2016 from http://auto.daum.net/newcar/make/model/main.daum?modelid=4144
66. "2016 더 넥스트 스파크", Retrieved May, 10, 2016 from http://auto.naver.com/car/main.nhn?yearsId=59037&carId=113058
67. "쉐보레 임팔라 | 종합정보 | 자동차 백과: 다나와 자동차", Retrieved May, 10, 2016 from http://auto.danawa.com/auto/?Work=model&Model=3277
68. "쉐보레 카마로 SS | 종합정보 | 자동차 백과: 다나와 자동차", Retrieved May, 10, 2016 from http://auto.danawa.com/auto/?Work=model&Model=3373
69. "쉐보레 올 뉴 말리부 | 종합정보 | 자동차 백과: 다나와 자동차", Retrieved May, 10, 2016 from http://auto.danawa.com/auto/?Work=model&Model=3359

1960년 이후,
한국의 자동차

르노삼성자동차

1990

삼성자동차

쌍용자동차, '마힌드라'와
M&A 본 계약 체결

91	92	93	94

삼성중공업, 상용차 출시

2000

르노삼성자동차

르노 - 닛산 얼라이언스에
인수 '르노삼성자동차'로
상호 변경

01	02	03	04

SM3 [1]
준중형
1,497cc
2002 ~ 2005

SM7 [2]
대형
2,349 ~ 3,489cc
2004 ~ 2008

'삼성자동차' 공식 출범

삼성그룹, 삼성자동차
법정 관리 신청

SM5 [3]
중형
1,998cc
1998 ~ 2005

SM5, 60만대 판매 돌파

SM3 뉴 제너레이션 [4]
준중형
1,596cc
2005 ~ 2011

QM5 [6]
중형
1,995 ~ 2,488cc
2007 ~ 2011

SM7 뉴아트 [8]
대형
2,349 ~ 3,489cc
2008 ~ 2011

뉴 SM3 [9]
준중형
1,598cc
2009 ~ 2014

뉴 SM5 [5]
중형
1,998cc
2005 ~ 2010

뉴 SM5 뉴 임프레션 [7]
중형
1,998cc
2005 ~ 2010

SM5 유럽 진출

뉴 SM5 [10]
중형
1,998 ~ 2,495cc
2010 ~ 2012

올 뉴 SM7 [11]
대형
2,495 ~ 3,498cc
2011 ~ 2014

뉴 QM5 [12]
중형
1,995 ~ 2,488cc
2011 ~ 2014

뉴 SM5 플래티넘 [13]
중형
1,998cc
2012 ~ 2015

QM3 [14]
준중형
1,461cc
2013 ~

SM3 네오 [15]
준중형
1,598cc
2014 ~

뉴 SM7 노바 [16]
대형
2,495 ~ 3,498cc
2014 ~

QM5 [17]
중형
1,998cc
2014 ~

뉴 SM5 노바[18]
중형
1,998cc
2015 ~

SM6[19]
중형
1,618 ~ 1,998cc
2016 ~

출처

1. "2002 SM3", Retrieved June, 11, 2016 from http://auto.naver.com/car/main.nhn?yearsId=13277

2. "2006 SM7", Retrieved June, 15, 2016 from http://auto.naver.com/car/main.nhn?yearsId=12166

3. "1998년 : 르노삼성, 중형차 SM5 출시", Retrieved June, 17, 2016 from http://www.cybercarmuseum.or.kr/html/history/

4. "2005 SM3", Retrieved June, 16, 2016 from http://auto.naver.com/car/main.nhn?yearsId=12840

5. "2007 SM5", Retrieved May, 23, 2016 from http://auto.naver.com/car/main.nhn?yearsId=11523

6. "2008 QM5", Retrieved June, 08, 2016 from http://auto.naver.com/car/main.nhn?yearsId=10851

7. "2008 SM5 뉴임프레션", Retrieved June, 08, 2016 from http://auto.naver.com/car/main.nhn?yearsId=10847

8. "2008 SM7 뉴아트", Retrieved April, 14, 2016 from http://auto.naver.com/car/main.nhn?yearsId=10844

9. "2010 SM3", Retrieved April, 15, 2016 from http://auto.naver.com/car/main.nhn?yearsId=10010

10. "2011 SM5", Retrieved June, 17, 2016 from http://auto.naver.com/car/main.nhn?yearsId=14437

11. "2012 SM7", Retrieved May, 14, 2016 from http://auto.naver.com/car/main.nhn?yearsId=15798

12. "2012 QM5", Retrieved May, 10, 2016 from http://auto.naver.com/car/main.nhn?yearsId=15663

13. "2013 SM5 플래티넘", Retrieved June, 15, 2016 from http://auto.naver.com/car/main.nhn?yearsId=19016

14. "2013년 : 르노삼성자동차, 소형 SUV QM3 출시", Retrieved June, 17, 2016 from http://www.cybercarmuseum.or.kr/html/history/

15. "2014 SM3 네오", Retrieved June, 11, 2016 from http://auto.naver.com/car/main.nhn?yearsId=52547

16. "2014 SM7 노바", Retrieved June, 11, 2016 from http://auto.naver.com/car/main.nhn?yearsId=54377

17. "2015 QM5", Retrieved April, 15, 2016 from http://auto.naver.com/car/main.nhn?yearsId=51439

18. "2015 SM5 노바", Retrieved June, 11, 2016 from http://auto.naver.com/car/main.nhn?yearsId=56351

19. "2016 SM6", Retrieved June, 10, 2016 from http://auto.naver.com/car/main.nhn?yearsId=61913

1960년 이후,
한국의 자동차

신문기사에 나타난 자동차

62

자동차공업 5개년 계획 추진

자동차공업 보호법과
시행령 발표

63

자동차 제조업에 대한
일원화 방안 마련

자동차 손해배상 보장법 제정

64

전국 도로 아스팔트 포장 시작

자동차공장의 조립사업허가

지난 6월 공포된 자동차공업
보호법에 의하여 오개년
계획사업으로 차관자금에
의하여 건설될 대, 중형차량
공장이 생길 때까지 의경과
조치로 육개자동차공장에
대한 조립사업이 허가되었다.
11일상공부에서 알려진 바에
의하면 지난 10일에 열린
회의까지 전후사차에 걸려서
소집된 자동차공업
심의회에서는 '시발'자동차
공업 국제모터스 하동환
자동차제작소 광주자동차
정비사 부산신진자동차공업
국제자동차공업 등
육개기업체에 대하여
자동차의 조립사업을
허가하였는데 동심의회는
내무 재무 상공 교통 등
관계사부주무국장으로
구성되고있다.
출처: 〈동아일보〉,1962.12.11

자동차업계 파산선풍

자동차운수업이 위탁제를
지양하여 일괄경리제도를
채택하고 있음을 기화로 일부
택시 및 합승 등 운수업체의
사업주들이 사실상의 차주인
구성주주들의 양해없이
자의대로 소속차량을 저당,
연수표를 남발하여 사채를
얻어 쓴 끝에 뒷감당을 못해
도산, 자동차 업계에는 일대
파산선풍이 불고있다.
출처: 〈경향신문〉,1964.6.19

남편감을 고를 때

호텔 라비 등에서 서슴지
않고 코트를 벗겨주는 남성,
자동차를 탈 때 익숙한 솜씨로
여자를 먼저 태우는 남성,
분명히 스마트한 신사임에는
틀림없다. 그러나 젊은 남성이
이처럼 능란하다면 놀이에
익숙한 플레이보이가 아닌가
다시 한번 관찰할 필요가
있다.

출처: 〈경향신문〉, 1965. 4. 12

**전국의 도로를 아스팔트
포장토록**

박대통령, 춘천도로준공식서
당부. 대통령은 3일 하오 2시
춘천공설운동장에서 열린
서울 - 춘천 간 도로포장공사
준공식에 참석, 치사를 통해
'전국의 도로를 하루 빨리
아스팔트로 포장하여
산업발전과 국민생활의
향상에 기여한다는 결의를
새로이 해야할 것'이라고
말했다.

출처: 〈경향신문〉, 1965. 12. 3

**시내 17개소에 유료주차장을
개설**

서울시는 4일부터 무교동
현대빌딩 앞 등 시내 17개
요소에 공영유료주차장을
추가개설했다.

출처: 〈동아일보〉, 1965. 12. 4

**경부고속도로 추진 발맞춰
활기 띨 자동차 생산**

무르익어가는 경부고속도로
공사가 착공될 새해에는 신진,
일본 '도요타'에 맞서서
현대건설, 미국 '포드'가 제휴,
국내 생산을 서둘게 됨으로써
국내자동차의 연간 수요인
신규 칠천대, 낡은차 대체
사천오백대를 메우기 위한
치열한 국제경쟁이 시작될 것
같다. 이십일 자동차업계는
현대건설의 포다사와의
제휴가 굳어졌다고만 전하고
오는 일월 중 미국으로부터
기술진이 와서 '포드'공장
건설을 구체화할 것으로
보고있다.

출처: 〈경향신문〉, 1967. 12. 26

**신진자동차학원 지난 2일
개원식**

신진자동차학원 개원식이
지난 2일 하오 2시 학원현장
(영등포구 양평동3가80번지)
에서 박교통부장관을
비롯한 관계인사 다수와
수강생들이 참석한 가운데
열렸다. 이날부터 개원하게
된 신진자동차학원은 날로
격증하는 자동차운전사와
정비사를 양성하기 위한
것인데 정규반은 12주간 속성
및 특별반은 6주간의 교육을
받는다.

출처: 〈매일경제〉, 1968. 3. 4

**마이카시대에 첫발
자동차 거래소 개설**

마이카시대를 앞두고
우리나라에서도 처음으로
중고자동차를 매매하는 서울
자동차 기래소가 최근 시내시
교동 제2한강교 옆에
개설되었다. 지금까지
자동차의 매매는 주로 시내
무교동 및 오장동에 있는
'브로커'형태의 소개업소를
중계로 거래되어왔으나
자동차 거래소가 새로
생김으로써 지금까지 개별적
소개로 매매 성립에 시일이
많이 걸렸고, 차의 성능감정에
대한 신뢰도가 불확실하고,
또 매매쌍방에 걸쳐 과중한
소개비가 드는 등의 불편한
점은 일소케되었다.

출처: 〈매일경제〉, 1968. 11. 11

대형세단 판매 현대자동차

현대자동차는 17일부터
6인승 대형 '세단'
'포드'20M을 판매한다.
이 자동차는 배기량이
1천9백98cc(6기통) 1백
5백마력으로 대당가격은
1백84만6천원, 우선3백대가
출고된다. 상공부당국자는
국내에서 생산되는 다른
회사의 같은 배기량차형과
비교할 때 상당히 비싸게
책정됐다고 지적했으나
가격을 규제할 근거가 없다고
덧붙였다.

출처: 〈매일경제〉, 1969. 6. 16

1970

자동차 엔진공장 건설추진
계획 발표

경부고속도로, 호남고속도로
개통

자동차 보유대수 10만대 돌파

71

72

73

제1차 석유파동

장기 자동차공업 진흥계획
발표

중화학공업정책 선언

기아자동차, 소하리공장 준공

74

자동차부품공업 육성계획안
수립

서울지하철 개통

현대자동차 포니,
토리노모터쇼 참가

호남고속도로 개통

박정희 대통령은 이날 아침
10시 서울~부산 간
고속도로에서 호남고속도로는
갈라지는 회덕인터체인지에서
준공테이프를 끊고 첫시주를
했다. 박정희 대통령은 이어
이날 정오 전주종합경기장에
서 열린 도민경축대회에
참석했다. 이 고속도로가
개통됨으로써 종래 국도로
가면 2시간 20분이 소요되던
대전~전주 간은 1시간이면
주파할 수 있게됐다.
출처: 〈경향신문〉, 1970. 12. 30

자동차공업 일원화검토

상공부는 국내자동차공업의
국제단위화를 기하고 국산화
비율을 빠른 시일안에 높이기
위해 현재 삼원화되어있는
자동차공업 육성시책을 대폭
변경, 내년도부터는 이를
일원화시키는 방향에서
자동차공업국산화정책에
새로운 단안을 내릴 방침이다.
23일하오 이낙선 상공부
장관은 국회상공위국감에
대한 답변에서 이와 같이
밝히고 '현재 삼원화되어있는
자동차공업 육성정책에 대한
획기적인 단안을 빠르면
연내에 단행할 계획'이라고
말했다.
출처: 〈매일경제〉, 1970. 10. 24

영동고속도로 노선 확정

이한림 건설부장관은 28일
서울~강릉 간
영동고속도로중 서울~
원주간(1백5km)을 오는
3월에 착공, 연내에 모두
완공할 방침이라고 말했다.
박정희 대통령과 함께 27일
현지 노선답사를 끝마친 다음
이와 같이 밝힌 이 장관은
이 고속도로의 노선은 신갈
인터체인지(서울~부산간
고속도로)에서 서울쪽 10km
지점에서 분기, 이천, 여주를
통과, 원주에 도달될 것이라고
덧붙였다. 이 장관은 '이
고속도로건설은
중부농업지대의 개발에
유익하도록 건설할 것이며
특히 이 도로는 남한강 줄기를
통과하게 되어 이 지방의
공업화촉진에 큰 도움이
될 것'이라고 말했다.
출처: 〈경향신문〉, 1971. 1. 28

자동차 완전 국산화

상공부는 자동차 1백%
국산화 계획에 따라 올해에
엔진15%, 밋션7%, 차체16%,
기타4%등 도합42%
국산화를 기할 방침이다.
작년말 자동차국산화목표는
67%였으나 밋션 등의
국산화가 늦어져 58%밖에
되지 않았다. 자동차엔진은
신진자동차가 차관한
5백만달러에 의해 시설이
6월 말까지 전부도입되어
국내 생산이 가능하며 밋션은
동양기계에서 이미 시제품이
나오고있다. 그 밖에 차체는
기아산업까지 포함, 신진,
현대, 아세아 자동차 등
4개회사에서 각자 제작할
것이라고 하며 기타 부품은
전문회 및 계열화공장을 통해
공급받게 될 것이라고 한다.
상공부는 따라서 자동차
국산화 3차계획의 마지막해인
올해 42%의 국산화를
함으로써 완전국산화를 기할
계획이다.
출처: 〈매일경제〉, 1972. 1. 19

천단위까지로는
수용한계점에 자동차
번호판 바뀌

각종자동차의 번호판이
또 바뀐다. 11일 교통부에
의하면 현행차종을 표시하는
1~0까지의 한단위 숫자
다음에 쓰여지는
1천단위까지의 번호표는
늘어나는 차량에 번호를 부여
할 수 없어 자동차 번호판이
또 바뀌는 것이다. 교통부는
현행 번호판의 규격에 차종을
나타내는 숫자를 10단위로
하고 고유번호를 현행대로
1천단위로 하는 안과 차종을
표시하는 숫자 대신 가나 등
문자를 사용하는 안등을
마련, 내무부 등 관계부처와
협의중이다.
출처: 〈경향신문〉, 1973. 1. 11

고전 심화하는 자동차산업

자동차왕국이라는
미국에서는 작년의 자동차
판매가 수입차를 포함해서
1천1백45만대로 72년의
4.6%보다 상회하여
사상최고를 기록했는데 이는
연초의 판매가 대폭으로
신장되었기 때문이다. 그러나
연말에 석유위기가 발생해서
판매량이 급격히 줄어들어
연초에 업계가 예상했던
1천2백만대의 수준에
도달하지 못했다. 미국 자동차
업계에 쇼크였던 것은
가솔린을 대량으로 소비하는
미국산차의 판매량이 크게
감소된 것.
출처: 〈경향신문〉, 1974. 1. 31

현대 포니,
국제자동차박람회 출품

이탈리아 토리노에서 지난달
30일 개최된 74년도
국제자동차 박람회에
현대자동차가 이탈리아의
이탈디자인사에 설계를 의뢰,
제작한 신형 포니 소형차를
출품, 호평을 받고 있다.
현대자동차는 내년하반기부터
이차배기량 1천2백~
1천3백cc를 양산할 계획인데
5인승 소형승용차인 포니차의
가격은 대당 1백만원선이
될 것이라고 한다.
출처: 〈경향신문〉, 1974. 11. 1

75

기아, 중동지역 첫 수출

현대자동차, 국산화율
85% 달성

76

대규모자동차 쇼룸 첫선

77

자동차 수출전략 산업화 추진

78

제 2차 석유파동

자동차부품 전문공장 지정

79

자동차산업, 정부 지정 10대
수출전략산업 선정

자동차 범죄 증가

철야정비반을 편성
아프터서비스강화
현대자동차

현대자동차는 고객에 대한
서비스 향상을 위해 부품
가격과 정비공임을
대폭할인하는 등 애프터
서비스체제를 강화키로 했다.
특히 영업용택시를 위해
야간 철야정비반을 편성,
저녁에 입고시키면 신속한
정비로 영업에 지장을
주지 않도록 아침에
출고시키며 자동차 안전도
검사와 기능종합진단을
무료로 서비스하기로 했다.

출처: 〈매일경제〉, 1975. 2. 17

자동차 3사 각축전 재연

포니 승용차가 판매계약을
받기 시작함에 따라 기아,
현대, GM코리아 등 3개
메이커는 또다시 치열한 판매
경쟁에 돌입. 사실상 작년
한해는 '기아의 해'라 해도
과언이 아닐 정도로 기아의
브리사(1천cc)는 국내
판매시장을 석권해 왔다.
출처: 〈매일경제〉, 1976. 1. 28

4개국도를 고속화 81년까지
4차선으로 확장

건설부는 앞으로는
고속도로의 신설보다는 기존
국도를 확장, 포장하여 고속화
시키는데 중점을 두기로하고
서울~인천 간 구국도를
비롯하여 경주~포항, 대구~
영천, 대구~가산 등
4개 국도를 71년부터
81년까지 4차선으로
확장포장, 고속화도로로
만들 방침이다.
출처: 〈동아일보〉, 1976. 7. 19

자동차로 확장도로, 공사장
등에 "남산 3호터널 시공
완벽히" 박 대통령, 서울시
일원 시찰

박정희대통령은 2일 하오
3시 30분부터 2시간 동안
승용차로 최근 확장공사가
끝난 서울 시내와 외곽도로 등
1백10km를 돌아보았다.
박 대통령은 이날 구자춘
서울시장의 안내로
확장공사가 끝난 광화문 ~
서대문간도로, 원효로와
마포를 잇는 용마로를
비롯하여 강서구 일대,
남부순환도로, 영동고속버스
터미널, 잠수교를 거쳐
남산제3호터널공사현장도
시찰했다. 박 대통령은
구시장으로부터 남산제3호
터널 건설 진척상황을
보고 받고 "모든 공사가
차질이 없이 완벽하게
시행되도록 하라"고 지시했다.
출처: 〈경향신문〉, 1977. 9. 3

상공부 배기량 3천cc
대형승용차 생산허용

상공부는 외국귀빈접대와
장거리용 고급차수요를
충족시키기위해 지금까지
생산을 금지해온 배기량
3천cc급 6기통대형 승용차의
국내생산을 다시허용키로
확정하고 기존 완성차생산
업체인 기아산업 현대자동차
새한자동차 등 3개 사에 이를
허가했다. … 현재 국내보유
고급승용차는 포드20M과
크라운 및 외산거를 합쳐 총
6천8백34대에 달하며
앞으로의 수요는 올해 5천대,
내년도에 3천여대로
추정된다. 외제 고급승용차의
수입 시판 가격은 일제크라운
(2천5백63cc) 1천8백46만원
서독 그라나다 (2천2백74cc)
1천6백45만원 미국
시보레 (4천1백cc) 1천6백
74만원 등으로 알려졌다.
출처: 〈매일경제〉, 1978. 2. 6

전기자동차 국내 첫개발

계속 치솟는 기름값과
산유국들의 단유위협속에서
에너지위기를 절감하고
있는 가운데 우리나라에서
처음으로 전기자동차가
개발돼 자동차 연료의 대체와
특히 도심지의 자동차매연에
의한 환경오염 문제해결에
밝은 전망을 주고있다. …
전기자동차의 전문설계가
완성돼 본격생산 단계에
들어가면 현재 출고되는 연료
자동차 값보다 훨씬 싼값이
되리라는 것이 KAIST 측의
전망이며 또 고성능축전지와
고속전동기 그리고 가벼운
차체만 개발되면 앞으로
전기자동차의 이용가능성은
무한하다는 것이다.
출처: 〈경향신문〉, 1979. 3. 3

1980
안전벨트 부착 의무화 시행

81
자동차부품의 수출 경쟁
산업화 추진

자동차공업 합리화 조치

82

83
대우자동차 기술연구소 신설

현대자동차 주행시험장 준공

84
품질관리 등급제 도입

자동차 제조업체를 통한
품질관리 등급제 실시

현대자동차 북미시장 진출

자동차 안전벨트 부착 의무화
1년도 못돼 흐지부지

성부가 자동차 안전사고를
막기 위해 지난해부터
승용차와고속도로 주행차량에
안전벨트 사용을
의무화시켰으나 시행 1년도
못돼 흐지부지, 사실상 활용이
거의 안되고 있다. 정부는
지난해 4월부터 자동차
충돌사고 등에서 일어나는
안전사고를 막기 위해
고속버스는 물론 고속도로
주행차량, 승용차,택시 등에
안전벨트부착을 의무화시키고
이를 착용토록 조처했었다. …
이처럼 안전벨트 부착 및
사용이 흐지부지되고 있는
것은 승객들의 이에 대한
인식이 부족, 착용이 기피되고
있는 데다 그동안 설치했던
것이 불량품으로 파손돼 다시
부착하려면 1세트당 5천원에
서 최고 1만원 이상의 비용이
들어가기 때문이다.

출처: 〈매일경제〉, 1980. 3. 31

중고자동차 거래 활기

추석절을 앞두고 중고자동차
거래가 활기를 띠고 있다.
21일 중고자동차시장에
따르면 추석대목을 맞아 서울
지역의 매매시장에는 지난
15일경부터 매기가 일기
시작, 하루 평균 거래량이
1백 70~1백 90여대에 달해
지난 월초의 1백 20여대에
비해 크게 늘어나고 있고
값도 강세를 보이고 있다는
것이다. 중고차 거래는 주로
1백만원에서 2백만원 사이의
포니 브리사 제미니 등
소형차에 집중되고 있는데
이들 차종은 차를 구입하려는
사람은 많은 데도 물건을
내놓은 사람이 별로 없어
매물이 달리는 형편이다.

출처: 〈매일경제〉, 1982. 9. 21

85년까지 교통표지판
모두 정비

서울 시내에 설치된 가로 및
교통안내표지판들이
연차적으로 대폭 개선된다.
서울시는 현재 시내에
설치돼있는 길안내를 위한
가로안내 표지판
2천4백17개와 차량통행용
안내판인 교통표지판
1만5천5백50개가
대부분 조잡하게 제작된 데다
위치선정까지 잘못된 것이
많아 서울을 찾는 국내외
관광객은 물론 서울시민들도
제대로 길을 찾을 수가
없다는 여론에 따라 이를
오는 85년까지 외국수준에
맞게 대대적인 정비를
해나가기로 했다.

출처: 〈동아일보〉, 1982. 10. 21

10월까지 도시 도로표지판
재정비 시외행선지도 함께
표시

건설부는 도시지역의
도로표지판을 재정비, 현재
시내 주요 시설 및 도로망
중심으로 돼 있는 방향표시에
시외주요 행선지도 함께
표시토록할 방침이다. 이와
함께 올해 국도 및 지방도에
설치키로한 1만3천2백개의
각종 도로표지판은 오는
10월까지 모두 끝내도록
지방국토관리청과 시도에
지시했다. 도시지역의
현도로표지판은 중앙청
을지로 등 시내주요시설 및
지명만 표시, 길을 잘
모르는 다른 지역 차량이
도심을 통과, 춘천 수원 등
시외 목적지로 가는 경우
방향을 찾지 못해 당황하는
예가 많다.

출처: 〈동아일보〉, 1983. 8. 6

여성 풍속도 〈13〉
부부레저시대

부부동반레저, 가족동반
레저는 가족들을 위해
봉사만 하는 부속물적인
아내의 지위가 어느 정도
대등하게 올라서가는
한 현상으로 볼수 있다.
왕자바다낚시회 같은 곳은
여느 낚시회보다도 오히려
주부 조사들의 출조가 잦다고
한다. … 게다가 최근 수년래
이런 현상이 부쩍 는 것은
우리 사회가 소위 마이카
시대로 접어들어 주말 레저가
본격화되었음을 반영하는
것이기도 하다.

출처: 〈매일경제〉, 1984. 4. 3

자동차실내장식업
황금시장으로 떠올라

마이카붐을 타고 자동차
시트와 매트 및 카스테레오
카쿨러 등 카인테리어
제품이 황금시장으로
부각되고 있다. 6일 관련업계
및 상가에 따르면 승용차가
연간 서울에서만 10만대가
거래되고 카인테리어 제품의
종류가 자동차시트와
매트뿐만 아니라 온도계
라이터 백미러 카에어컨
카에어클러너 등으로
확대되자 이 시장의 규모가
최소 50억원대 이상으로
커지고 있다는 것이다.

출처: 〈매일경제〉, 1984. 8. 6

85

중화학 투자조정 수정안 발표

기아, Y카 프로젝트 발표

현대자동차, 국내 최초
완성차업체 해외연구소 설립

전국 자동차 백만대 돌파
전국의 자동차수가
1백만대를 넘어섰다. 1일
본사가 전국 시·도를 통해
집계한 3월 말 현재 등록
차량 수는 승용차 51만1천5
백79대, 버스11만2백80대,
화물차 36만6천3백89대,
특수차 1만4천8백88대 등
모두 1백만3천1백36대로
밝혀졌다.
출처: 〈경향신문〉, 1985. 4. 1

86

기계류 부품 및 소재
국산화 5개년 계획 발표

자동차 수입 개방방침 발표

자동차 전용도로 안전벨트 의무화
현재 고속도로에서만
의무화돼 있는 자동차
안전벨트 착용이 오는 4월
1일부터 서울을 비롯한
전국의 자동차 전용도로까지
확대, 실시된 뒤 2단계로
내년부터는 전국의
전 도로상에서 의무화될
전망이다. 치안본부는 7일
오는 4월1일부터 전국의
자동차 전용도로를 안전벨트
착용 의무화 지역으로
확대하고 이를 어겼을 경우
범칙금 7천원씩을 물리기로
했다. 자동차 전용도로는
서울의 경우 모든 강변도로와
3.1고가도로 김포가도
북악스카이웨 등이 있는데
경찰은 서울시와 협의,
자동차 전용도로를 재조정,
확대 실시할 계획이다.
각 지방도시의 경우도 3월
말까지 자동차 전용도로를
지정, 고시한 다음 실시할
계획이다.
출처: 〈동아일보〉, 1986. 2. 7

87

자동차공업 합리화 조치 해제

자동차 배기가스,
소음 규제 강화

자동차산업 노사분규 발생

국내 첫 모터스포츠대회 개최

노점행상도 자동차시대
노점상이 사라진 대신 자동차
좌판이 본격화, 노점상도
이제 기동성을 다투는
만물상으로 탈바꿈해가고
있다. '오리지널 파격세일'
'VIP세일' '공장직판
염가세일' 등 갖가지
선전문으로 오가는 행인의
눈길을 끌어당기며
'값싸고 좋은 물건'임을
외치는 자동차행상들은 소형
승용차에 물건을 싣고 목 좋은
곳을 찾아 즉석점포를
개설하거나 아예 봉고 타이탄
등 소형화물차를 점포로
개조하는 등 종래의 노점상이
따라갈 수 없는 기동력을
과시하고 있다.
출처: 〈경향신문〉, 1987. 3. 24

국내 첫 모터스포츠대회 개최
1987년 3월 19일, 강원도
진부령에서 랠리 형식의
자동차대회인 '제1회
용평레이스'가 열렸다.
레이스 코스는 알프스
스키장에서 시작되어 원통,
인제, 운두령, 진부, 횡계 등을
거쳐 용평 스키장에 이르는
150km의 산악 길이다. …
제대로 꾸려진 정식 경기가
아니었기에 출발점과
도착점이 정해져 있을 뿐
별다른 규정이나 규칙도 없이
단순히 엔진 배기량
1,500~2,000cc 급의
국산차로 출발신호를 받고
출발하여 제일 먼저 피니시
라인을 통과한 선수가
우승하는 형식이다.
출처: "국내 첫 모터스포츠대회 개최",
Retrieved August. 31, 2016 from
http://www.cybercarmuseum.
or.kr/html/history/

88

전 차종 수입자유화 실시

기아기술센터(KTC) 설립

한국자동차공업협회
(現 한국자동차산업협회)
설립

자동차 5대산업 수출 주도
91년 180억 달러 예상, 전체
비중 22.6% 차지 공산권과의
교류 확대 등 수출시장
다변화와 함께 수출상품의
고도화가 더욱 진전, 오는
91년까지 자동차 컴퓨터
반도체 VTR(녹화재생기)
전자레인지 등 5대
성장상품의 수출이 연간
1백80억달러에 달해 91년
수출목표 8백억달러의
22.6%를 차지,
수출주종품이 될 것으로
기대된다. 특히 자동차
수출은 지난해의
32억달러에서 연평균
26.1%씩 신장, 오는
91년에는 82억달러로
늘어나 총수출에서 차지하는
비중이 10%를 넘어 단일
상품으로는 최대 수출
품목으로 부상될 것으로
보인다.
출처: 〈동아일보〉, 1988. 9. 24

89

업종 지정 해제로 인한
신규참여 업체 등장

기아 업계 최초로 해외 현지
생산 사업 시작

쌍용자동차, 독일 벤츠와
기술 제휴

자동차보험료 사고기록 점수제 도입
사고인 내용별 점수화
1점당 10%씩 추가부담
내년부터 경력 나이별로도
차등화 내달부터 시행
재무부 개선안 마련.
출처: 〈동아일보〉, 1989. 6. 15

씨름 왕중왕에 김재동
'정목이 아빠'가 89전국씨름
'왕중왕'에 등극, 곤룡포를
입었다. 정목이라는 아들 등
2남1녀의 자녀를 둔 대구시
대표 김재동(39,영천중
교사) 씨는 15일 잠실학생
체육관에서 끝난 89전국
씨름왕 장년부 결승에서
같은 대구 대표인
이광래(36) 씨에게 첫판을
내줬으나 둘째판과
셋째판에서 잇따라 배지기를
구사, 2-1로 역전승을
거두고 우승, 황소 대신
프라이드 승용차를 타
'마이카'의 꿈을 이뤘다.
출처: 〈경향신문〉, 1989. 10. 16

1990
중소기업 기술선진화
육성사업 실시

자동차부품연구원 설립

91
기아자동차,
LA디자인스튜디오 설립

92

93
X-5 프로젝트 계획 발표를
통한 자동차 3사 세계
10위권 진입 목표 설정

94
1가구 2차량에 대한
중과세제 도입

현대자동차, 국내 최초
100만대 생산규모 달성

피서 대이동 자동차 전쟁

차량은 폭발적으로
증가했으나 차량문화가
정착되지 못해 전국의
주요도로와 피서지
주변에서는 추월 새치기
노견 운행 무단주차등의
현상이 나타났다. 또
고속도로는 콘크리트포장 등
도로보수 공사구간이 많아
정체현상을 가중시켰다 …
이같은 극도의 체증이
곳곳에서 빚어지자 용변을
참지 못한 운전자나 승객들이
노상방뇨를 하는 모습이
곳곳에서 눈에 띄었다.
출처: 〈매일경제〉, 1990. 8. 6

**자동차도 "패션시대"
디자인에 승부건다**

'뚝배기보다 장맛'이라는
속담이 있다. 이 말도 이제는
'모양 좋은 뚝배기에 담긴
장이 맛이 더 좋다'로
바뀌어야 하는 시대가 되었다.
같은 품질에 같은 값이면
디자인을 보고 물건을 사기
때문이다. 바야흐로 국내
자동차시장에도 본격적인
디자인 경쟁시대가 열리게
된 것이다. … 따라서
생활수준이 높아지고 여유가
생길 때 수요자들은
'보기 좋은 떡'을 찾게 된다.
국내자동차 시장도 이러한
상황에 와 있다고 본다면
승패는 좋은 디자인에서
판가름 난다고 봐도 좋다.
출처: 〈경향신문〉, 1990. 4. 4

자동차 할부 금리 올린다

시중의 자금난 및 실세 금리
상승과 관련, 자동차 업계가
할부금 금융의 이자율을
큰 폭으로 인상해 자동차의
소비자부담이 늘게 됐다.
현대자동차는 자금조달
비용이 큰 폭으로 상승하자
이의 보전을 위해 자체할부
금융의 이자율을 24개월
이하는 19.2%, 25개월
이상은 21.6%이다. 또 기아
자동차는 아직까지 종전의
16.8%를 적용하고 있으나
금명간 현대와 비슷한
수준으로 인상할 계획인
것으로 알려졌다. 다만 대우
자동차는 14.4~16.5%
수준인 이자율을 당분간
그대로 적용할 방침이다.
자동차업계가 이처럼
자체할부금의 이자율을
인상한 것은 최근 시중자금
조달금리가 평균 22~25%
수준에 달하고 있어 종전의
금리로는 역금리가 발생,
손실을 보기 때문이다.
출처: 〈매일경제〉, 1991. 7. 4

**2000년대 1가구 1대
교통수단 개별화가속 자동차
5백만대 … 한계 달한
도시교통**

지난 1903년 자동차가
우리나라에 처음 들어온
이래 90년 만에 차량 5백만대
시대를 맞게 됐다. … 이러한
자동차 증가추세는 비단
우리나라만이 아닌 세계적
현상이라 할 수 있다. …
하지만 문제는 우리나라의
국토가 비좁고 도로율이 낮은
데 있다. 일본은 인구가
우리의 약 3배, 국토면적이
3.8배, 자동차대수가
12배인 데 비해 도로의
총연장은 1백10만km로
우리의 5만8천88km의
19배에 이른다. 따라서
경제의 지속적 성장과 국토의
균형발전을 위해서는
도로망의 확충이 시급하다는
것이다.
출처: 〈한겨레〉, 1992. 10. 11

속도강조 자동차광고 자제를

전투기와 속도경쟁을 벌이는
자동차, 언덕길에서 과속과
추월을 해댄 차에서
미녀운전자가 내려
"짜릿했어요"라며 매력적인
미소를 짓는 모습. 과속과
난폭운전을 정당화하는 듯한
최근의 텔레비전 자동차
광고에 대해 자동차사고로
장애인이된 사람들이 "올바
른 교통문화 창달에 역행하는
처사"라며 강력히 반발하고
나섰다. 지난 8일 오후
여의도 63빌딩 내
한국자동차공업협회에서는
교통사고로 장애인이 된
사람들의 모임인
한국교통장애인협회 대표와
자동차제조 3사 중 대우
기아의 홍보담당자들이 모여
자동차광고의 문제점에 관해
서로의 의견을 교환하는
자리가 마련됐다. 지난 1일
'살인적인 자동차광고 즉각
중지하라'는 성명서를 내고
2일에는 한국자동차공업
협회에서 농성을 벌여 이날
모임의 계기를 마련한 교통
장애인협회의 임통일회장은
먼저 "작년 한해 교통사고로
33만명이 다치고 이중
6만8천명이 장애자가
됐다"고 밝히고 "과속 난폭
운전으로 인한 대형사고가
늘고있는데 특히 감수성이
예민한 청소년들에게는
속도를 강조하는 자동차
광고가 심리적으로 큰 영향을
준다"고 주장했다.
출처: 〈동아일보〉, 1993. 6. 11

**자동차정비＋주유소＋
부품판매＋편의점
"종합점포로 승부건다"**

'전국 3백50여개 지점을
자동차 관련 모든 것을
다루는 종합점포로 만들자.'
현대자동차서비스가 최근
야심적으로 추진하는
사업이다. 현대자동차
서비스는 지난 2월 말
주총에서 정관을 개정해
석유판매업을 사업분야에
추가했다. 최근 주유소
사업팀도 구성했다. 현대는
올해 안에 시범적으로
몇개의 주유소를 설치할
계획이다. 현대자동차
서비스가 주유소사업에
진출하려는 것은 자동차 정비,
부품판매 등이 주유소로
일원화되는 세계적 추세를
감안한 것이다. 선진국에서는
고객편의를 위해 주유소에
자동차 부품판매점과 정비소,
편의점이 모여 있다. 주유소
와 편의점은 24시간 영업한
다. 자동차 판매, 정비가 주요
사업인 현대자동차서비스는
전국지점을 자동차 종합
점포화하기 위해서는
주유소사업이 불가피하다고
판단했다.
출처: 〈한겨레〉, 1994. 3. 12

95

경차 보급 촉진방안 발표

서유럽 시장에 경유 차량
연간 30만대 이상 수출

현대자동차,
남양 종합기술연구소 설립

**내달부터 자동차보험료
신규가입자 47.6%인상**
다음달 1일부터 자동차종합
보험료가 평균 9.7% 오른다.
그러나 보험가입 경력에 따라
보험료 인상폭이 달라져
업무용 영업용을 제외한 기존
가입자는 6.1% 오르는 반면
보험에 신규가입하는
운전자는 47.6%가 오르는 등
보험료 부담이 크게
늘어난다. … 재정경제원은
현행 자동차보험을 이같이
전면개편, 다음달 1일 이후
경신하거나 신규가입하는
운전자부터 적용한다고 19일
발표했다. 이번 개편에
따라 사고율이 높은
신규가입자의 경우 할증률이
현행 25%에서 80%로,
1~2년간 가입자는 15%에서
30%로 대폭 이상됐다.
출처: 〈동아일보〉, 1995.7.20

**찌그러진 자동차부위 신속
간단히 펴줍니다**
차체를 분해하지 않고
자동차의 찌그러진 부위를
간단하게 펴주는 시스템이
국내에 등장해 관심을
끌고 있다. 한국컬러누보
(대표 김원명)는 약간
찌그러지거나 손상된 차체를
몇가지 도구로 간단하게
펴내도록 고안된 덴트누보
시스템을 국내에 도입했다.
출처: 〈동아일보〉, 1995.11.15

96

자동차수출 100만대 돌파

수입 승용차 판매 1만대 돌파

자동차 재고 10만대 넘었다
자동차 재고가 10만대를
넘어 사상 최고수준에
이르렀다. 1일 자동차생산
업계에 따르면 수출 내수
양면의 침체로 8월 말 현재
완성차업체들의 재고
보유분은 현 생산능력에
비추어 적정량이라 할 수
있는 4~5만대를 2배 이상
웃도는 10만대를 넘어선
것으로 나타났다. 이는
적정 재고수준인 7~10일분
을 크게 넘어 20여일치
생산분에 해당하는 것이다.
완성차업체들의
재고물량은 경기가 계속
위축되면서 지난 3월
9만3천대를 기록한 후
조금씩 늘어나는 추세였으나
특히 휴가기간이 끼어 있는
8월에는 내수 판매일수가
부족한 데다 수출부진까지
겹쳐 재고물량이 급증, 사상
최고치를 갱신했다. 이에
따라 각 업체들은 재고물량을
보관할 야적장이 부족해
공장주변 인근지역에까지
차를 쌓아두고 있는
형편이다.
출처: 〈매일경제〉, 1996.9.2

97

차량용 내비게이션
상용화 성공

자동차 1,000만 시대 도래

**97년식 자동차 중고시장
대량유입**
생산된 후 한두 달 경과한
97년식 승용차들이 중고차
시장에 대거 유입되고 있다.
서울자동차매매조합에
따르면 지난 1월과 2월
두달 동안 서울 중고차 시장에
매물로 나온 97년식 승용차는
1백71대에 달했다.
업체별로는 현대가 1백9대로
가장 많았으며 대우 52대,
기아 10대 순이었다. 또
차종별로는 쏘나타3가
86대로 전체의 50.3%를
차지했고 이어 뉴프린스
36대, 그랜저 아반떼 각 7대,
브로엄 6대로 나타났다.
자동차가 생산 또는 출고된
지 한두 달만에 중고차 시장
에 등장하는 것은 대부분
자금회전이 필요한
소비자들이 신차를 할부로
구입, 이를 팔아 현찰을
획득하는데 이용하기 때문인
것으로 알려졌다.
또 할부금을 갚을 능력이
없는 소비자가 차를 중고차
시장에 내놓는 경우도 있다.
그러나 최근 중고차 시장에
등장한 97년식 차량의 대수는
지난해 같은 기간 13대의
13배에 달했다.
출처: 〈매일경제〉, 1997.4.2

98

자동차 배출가스 규제 강화

내수 진작을 위한
자동차세제의 단순화

한 · 미 자동차 협상 타결

IMF에 따른 중고차 거래의
활성화

**나들이길 즐기는 '영화감상'
전국으로 개관 확산
자동차 극장**
자동차극장(Drive In
Theater)이 새로운
문화공간으로 떠오르고 있다.
자동차극장은 자동차를 타고
영화를 보는 야외극장.
승용차 증가에 따른 야외
가족나들이가 보편화되면서
자동차극장 개관이
전국적으로 확산되고 있다.
이들 자동차극장의
개관시간은 오후 8시대.
다음날 새벽까지 하루에
2~4회 상영된다. … 대부분
시내 기존 개봉극장에서
최근 종영된 화제작을
보여주고 있다. 입장료는
사람 수나 관람작품 수에
관계없이 차량당 1만2천~
1만5천원. IMF시대를 맞아
요즘에는 봉고 등 승합차를
이용하는 가족단위 관객들이
늘어나고 있다. … 자동차
극장은 앞으로 급격히 늘어날
전망이다. IMF영향으로
관객점유율이 예전만
못하지만 각 지방자치
단체에서 수익사업의 하나로
뛰어들고 있다. 자동차극장
공연관계법이 오는 가을
국회 때 입법화될 예정이다.
이에 따라 시급한 개선점의
하나로 지적되고 있는 상영작
수급문제도 해결될
전망이어서 더욱 활기를 띨
것으로 예상된다.
출처: 〈경향신문〉, 1998.6.30

99

신차 평가제도 도입

수입선 다변화제도 완전 폐지

현대자동차, 블랙박스 개발

자동차 수출 1000만대 돌파
국산자동차의 해외수출이
1000만대를 돌파했다.
이로서 우리나라는 미국 일본
독일 프랑스 등에 이어
세계 9번째로 1000만대
이상을 수출한 자동차강국에
오르게 됐다. 28일 한국
자동차공업협회에 따르면
5월20일 자동차 수출 누계가
1000만대(현지조립 수출
물량 제외)를 넘어섰으며
6월 말 현재 총수출 대수는
1024만3528대로 집계됐다.
국산차는 현대자동차가 76년
7월 남미 에콰도르에
포니택시를 처음 수출하기
시작한 후 87년 100만대를
돌파한데 이어 8년만인
95년 500만대를 기록했고
다시 4년만에 두배인
1000만대를 돌파했다.
출처: 〈경향신문〉, 1999.7.29

2000
선진국의 공해 및 안전규제
기준 만족

현대자동차, 졸음운전
경보시스템 개발

기아자동차, 능동형
추돌방지시스템 개발

01
제1회 부산모터쇼 개최

02
현대자동차,
미국 현지공장 건설

03
자기인증제도 도입

자동차부품 수출 급증

외국 부품업체의 합작투자와
국내업체 인수 급증

04
자동차 수출 200만대 돌파

기아, 설날 귀성차량 '리오' 무료 대여

기아자동차가 설 연휴기간인 2일부터 8일까지 고객들을 대상으로 소형차 '리오' 100대를 무상으로 대여한다. 기아차에 따르면 인터넷과 신문광고를 통해 접수된 6천여명의 응모자를 대상으로 컴퓨터 추첨을 통해 100명을 선정, 2일부터 서울, 부산, 광주 등 전국 6개 도시에서 리오를 무상으로 대여해 주고 있다. 기아 관계자는 "설을 맞아 자동차가 없어 귀향을 망설이는 가족과 이동이 불편한 장애인에게 귀향편의를 제공한다는 차원에서 이번 행사를 기획했다"며 "무료대여차량에 대해 종합보험 무상 가입과 5만원 상당의 기름을 제공하고 있다"고 밝혔다. 한편 기아는 12일부터 15일까지 밸런타인데이를 기념해 운전면허를 취득한 지 1년을 넘긴 연인들을 대상으로 총 100대의 리오를 무상으로 제공할 계획이다.

출처: 〈한국경제〉, 2000. 2. 2

〔자동차〕조달에서 폐차까지… 렌트 종합서비스 제공

'직접 사지 말고 빌려쓰세요.' 기업들은 최근 차량을 소유한 데 따른 부담을 덜기 위해 구매하는 대신 렌트 등으로 아웃소싱하는 추세를 보이고 있다. 많은 부담을 감수하면서 소유하기보다는 리스를 통해 운용에 차질을 빚지 않으면서도 인력관리에 따른 어려움에서도 피하자는 것. 이같은 추세에 맞춰 자동차 렌트에 관한 종합적인 서비스를 제공하는 업체도 생겨났다. … 자동차 운용리스는 매달 리스료만 내면 차량에 대한 모든 서비스를 패키지로 받을수 있는 시스템이다. 차량을 조달하는 단계에서부터 연비관리, 보험, 운전기사 제공은 물론 폐차처리까지 알아서 관리해주는 것.

출처: 〈동아일보〉, 2001. 2. 1

〔주목 이 여성〕기아차 '색상디자이너' 서현주 씨

기아자동차 소하리연구소 서현주(29) 씨는 '색상 디자이너'다. 밋밋한 맨 얼굴의 자동차가 그의 손을 거쳐 적록색, 베이지 등 아름다운 자태를 갖추게 된다. … "사람이 식별할 수 있는 색채가 몇 가지나 될 것 같으세요? … 인간이 식별할 수 있는 색상은 모두 750만 가지나 돼요. '색의 매력'에 마법처럼 끌렸죠." … 직장 생활 7년 동안 즐거운 일만 있었으랴. 밤을 새우는 경우가 잦아 육체적으로 힘들 뿐아니라 '편견'에 대해서도 끝없이 도전해야한다. "아무래도 우리 사회는 아직까지 남성 위주잖아요. 남성과 같은 강도로 일하면 모자라 보여요. 두 배는 일해야 함께 일한다는 느낌이 나죠." 그가 색상 작업을 맡았던 옵티마의 경우 7월 신차 발표를 앞두고 아기를 낳기 며칠 전인 4월까지 야간 작업에 참가했을 정도다. 이렇게 해서 탄생한 것이 최근 옵티마와 카니발에 채용돼 선풍적 인기를 끌고 있는 '오크 베이지' 색상. "제가 개발에 참여한 신차가 나올 때 기분이 어떤 줄 아세요? 아이를 막 낳았을 때의 그 감동과 같아요. 앞으로 외국에서 우리나라의 차의 색상을 연구하게 만들고 싶어요."

출처: 〈동아일보〉, 2002. 1. 2

트럭시장 '춘추전국시대'

경기회복과 신행정수도 건설 등의 분위기를 타고 국내 트럭시장이 춘추전국시대를 맞았다. 세계 1위 트럭업체인 벤츠가 지난해 다임러크라이슬러코리아를 통해 한국에서 트럭 판매에 나선 데 이어 프랑스 르노트럭도 한국 진출을 위해 시장조사를 벌이고 있는 것으로 알려졌다. 이들 수입 트럭은 이미 진출한 스카니아, 볼보(스웨덴), 만(독일), 이베코(이탈리아) 등과 한국시장을 놓고 치열한 판매 경쟁을 벌일 것으로 보인다. 또 인도 최대 자동차그룹인 타타가 인수할 대우승용차, 다임러크라이슬러와 트럭 합작법인을 출범시킬 예정인 현대차와도 한판 격돌이 벌어질 전망이다. 지난해 11월 말까지 팔린 국내외 8t 이상 중대형 덤프트럭, 트랙터, 카고트럭은 총 1만4556대. 이중 현대차와 대우상용차가 각각 51.4%와 25.1%의 시장 점유율로 1, 2위를 차지했다. … 이와 관련해 볼보트럭코리아가 올해부터 직영서비스센터 설립에 들어가기로 했으며, 벤츠도 새 모델을 출시하면서 시장확대를 노리고 있다.

출처: 〈세계일보〉, 2004. 1. 2

05

경유승용차 국내판매 시행

환경친화적자동차 5개년
기본계획 수립

수도권 대기환경개선
특별법에 저공해차 보급
내용 신설

**기아차, GM 베테랑
디자이너 영입**

기아차는 "미국 제너럴모터스(GM)에서 17년간 근무한 경력이 있는 베테랑 디자이너인 톰 케런스(38) 씨를 미국 캘리포니아 어바인에 위치한 현대기아 디자인연구소의 기아차 수석 디자이너로 영입했다"고 13일 밝혔다. 기아차는 케런스 수석 디자이너가 GM에서 주로 고급차 브랜드 디자인에 관여해왔으며 향후 기아차 디자인의 차별화와 고급화를 적극 추진하기 위해 영입했다고 설명했다. 케런스 수석 디자이너는 최근 미국의 한 자동차전문 잡지와의 인터뷰에서 "한국자동차 사업은 20년 전의 일본처럼 디자인 역량을 갖고 있지 않다"면서 "기아 브랜드에 디자인 측면에서 감정을 불어넣고 싶다"는 포부를 밝혔다고 기아차는 덧붙였다.

출처: 〈헤럴드경제〉, 2005.1.13

06

〔영어가 권력이다〕
**래미안 · 레조 · 리갈…
단어 첫머리 'ㄹ' 늘어**

거리에 즐비한 간판에도, 방송 진행자의 말에도 영어가 넘쳐난다. 그야말로 영어 전성시대다. 문제는 영어가 수백년간 지속돼 온 우리의 언어체계를 급속히 허물어뜨리고 있다는 점이다. … 그런데 언제부턴가 영어의 'r'과 'l'을 포함한 단어가 대거 유입되면서, 첫 음절에 유음 사용이 크게 늘었다. 공동주택 래미안(來美安), 화장품 라미(羅美) 등이 대표적이다. 2000년 이후 생산된 자동차 이름에는 리베로 라비타(현대자동차), 레조 라노스 르망 렉스턴 레간자 리갈 라보(대우자동차), 리오(기아자동차) 등 유음이 눈에 띄게 많이 사용됐다. … 채서영 교수는 "최근 영어 단어나 영어식 신조어가 거리낌없이 사용되는 것은 영어를 사용하는 사람들의 사회적 지위가 높은 것과도 관련이 있다"면서 "영어가 우리 글이나 한자어보다 고급스러운 이미지를 준다는 느낌 탓이 특히 젊은 층의 언어생활을 크게 바꿔놓고 있다"고 분석했다.

출처: 〈한국일보〉, 2006.3.5

07

한 · 미 자유무역협정(FTA)
타결

08

09

현대 · 기아자동차 해외생산
189만대 도달

**무보험 자가용 92만대…
8년전 배**

90만대가 넘는 자가용이 자동차보험에 가입하지 않아 교통사고를 냈을 때 피해자에게 보상을 할 수 없는 것으로 나타났다. 3일 금융감독원과 보험개발원 등에 따르면 지난 3월 말 현재 국내에 등록된 자가용은 1천596만8천217대로 이중 91만9천987대(5.8%)가 손해보험사의 책임보험(대인배상1)에 가입하지 않은 것으로 집계됐다. 이는 2000년 말의 무보험 자가용 43만7천695대의 2.1배에 달한다. 자동차보험은 사망사고 때 최고 1억 원(부상은 최고 2천만 원)의 보험금을 지급하는 대인배상1과 무한 지급하는 대인배상2, 대물피해 배상보험 등으로 구성돼 있다. … 손해보험 업계 관계자는 "자동차 등록 대수가 증가하면서 무보험 차량도 늘어나고 있다"며 "보험에 가입하지 않았다가 사고를 냈을 때 운전자와 피해자 모두 큰 고통을 겪을 수 있기 때문에 반드시 들어야 한다"고 말했다.

출처: 〈연합뉴스〉, 2009.6.3

2010

11 한·미 FTA 및 추가 협상타결

본격적인 친환경차 개발 가속

12 차량용 블랙박스 활용 증가

13 수입차 판매 15만 대 돌파

최고속도 제한장치 의무 장착 대상 확대

14 자동차 보유 대수 2000만 대 달성

포스코·현대차 글로벌 봉사활동 본격화

포스코는 7~12일을 '포스코 패밀리 글로벌 볼런티어 위크'로 정해 국내 및 19개 해외법인이 봉사활동을 전개한다고 밝혔다. 국내외 직원 총 4만5000여명이 참여한다. 정준양 회장은 7일 포항에서 장애인한마음 걷기대회에 직접 참석해 휠체어를 밀며 장애인들과 소통을 했고, 바다 환경 정화 활동과 형산강변 정화활동 현장도 찾아 임직원들을 독려했다. 포스코는 또 중국에서 1만여 그루의 나무를 심는 봉사활동을 전개하고 인도에서는 현지 채용 직원들과 함께 에이즈 고아 보육원을 찾아가 봉사활동을 벌인다. 말레이시아, 베트남, 인도네시아, 멕시코, 칠레 등에서도 환경정화 활동 및 긴급구호키트 제작 및 학습용 컴퓨터 지원 등 각국 필요에 맞는 봉사활동을 전개키로 했다.
출처: 〈국민일보〉, 2010. 6. 7

교통방송, 11일 개국 20주년…이제는 전국방송

교통방송은 20년 전 교통문화를 바로잡기 위해 FM라디오 방송으로 출발했다. 이제 교통방송은 라디오 속에만 머물지 않는다. 텔레비전과 영어 FM, DMB 등 5개 채널로 24시간 방송되는 다매체 시대를 이끌고 있는 것.
출처: 〈동아일보〉, 2010. 6. 8

운전 미숙 김여사라고? 블랙박스 보면 다 나와!

운전 10년 경력의 김미숙 (가명, 32) 씨는 자신의 차를 몰고 지난달 서울 강남구 서초역 사거리에서 신호를 기다리다 교통사고를 당했다. 정지해 있는 김 씨의 차를 차선을 넘어 들어온 고급차가 들이받았다. 김 씨 차의 사이드미러가 깨졌다. 상대 차량 운전자의 잘못이 명백했다. '이 차가 얼마짜리인 줄 알아?' 40대 중반으로 보이는 남성 운전자는 오히려 소리를 질렀다. 아무 잘못 없이 피해를 당했을 뿐이 김 씨는 한마디도 못했다. …이후 김 씨는 '여자 혼자 운전하고 다니는 게 불안하다'는 남편의 권유를 받아 승용차에 '블랙박스'를 달았다. 블랙박스는 운전중 차량 주변 상황을 녹화하는 영상기록 장치다. 운전에 미숙한 여성을 '김여사'라고 조롱하는 일이 놀이처럼 번지고 있는 가운데, 최근 들어 차량 사고 영상을 기록하는 블랙박스를 구매하는 여성들이 늘고 있다. …여성 운전자들은 각종 범죄에 대비하는 차원에서도 블랙박스를 설치하고 있다.
출처: 〈한겨레〉, 2012. 7. 9

현대차 비정규직 철탑 농성장의 새해맞이

1일 오전 7시 현대자동차 울산공장 정문 앞. 25m 높이의 철탑에서 77일째 최병승(37) 씨와 천의봉(32) 씨가 정규직 전환을 요구하며 농성 중이다. 기자가 크레인을 타고 철탑에 오르자 아찔한 느낌이 들었다. …최 씨는 정규직 전환을 내걸고 9년째 재벌인 현대차와 맞서왔다. 그는 "투쟁 기간의 절반인 4년 6개월을 수배와 구속으로 보냈다"며 "지금 받고 있는 수배령이 풀려서 사람들 눈치 안보고 편하게 라면 한 그릇 먹는 게 소원"이라고 했다.
출처: 〈경향신문〉, 2013. 1. 1

자녀 픽업 엄마차를 잡아라

'새학기 통학용 세컨드카
수요 봇물…기아차 현금
할인 56만원으로 확대…
한국GM은 현금 구매
110만원 할인…강남에선
과시용 럭셔리카 인기'

#서울 영등포구에 사는
김 모(34) 씨는 최근 3살짜리
딸이 어린이집을 다니게
되면서, 아이를 태울 차가
필요해졌다. 남편 차를 가끔
빌려 타거나 택시를 이용하며
버텨왔지만, 아이가 매일
4km거리 어린이집으로
통학하게 되면서 '세컨카'
구매를 결심했다. 김 씨는
카시트를 설치하기에
적합하고, 수납공간이 넓은
차를 물색하다 기아차
'레이'를 선택했다. 엄마들이
자녀를 픽업할 용도로
구입하는 '세컨카' 구매가
늘고 있다. 각 완성차
업체들은 여성 운전자, 특히
아이와 함께 탈 차를 고르는
엄마 취향에 맞는 마케팅에
힘을 쏟고 있다. 기아자동차
관계자는 "요즘 차량
구입은 남성 일방의 결정이
아닌 가족 단위, 특히 여성의
입김이 많이 작용하고
있다"며 "특히 봄철엔 여성
차량 구매가 느는 추세"라고
말했다. … 이왕이면
앙증맞고 예쁜 디자인을
선호하는 것도 픽업카 수요의
특징. 업계 관계자는 "최근에
는 차량 구매에 엄마들의
취향은 물론 아이들의 취향도
반영된다. 특히 픽업카
용도로 차를 사는 경우
아이들의 입김이 세다"고
말했다.

출처: 〈헤럴드경제〉, 2015. 4. 14

車 내비게이션 없어진다…
DVD도 5년 뒤 애물단지

'거치형 자동차 내비게이션,
자동차 열쇠, 블루레이 DVD
재생기, 보급형 콤팩트
카메라, 일반 전화선을
이용한 유선 인터넷…'
미국 타임지가 5년 안에
사라질 정보기술(IT)로
꼽은 것들이다. 타임지는
최근 "5년 후 우리가 어떤
기술을 누리면서 살게
될지 예측하는 것은 어렵지만,
앞으로 어떤 기술이 자취를
감출지는 충분히 예상해볼
수 있다"며 앞으로 5년
안에 없어질 기술을 지난 3일
(현지시각) 소개했다.

출처: 〈조선비즈〉, 2016. 5. 23

1960년 이후,
한국의 자동차

자동차 관련 통계

자동차 생산규모

출처:
"네이버뉴스라이브러리",
Retrieved October, 11, 2016
from http://newslibrary.naver.com

"사이버자동차산업관",
Retrieved October, 11, 2016
from http://www.cybercarmuseum.or.kr

500만대

400만대

300만대

200만대

100만대

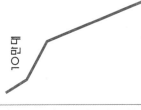

10만대

1960 61 62 63 64 65 66 67 68 69 1970 71 72 73 74 75 76 77 78 79 1980 81 82 83 84

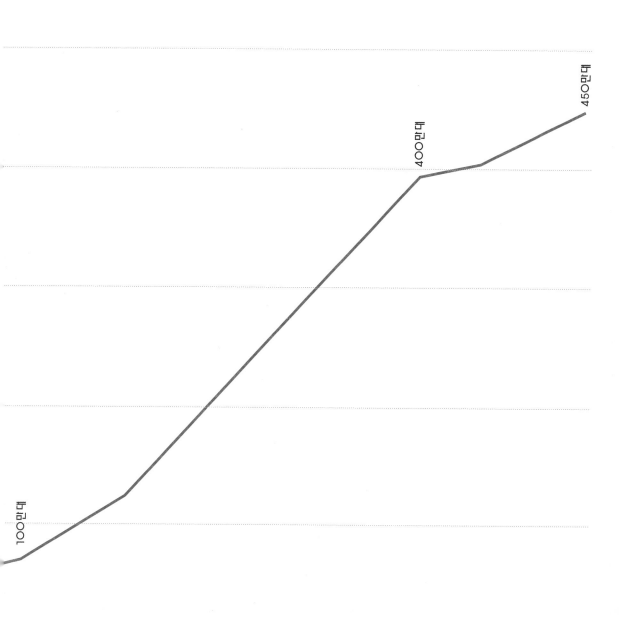

450만대

400만대

100만대

88 89 <u>1990</u> 91 92 93 94 95 96 97 98 99 <u>2000</u> 01 02 03 04 05 06 07 08 09 <u>2010</u> 11 12 13 14 15

1960년 이후, 한국의 자동차 - 자동차 관련 통계

자동차 등록대수

출처:
"국가지표체계",
 Retrieved October, 11, 2016
 from http://www.index.go.kr

"네이버뉴스라이브러리",
 Retrieved October, 11, 2016
 from http://newslibrary.naver.com

"국토교통부",
 Retrieved October, 11, 2016
 from http://www.molit.go.kr/portal.do

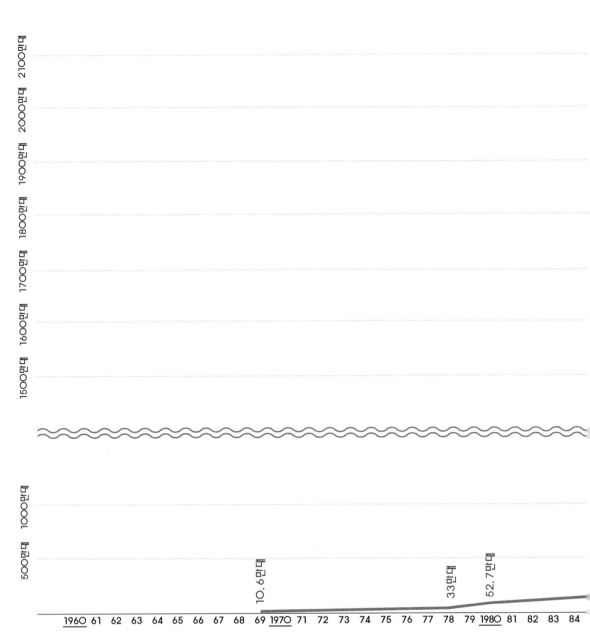

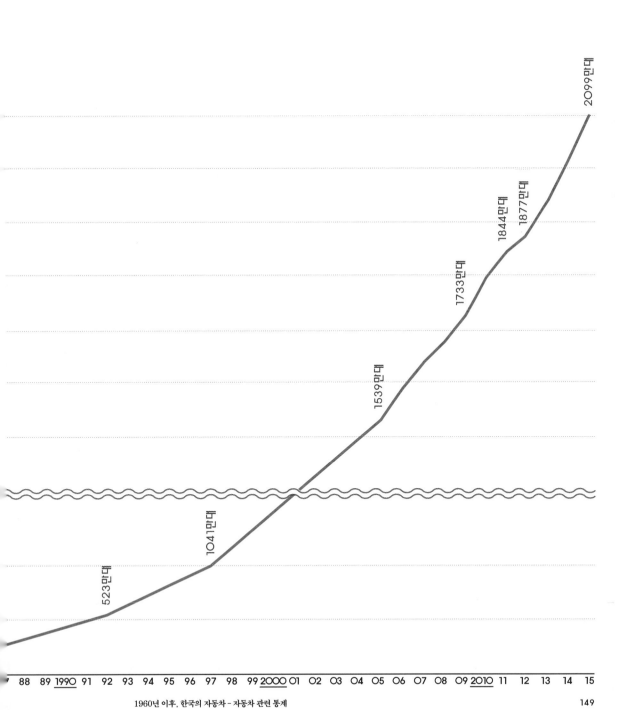

2099만대

1877만대

1844만대

1733만대

1539만대

1041만대

523만대

88 89 <u>1990</u> 91 92 93 94 95 96 97 98 99 <u>2000</u> 01 02 03 04 05 06 07 08 09 <u>2010</u> 11 12 13 14 15

1960년 이후, 한국의 자동차 - 자동차 관련 통계

수입차 판매현황

출처:
"네이버뉴스라이브러리",
Retrieved October, 11, 2016
from http://newslibrary.naver.com

"한국수입자동차협회",
Retrieved October, 11, 2016
from http://www.kaida.co.kr

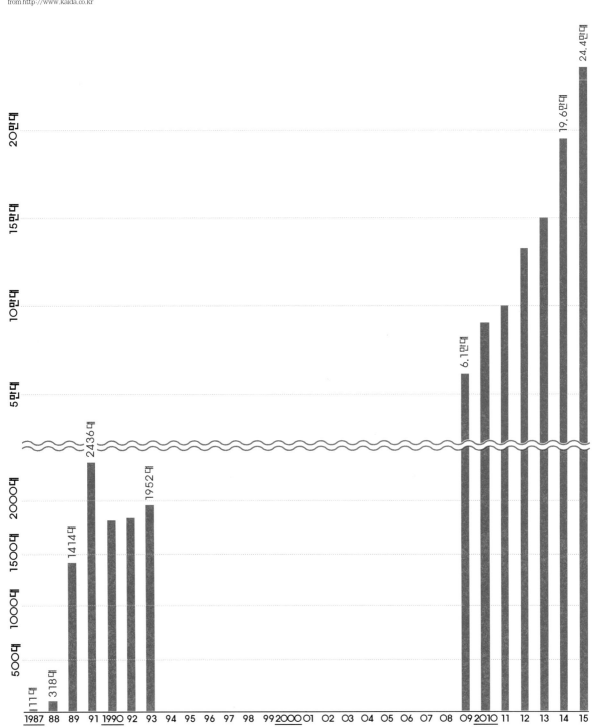

자동차 수출현황

출처:
"네이버뉴스라이브러리",
Retrieved October, 11, 2016
from http://newslibrary.naver.com

"한국자동차산업협회",
Retrieved October, 11, 2016
from http://kama.or.kr

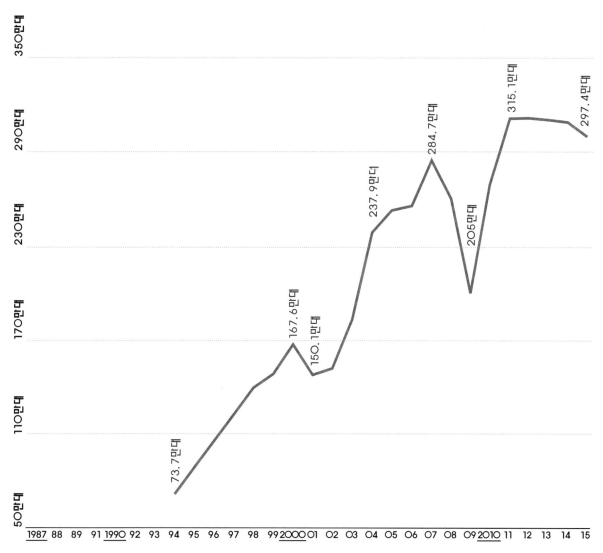

350만대
290만대   315.1만대   297.4만대
284.7만대
230만대   237.9만대   205만대
170만대   167.6만대
150.1만대
110만대
73.7만대
50만대

1987 88 89 91 1990 92 93 94 95 96 97 98 99 2000 01 02 03 04 05 06 07 08 09 2010 11 12 13 14 15

1960년 이후, 한국의 자동차 - 자동차 관련 통계

차종별 자동차 등록대수 비율

출처:
"국가지표체계",
Retrieved October, 11, 2016
from http://www.index.go.kr

"서울연구데이터서비스",
Retrieved October, 11, 2016
from http://data.si.re.kr

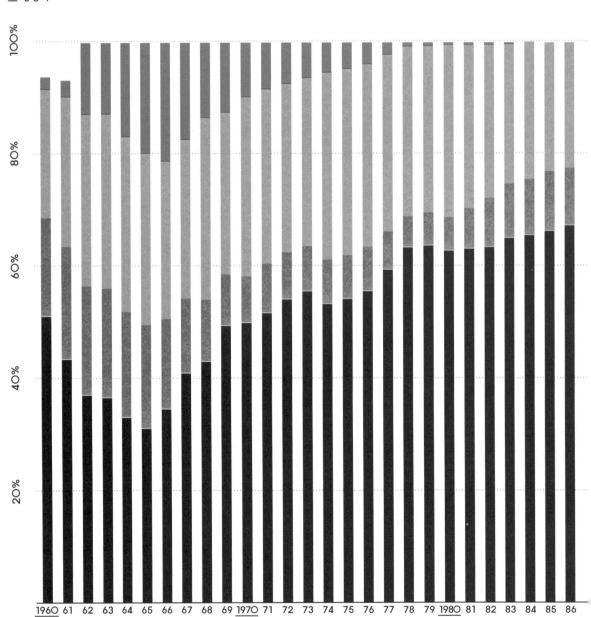

■ 특수차
■ 화물차
■ 승합차
■ 승용차

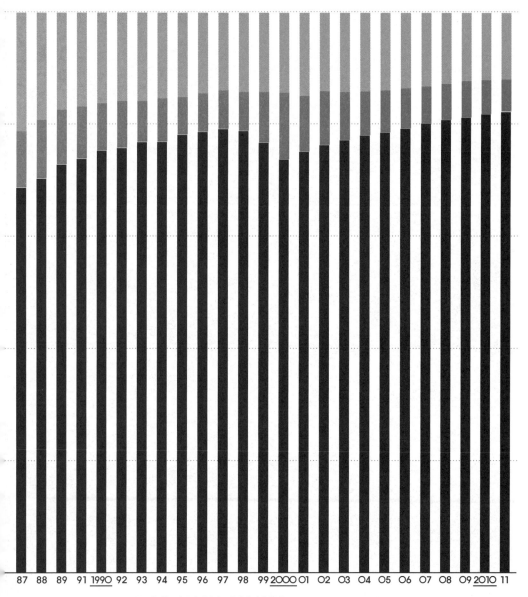

87 88 89 91 <u>1990</u> 92 93 94 95 96 97 98 99 <u>2000</u> 01 02 03 04 05 06 07 08 09 <u>2010</u> 11

한국의
자동차를 말하다

채영석 | 글로벌 오토뉴스 편집국장

구   상 | 국민대학교 조형대학 자동차운송디자인학과 교수

채영석　現 글로벌 오토뉴스편집국장

우리나라 자동차 최초의 고유 모델인 포니로 이야기를 시작할게요. 국내 자동차 역사 이야기에 있어서는 빼놓을 수 없는 모델이지요. 그런데 초기의 자동차 디자인은 이탈리아 디자이너 조르제토 주지아로에게 맡겼습니다. 그 당시에 우리나라에서 인하우스 디자이너를 쓰지 않은 이유에 대해서 혹시 개인적인 의견이 있으신가요?

저는 이철규 사장님의 자서전을 대필한 적이 있습니다. 현대자동차 연구 개발센터를 설립하고 98년에 은퇴한 분이지요. 아직 책은 나오지 않았지만 저는 그 분의 이야기를 처음부터 끝까지 다 들었어요. 그에 대해 말씀드리자면 당시에는 한국에 자동차 디자인의 개념자체가 없었습니다. 당시 관련 교수진들, 기자들 등 자칭 전문가들은 포드차 100개를 사는 것이 더 안전하고 좋을 것이라는 의견이 있었습니다. 투자에 대한 위험부담을 감수하고 싶지 않았던 것이지요. 그러나 현대는 더 궁극적인 시각으로 미래를 내다보고 경쟁력을 갖추고자 하는 생각을 가지고 있었습니다. 그때 이탈리아의 디자인 전문 회사들과 돕는 관계를 가졌죠. 한마디로 당시에는 우리나라에서 자체적으로 디자인을 할 수 있는 역량이 없었다고 보면 됩니다. 그래서 외주에 의존하게 된 것입니다.

그렇다면 국내 초기 자동차 개발의 외주는 주로 어떤 국가에 영향을 많이 받았나요? 기술적인 면이나 디자인적인 면에서의 외주 비율은 비슷했나요?

자동차를 개발함에 있어서 지속적으로 영향을 많이 받은 것은 미국입니다. 기술적으로는 영국의 영향을 많이 받았으며 그다음이 일본이었죠. 초창기에는 해외의 라이선스 모델을 잡아 그곳에 로열티를 주고 그 차를 국내에서만 판매한다는 조건으로 차를 만들었었어요. 제일 먼저는 76년에 현대에서 '포니'를 개발했습니다. 이 역시 라이선스 모델이었고 사실은 조악하기 이를 데가 없었습니다. 86년에는 오펠사가 개발하고 대우가 생산한 차로 '르망'이 있었습니다. '카데트'라는 차가 베이스가 되었죠. 그다음으로 기아에서는 마쯔다 사의 '페스티바'라는 차를 가져다가 '프라이드'라는 차를 만들었습니다. 1980년부터 90년까지는 소형차 '엑셀', '르망', '프라이드' 3개가 한국의 대표적 소형차들이 되었습니다. 국내의 자동차 회사들이 몇 개 있었는데 다 앞서 설명드린 방식으로 진행했기에 별로 큰 의미는 없다고 생각할 수 있어요.

자동차회사는 명칭을 정확히 말하자면 조립 회사(assembly company)예요. 포드든 현대든 폭스바겐이든 다 그렇죠. 부품 회사가 서플라이(supply)가 되어 조립 회사와 조합하여 만드는 것이 자동차입니다. 우리나라에도 수많은 서플라이가 있어요. 서플라이에 기술이 들어가서 현대차를 만드는 것이지 현대 자체에서 모든 것을 다 하는 게 아니에요. 당시 우리나라의 현실에 대해서 이야기하자면, 전쟁이 끝나고 얼마 되지도 않은 상태에서 잘해낼 힘이 없었고 중상주의적인 국가가 된 상태였어요. 중상주의란 국가가 주도해서 기업체를 육성하고 그 기업체들이 수출을 목표로 하게끔 하여 많은 산업을 육성하는 것을 말합니다. 독일, 일본, 대만, 한국이 그랬어요. 이 네 나라가 2차 전쟁이 끝나고 1만 달러 넘어간 국민소득을 만든 나라들이에요.

그렇다면 비슷한 시기에 국내 자동차 산업에 영향력을 많이 끼쳤던 국가적 차원의 정책들은 뭐가 있을까요?

수출장려책이 가장 크죠. 자동차 산업에는 그 정책의 영향이 가장 컸습니다. 중상주의 정책을 쓰며 국가가 기업에게 무엇을 할지 역할을 정해줬습니다. 특화해서 할 일을 지정해주었기에 기업들이 국가적인 차원에서 굉장히 많은 지원을 받은 것은 엄연한 사실입니다. 그 후 IMF가 엄청난 기술 발전에 선을 하나 더 긋게 됩니다. 그 당시 우리나라 100대 부품업체 중 49개의 업체가 외국의 손으로 넘어갔습니다. 그 회사들이 자기네 기술을 집어넣어 만들어진 부품들을 현대에 납품하게 됩니다. 그래서 현대차와 기아차가 발전했습니다. 이에 대해 아는 사람이 별로 없지만 굉장히 중요한 사실이지요.

다시 국내 자동차 업계의 디자인 이야기로 돌아가겠습니다. 국내 자동차 디자이너들이 직접 디자인한 자동차가 나온 시기는 언제쯤이라고 할 수 있을까요?

'포니'를 넘어서 '엑셀'로 갔을 때까지도 이탈리아 디자인으로 넘어갔습니다. 그다음 '엑센트'로 넘어갔을 때부터 약간의 변화가 있었어요. 실제로 우리나라 차가 고유 디자인의 색깔을 반영하게 된 것은 'NF쏘나타'라는 차가 나오기 시작한 2000년 전후부터입니다. 90년대 중후반까지만 해도 사실 우리나라 차는 남의 차 베끼기였고 우리 색깔은 거의 없었어요. 우리 색깔을

나타내기 시작한 것은 제가 보는 관점에서는 어쨌든 현대가 주가 됩니다. 그래서 'NF쏘나타'입니다. 지금이 'LF쏘나타'고 그 전이 'YF쏘나타', 그 전이 'NF쏘나타'예요. 약간 직선을 유지한 디자인이죠. 그때부터 한국차가 본격적으로 밸런스를 잡을 줄 아는 디자인을 했어요. 디자인은 균형(balance)이 중요하잖아요. 시기적으로 그런 디자인이 시작된 것은 20세기 말, 90년대 말입니다.

디자인은 균형이 중요하다고 말씀하신 점이 흥미롭습니다. 자동차 디자인에서 균형을 이루는 요소로는 무엇이 있는지 궁금해지는데요. 통상적으로 '디자인된다'고 하는 것들에 비해 자동차는 시각적 특성을 떠나 기술의 영향을 정말 많이 받기 때문입니다. 그렇다면 개발에 있어서 기술과 디자인의 비중이 국내에서는 어떻게 변화됐는지 그 흐름이 궁금합니다.

우리나라 자동차의 초창기 기술은 선박기술자들이 장악했었어요. 선박의 엔진 때문입니다. 역사적으로 엔진은 자동차 엔진으로 먼저 시작을 했어요. 그 자동차 엔진이 라이트형제의 비행기로 하늘로 올라갔습니다. 하늘로 올라가서 전쟁을 통해서 발전했어요. 전쟁은 기술을 굉장히 많이 발전시켰습니다. 사람을 죽일 때는 항상 기술이 발전해요. 난 이것을 아주 싫어하지만 어쨌든 현실이 그렇죠. 그렇게 발전된 기술이 다시 자동차로 내려오고 선박으로 가고 자동차로 가고 이렇게 서로 돌아가는 거예요. 우리나라는 그런 과정을 거칠 겨를도 없이 자동차엔진 기술도 갖다 쓰고 외부의 디자인도 가져다 썼습니다. 초창기에는 어쨌든 그런 것들을 통합해서 모델들이 나온 것이에요. 비주얼보다는 굴러가는 것, 기술과 엔진이 우선이었죠. 그래서 디자이너들의 목소리가 반영되지 않았어요. 그 시기에는 디자이너가 예술성을 따져서 디자인을 제시하면 엔지니어가 기술적으로 맞지 않는다고 하면서 굉장히 트러블이 많았어요. 나중에야 그걸 서로 협업을 통해서 맞춰가는 인식을 했을 뿐이죠. 디자이너와 엔지니어의 협업이 필요하다는 생각을 하고 그게 본격적으로 이루어진 것은 21세기 들어서입니다. 사실 제 개인적으로는 지금도 우리는 독자적으로 우리만의 기술로 디자인할 수 있다고 보지 않습니다.

현시점에서 국내에 우리만의 자동차 디자인이 아직 없다는 말씀인가요?

우리만의 기술이 없다고 하기보다는 이제는 세계적으로 공유하는 시대가 되었기 때문에 '네 것 내 것' 개념이 없어요. 그렇게 따지면 베꼈다고 그러는데 인류 역사상 안 베낀 게 어디 있겠어요.

국내 자동차 개발에 있어 기술자와 디자이너가 갖는 힘의 비중은 비슷한 편인가요? 과거와 비교하여 듣고 싶습니다.

우리나라에서 디자이너의 중요성을 인식하게 된 것은 '피터 슈라이어(이하 피터)' 때문이었어요. 피터는 기아차에 2006년에 들어왔는데 이를 두 가지로 해석할 수 있어요. 첫 번째는 한국 자동차 회사가 디자인의 중요성을 본격적으로 인식했다, 두 번째는 독일 엔지니어들이 다시 세계를 지배하기 시작했다'는 것입니다. 지금 현대자동차의 디자인 수장은 독일 사람이에요. 볼보의 디자인 수장은 폭스바겐 출신이고 재규어 엔지니어 수장도 폭스바겐 출신입니다. 우리나라 성능 시험팀의 수장은 BMW 출신이고요. 볼보의 엔지니어 수장도 독일 사람이지요. 재밌는 사실입니다. 세계적으로 디자인이 그런대로 인정받으면서 잘 팔리는 자동차를 보면 그 배후가 다 독일 사람이에요. 한국에서도 이런 특징이 적용되었습니다. 기아차가 피터를 데려와서 디자인을 굉장히 균형 있게 잡아가면서 지금에 이르렀는데, 내실을 보면 디자인은 기아차에서 현대차로 들어왔어요. 원래는 훨씬 균형이 없었어요. 제가 보는 디자인의 개념에서 디자인은 생명력이 있어야 합니다. 루이뷔통 초창기에 디자이너가 한 말 중 "내가 사용했던 디자인은 우리 딸이 사용해도 창피하지 않아야 한다."라는 말이 있어요. 그게 디자인의 생명력이에요. 그런데 지금의 디자인은 사고 나서 그다음엔 싫증 나버리는 것이죠. 기아 자동차의 디자인은 피터가 온 후 '포르테'부터 시작이 됐는데, '포르테'부터 지금의 'K3'까지 놓고 보면 큰 틀에서의 변화는 없는데 차를 세워놓고 보면 완전히 다른 차들이라는 것을 알 수 있어요. 이게 제가 좋아하는 디자인입니다. 저는 피터가 한 말을 좋아합니다. "The simplicity of the straight line(직선의 단순화)". 단순한 것이 아름답다는 뜻이에요. 자동차에서 가장 중요한 것이 이모션(emotion)이거든요. 단순한 선을 사용하여 사람들에게 그를 제공하는 것이죠. 이렇게 피터가 한국에 오고부터 우리나라 자동차 산업이 디자인의 중요성을 인식하기

시작했습니다. 그 후 현대도 경쟁의식을 느껴 디자인에 많은 투자를 하여 나온 것이 'YF쏘나타'입니다. 하지만 'YF쏘나타'는 국내와 미국에서는 인기가 좋았지만, 그 외에서는 인기가 별로 없었어요. 글로벌하지 못했어요. 왜냐하면, 쿨해요. 쿨한 디자인은 젊은 층에는 반응이 좋지만 나이 든 사람한테는 반응이 안 좋아요. '2011 패밀리 세단'은 20대부터 60대까지 소화를 했는데, 'YF쏘나타'는 나이 든 사람들보다는 젊은 층한테만 인정받았어요. 일장일단이 있었어요. 자동차를 모델 체인지하는 가장 큰 이유는 전문적인 마케팅 플랜언어로 'Planned Obsolescence(의도된 진부화)'입니다. 차를 새로 만듦으로써 기존 차를 허접해 보이게 하고 사람들이 빨리 바꾸고 싶게 하는 것. 가진 사람은 빨리 바꾸고 싶게 만들고 안 가진 사람은 빨리 사고 싶게 만드는 것. 이게 디자인의 가장 큰 목적이에요. 기존 차보다 신차가 완전히 다르게 보여야 한다는 것이죠. 어쨌든 디자인에의 주목을 끌기 시작한 것은 피터 슈라이어가 한국에 온 2006년부터입니다.

피터 슈라이어는 국내 자동차 디자인 발전에 굉장히 좋은 영향을 미쳤고, 실제로 그 자동차 디자인들이 다른 자동차 디자인에도 영향을 줬단 말씀이시네요. 그렇게 탄생된 자동차 디자인들을 한국적이라고 표현할 수 있을까요?

나는 피터가 한국에 온 지 6개월 만에 같이 세미나를 했어요. 둘 다 각자 발표를 나갔는데, 제가 한 말이 뭐였냐면 "가장 한국적인 것이 가장 세계적이다"라는 말을 믿지 말라는 거였어요. 한국의 기와지붕을 살리라는 소리는 하지 말라고 했죠. 그 사람이 옆에서 박수쳤어요. 지금 세계는 이미 국경이 없어졌어요. 분야에 따라 또 달라요. 자동차는 가장 극단적으로 규모의 경제가 적용되는 글로벌 상품이에요. 글로벌 시장에서 한국적이라는 것은 먹히지 않는다는 것이 자동차의 특징입니다.

그렇다면 그러한 전통적인 느낌의 특징을 떠나서 한국 자동차만의 특별한 점이 있다고 생각하시나요?

국가적인 이미지를 제품에 반영할 수 있는 것은 몇 개 되지 않습니다. 첫 번째로 독일 엔지니어링, 독일의 기술력이라고 하면 세계가 다 인정을 해줘요. 두 번째는 일본의 '모노즈쿠리', 즉 물건을 만드는

장인정신입니다. 이 두 가지가 그들만의 전통적인 것이라고 인정을 받아요. 한국적인 것은 뭘까요? 우리는 그것을 형상화하지 못했어요. 중요한 것은 눈에 보이는 것이 아니라 우리의 마음가짐이에요. 어떤 것을 내세울 때는 그 저변에 그 나라의 마음가짐이 있어야 해요. 독일의 기술력에는 빈틈없이, 실수가 없이 만들려는 노력이 있어요. 일본은 장인정신에는 '누가 뭐래도 나는 내 일이 최고다'라고 여기는 노력이 있어요. 인정받았죠. 한국은 뭐가 있을까요? 잘 모르겠습니다.

국장님께서 2013년에 쓴 '쏘렌토R' 시승기를 보니 차별화를 하려면 먼저 독창성이 있어야 하고 독창성에는 상당히 많은 조건이 들어갈 수 있다고 하셨습니다. 그 독창성에는 뭐가 있을 수 있는지, 특히 우리나라에 필요한 독창성은 뭔지에 관하여 국장님의 의견을 듣고 싶습니다.

자동차의 독창성을 말한다면 우리는 흔히 독일 차를 말합니다. 독일 자동차의 독창성을 디자인으로만 말할 수는 없어요. 디자인을 가지고 가장 빛을 봤던 나라는 이탈리아예요. 물론 그들은 그것 때문에 실패했지만요. 현대에서 가장 비싼 자동차 '에쿠스'가 6만 9,000달러 받을 때, 벤츠에서 가장 비싼 차는 24만 달러를 받습니다. 왜일까요? 그건 가치(value) 때문이에요. 그리고 그 가치는 디자인의 가치라고 생각하지 않습니다. 디자인도 50%까지는 될 수 있겠죠. 그러나 나머지까지 조합이 되어야 하는데 그 중 가장 큰 것은 신뢰성이라고 봅니다. 정체성(identity)에서 가장 큰 건 신뢰성입니다. 질문에서 언급하신 '쏘렌토R' 시승기를 썼던 때는 디자인에서만이라도 독창성을 찾으라는 뜻에서 쓴 것입니다. 남들 따라서 하지 말고 자기만의 것을 찾으라는 것이죠. 하나가 자리를 잡으려면 한 세대를 가지고는 안 돼요. 2, 3세대에 걸쳐 지속해서 같은 디자이너를 사용해서 소비자들한테 각인을 시켜야 그들이 알아봐 줍니다. 지금은 어렴풋이나마 그렇게 되고 있다고 봅니다.

이제 국내 자동차의 디자인과 기술 전반의 흐름과 함께해 온 시장의 소비 경향에 관하여 여쭤보려고 합니다. 우리나라에서 히트를 한 자동차 중 인상 깊은 것이 있으신지, 그리고 그게 왜 히트상품이 됐다고 생각하시는지에 대해서 듣고 싶습니다.

판매 수치로 따지면 'YF쏘나타'예요. 하지만

본격적으로 한국 사람들에게 자동차 대중화, 모터리제이션(motorization)을 알려준 차로 저는 '엑셀'을 꼽습니다. 그때 본격적으로 '내 차'라는 개념을 갖기 시작했어요. 80년대 후반, 90년대 초반이죠. 그 전에 '포니'는 아주 작은 차임에도 불구하고 한국에서는 운전기사를 둬야 하는 자가용이었어요. 그때까지 자동차는 '가진 자의 소유'라는 인식이 있었죠. '엑셀'부터 대중에게 각자의 차를 살 수 있다는 인식이 싹트기 시작했고, 그게 꽃을 피운 게 'NF쏘나타', 'YF쏘나타' 때입니다. 이 차들은 국민차가 되었어요. 수치로 말하자면 1,500cc가 국민차였다가 2,000cc가 국민차가 되었어요. 지금은 3,000cc의 '그랜저'가 국민차가 되어 있죠.

특정 자동차 모델이 국민차로 잡기까지에는 어떤 소비 동기들이 영향을 미칠까요?

미국에서 자동차 할부금이 처음으로 시작된 것은 1921년입니다. 신용카드가 도입된 것은 1970년이에요. 이 두 사건이 전 세계 사람들의 소비를 굉장히 헤프게 만들었는데 우리는 그것을 한 번에 겪었습니다. 1990년대에 금융 자유화가 되어 우리나라에서 할부금 제도를 도입하게 됐고, 사람들에게는 자동차도 한꺼번에 돈을 지급하지 않고 나눠서 내도 된다는 인식이 생겼죠. 그래시 자동차를 활발하게 팔 수 있고 살 수 있게 되었습니다. 그 꼭짓점에 서 있던 것이 '엑셀'이었고, 그다음을 받쳐주던 것이 '쏘나타'였습니다. 그 후 한국 사람들의 구매동기는 본격적으로 세분화가 시작돼요. 과거에는 "나 돈 벌고 쏘나타 사야지, 엑셀 사야지" 그랬어요. 그런데 지금은 다른 거 한번 봐야 한다는 생각들이 있죠. 사회적으로 이전에는 자동차를 활발하게 살 수 있게 만드는 제도의 도입이 영향을 미쳤다면 지금은 세분화의 개념을 잘 이해해야 합니다.

자동차의 소비 측면에서 취향의 세분화와 연관하여 좀 더 여쭤볼게요. 국장님이 어느 글에서 언급하셨듯이 자동차는 남성들한테는 욕구 분출의 장이 될 수도 있고 신분을 표현하는 것이 될 수도 있는 등 여러 가지 구매동기가 존재합니다. 이와 관련하여 "선택지가 많은 것이 소비자에게는 득이다. 사람은 자동차를 보는 눈이 모두 다르다."라고 글을 쓰신 적도 있으시죠. 구체적으로 어떠한 구매동기들이 있을 수 있을까요?

예술성이냐, 기능성이냐의 문제가 큽니다. 우리가 특정한 제품을 살 때 이유가 뭐가 있을까요? 저만 하더라도 단순히 기능성만을 보지는 않습니다. 예술성도 포함하죠. 더불어서 저는 가치(value)를 봐요. 자동차의 경우 지금까지 대한민국에서 저보다 많이 타 본 사람은 없을 것입니다. 3,000대가 넘는 자동차를 타봤어요. 지금도 새로 나오는 차들을 다 타보고 있죠. 그런 저로서는 이제 자동차는 바퀴가 네 개 달리고 시트가 있다는 점에서 다 똑같이 느껴질 때가 있습니다. 그런데 소유의 측면에서 보면 자동차의 즐거움은 다른 면들에서 찾아볼 수 있습니다. 첫 번째 손의 즐거움, 두 번째 보는 즐거움, 세 번째 소유하는 즐거움, 네 번째 달리는 즐거움. 이런 것들이 포함되지요. 사람들의 경우 이중 어디에 비중을 많이 두느냐에 따라 선택이 달라집니다. 사람마다 취향이 다르니까요. 저 같은 경우 달리는 즐거움에 그 비중을 많이 둡니다. 그런데 우리나라 사람들의 경우 그 선택의 고려사항에서 달리는 즐거움은 비중이 크지 않습니다. 전 세계의 자동차 강국 중 모터스포츠가 가장 인기가 없는 나라가 한국이에요. 보통은 디자인을 보는 즐거움, 좋은 차를 가지고 있다는 자부심으로 소유하는 즐거움이 큰 역할을 합니다. 그런 차들은 굉장히 빨리 바뀌어요. 길어봐야 1년을 유지합니다. 그런 즐거움도 있을 수는 있죠. 그런데 그것도 가치(value)를 보고 구매한 것일까요? 저는 그렇지 않다고 봅니다. 앞서 말한 많은 즐거움을 통합해야 가치(value)가 되는데 우리나라에서 트렌드를 따라가는 주류 소비자들은 그렇지 않다고 생각합니다. 물론 그렇지 않은 사람들도 있겠지만요.

우리나라 자동차 구매는 그 다양한 측면을 신중히 고려한 소비보다는 과시적 소비가 주를 이룬다는 말씀이네요. 그렇다면 저희 아버지 세대부터 우리나라 사람들은 자동차에 있어 과시적 소비 패턴을 지니고 있었나요?

아까 말씀드린 '포니' 시대부터 이야기해볼 수 있겠네요. 저희 작은아버지가 '포니'를 갖고 계셨는데요. 그 당시 그분은 여유가 있어서 포니를 살 수 있었습니다. 일반인한테 자동차는 아예 그림의 떡이었다고 기억합니다. 그다음이 '엑셀' 시대예요. 그때부터 자동차는 일차적 신분상승 수단이 되기 시작했어요. 자동차 모델에서 선택의 여지가 별로 없는

상황에서는 '엑셀'밖에 살 수 없었습니다. '프라이드'도 있었으나 '엑셀'이 주를 이뤘죠. 그다음 나온 것이 '쏘나타'입니다. '프레스토'와 '에스페로' 같은 모델도 있었으나 '쏘나타'가 독보적이었어요. 물론 지금은 그렇지 않죠. 그때의 '프레스토'와 지금의 '프레스토'는 느낌이 다르듯이 말입니다. 어쨌든, 큰 틀에서 보았을 때 자동차는 우리 윗세대가 느끼기엔 그림의 떡 같은 존재였습니다. 본인 소유의 자동차가 있어야 마땅한 것으로 여겨지기 시작한 것은 '쏘나타' 때부터입니다. 생활필수품이라는 인식은 그때부터 시작되었고 이제는 모두가 갖고 있죠. 그리고 지금은 '소유하느냐 마느냐'보다는 '어떤 걸 가지고 있냐'의 개념이 큰 시대입니다.

마지막으로 환경과 관련된 질문입니다. 오늘날 우리나라 자동차 브랜드들이 환경 문제들을 잘 풀어가고 있는지, 당면한 문제들은 뭐가 있는지에 대해서 듣고 싶습니다.

이번에 미세먼지 때문에 환경문제가 다시 부각되었죠. 어떤 문제가 부각될 때 정부의 문제에 대해 알 수 있어요. TV에 나오는 모든 환경문제, 미세먼지, 질소, 이산화탄소 등 모든 업종에서 기술적으로 문제를 줄이려고 노력하는 산업은 자동차 산업밖에 없습니다. 선박산업도 비행기 산업도 하지 않아요. 공장에서는 전기를 많이 쓰면 전기세가 싸지는데 가정에는 누진세를 적용하여 전기를 절약하라고 하지요. 근본적으로 가장 큰 문제는 어떤 것이 환경문제의 근본 원인인지를 환경부가 직시하고 있지 않다는 것이에요. 독일은 디젤차가 제일 많은 나라예요. 그런데 자동차에서 나오는 미세먼지의 비율은 1%도 안된다는 데이터가 있어요. 그러니까 자동차는 별로 큰 문제가 아니에요. 진정한 환경 파괴의 주범은 이산화탄소나 미세먼지가 아닙니다. 전기차와 미래차를 내세우는 동시에 석탄 발전소를 더 짓는 것은 말이 되지 않습니다. 저탄소 녹색성장을 최우선 정책으로 내세운 우리나라가 왜 이산화탄소 배출증가율 세계 1위를 기록하고 있는지, 근본적인 원인을 제대로 확인해야 할 때입니다. _{메타디자인연구실}

구   상

現 국민대학교 자동차운송디자인학과 교수
前 한밭대학교 산업디자인학과 교수
前 미국 디자인연구소 연구원
前 기아자동차 디자이너

메타디자인연구실에서는 산업디자인에 있어 자동차가 어떤 의미를 가져왔는지 탐구해보는 시간을 가지려고 합니다.

자동차 자체에 대해서라면 당연히 많이 얘기해드릴 수 있을 것 같습니다. 아버지의 자동차라니. 굉장히 뭐랄까, 뭉클한 느낌이 있네요.

1960년 초중반에 태어난 세대가 어른이 된 시기와 우리나라 최초의 '포니'가 나온 시기가 비슷해서 더 의미가 있다고 생각합니다.

제가 386세대인데 여러분의 아버지들과 비슷한 세대일 것 같습니다. '포니'가 출시된 76년도는 제가 초등학교 4학년 때였어요. 아마 대부분의 아버님들이 '포니'에 대한 기억을 아주 강하게 가지고 계실 겁니다. '포니'가 76년도부터 6년간 나왔고, '포니2'가 82년부터 거의 90년까지 나왔었지요.

교수님의 책을 보니, 우리나라 자동차 개발의 초기 약 10년 동안은 이탈리아의 디자이너가 스타일링을 맡았다고 하던데, 그 디자이너에 대해서 설명해주실 수 있나요?

그 당시 '포니'가 우리나라 최초의 고유모델이었습니다. 고유모델은 다른 메이커가 갖고 있지 않은 오리지널 모델이란 뜻입니다. '포니'의 디자인은 이탈리아의 3대 자동차 디자이너 준 한 명인 '조르제토 주지아로(이하 주지아로)'라는 사람이 했습니다. 그 사람은 아직도 현역 디자이너로 활동하고 있어요. 주지아로는 중학교를 졸업하고 피아트 설계실에서 사원으로 공부를 시작했는데, 그때 수석디자이너 '단테 지아코자'의 눈에 들어 제의를 받고 그때부터 디자인을 시작했습니다. 그리고 약관 20세에 '베르토네'라고 이탈리아에 있는 아주 전통적인 디자인 스튜디오의 수석디자이너로 발탁이 되었고 28살에 자기 디자인회사를 세우게 됩니다. 그리고 30살에 '포니'를 디자인 하게 되었죠.

한국에서 주지아로에게 외주를 맡기게 된 계기는 무엇인가요?

현대자동차 정주영 전 회장의 역할이 컸습니다. 당시 그 분은 '아, 우리 언제까지 일본자동차를 카피할 수는 없다. 고유모델을 개발해야 되겠다.'라고 생각을 했고 이탈리아의 유명한 자동차 디자인 회사들한테 RFP를 보내보라는 제안을 하게 됩니다. 그때 이탈리아 유명한 디자인 회사에 있던 디자이너들은 다 주지아로한테

스승들이었습니다. 베르토네에서는 주지아로가 수석 디자이너로 근무를 했지만, '누치오 베르토네'라고 이탈리아 디자인계에서는 전설적인 인물도 있었습니다. 현대에서는 주지아로를 포함한 여러 회사들한테 RFP를 보냈는데, 주지아로의 입장에서는 본인이 스승들하고 경쟁할 수는 없다는 생각이 들었던 것입니다. 지금 돈으로 환산하면 그 당시 프로젝트 용역비가 1억 정도 됐었는데 주지아로는 자기도 이력을 써서 내면 자기한테도 기회가 올지도 모른다고 생각했기 때문에 10억을 써서 내게 됩니다. 비슷한 상황의 경우 보통은 최저가 입찰이 되는 경우가 많기 때문에 그렇게 하면 본인이 탈락할 것이라고 생각했기 때문입니다. 그런데 현대에서 볼 때 유명한 이탈리아 디자이너들은 다 1억을 써왔는데 듣도 보도 못한 회사에서 10억을 써서 낸 겁니다. 보통은 엉터리라고 생각할 텐데, 정주영 전 회장은 '여기 뭔가 있다. 여기로 가보자.'라는 생각에 그에게 외주를 맡기게 된 것입니다.

그렇다면 당시 주지아로의 디자인 실력이 어땠는지에 관하여 듣고 싶습니다.

주지아로는 17살부터 자동차를 디자인했기 때문에 정말 천재적인 디자인 재능을 갖고 있었다고 할 수 있습니다. 주지아로는 디자인할 때 스케치 없이 제도판에 사이드 뷰, 플랜 뷰, 프론트 뷰, 리어 뷰를 기가 막히게 맞춰서 그렸습니다. 형태를 연상할 때 입체를 이미 머릿속에서 알고 있었던 겁니다.

'포니'의 디자인 소유권과 기술적인 부분에 대하여 더 구체적인 설명을 듣고 싶습니다.

디자인은 주지아로가 했지만 돈은 현대에서 냈기 때문에 디자인 소유권은 현대가 갖게 되었습니다. 기술의 경우 현대는 일본 미쯔비시와 제휴 관계에 있었기 때문에 엔진, 서스펜션, 변속기는 그 회사의 것을 사용했습니다. 사람들은 흔히 '고유모델'과 '독자모델'을 혼동하는데 그 둘은 엄연히 다릅니다. 디자인과 엔진이 누구의 손으로 만들어졌던지간에 어떤 회사에서 그 권리를 다 샀으면 그건 그곳의 고유모델이 될 수 있습니다. 그렇게 되면 수출도 현대가 마음대로 할 수 있습니다. 독자모델의 경우 디자인과 엔진 개발을 회사가 직접한 경우만 해당됩니다. '포니'의 경우 사실 고유모델이지만 독자 모델은 아니었던 거죠. 실제 사례로 '포니'와 라이벌 관계였던 기아의 '브리사'라는 차가 있었습니다. '브리사'는

일본 마쯔다 사에 '파밀리아'라는 차를 들여다가 운전석을 우리나라에 맞게 바꾸고 이름을 새로 붙인 것일 뿐 그 모델의 오리지널리티는 마쯔다 사가 갖고 있었기에 기아가 마음대로 수출할 수 없었고, 국내 판매만 할 수 있었습니다. 이는 고유모델이 아니라 도입모델인 것입니다. 같은 경우로 이전에 우리나라에서 나왔던 차들, '코로나'나 '새나라' 등은 외국에서 들여온 것이라 국내에서 판매는 했지만 수출은 하지 못했습니다. 고유모델이 아니었기 때문이지요. 하지만 '포니'는 디자이너에게 돈을 주고 그 권리를 사온 것이고 마찬가지로 엔진도 마쯔다 사에게 구입하고 합의했기에 현대의 것으로서 수출할 수 있었던 것입니다.

그렇다면 우리나라 최초의 독자모델은 무엇이었으며 그 모델이 나온 시기는 언제인가요?

현대자동차가 외국의 힘과 기술을 빌리지 않고 최초로 개발한 '액센트'였습니다. '액센트'는 90년대 초에 출시했는데, 현대의 인하우스 디자이너들이 디자인을 하고, 엔진과 변속기도 현대 자체기술이 적용되어 개발된 최초의 자동차였습니다. 당시 한국인들은 언젠가 우리 차를 만들어야겠다는 마음이 굉장히 강했습니다. 말레이시아도 80년대에 고유모델 개발을 했고, 터키도 90년대에 고유모델을 개발했으나 그 후로는 발전하지 못했는데, 한국인들은 고유 모델을 개발하며 '언젠가 우리 상표를 단 차가 세계를 누비게 하겠다'는 목표가 있어 당장 돈이 되지 않더라도 열정으로 계속 매달렸습니다. 하여 많은 어려움을 겪고, IMF가 터지는 와중에도 독자모델의 개발을 멈추지 않았던 것입니다.

국내 독자모델 개발시기의 자동차의 디자인과 스타일링은 어디서 영향을 받은 것인가요?

유럽의 영향이 컸습니다. 현대가 '포니2'를 개발하고 83년에 '스텔라'가 나왔는데요. 그것까지는 전부 주지아로가 디자인했습니다. 하지만 같은 시기에 현대에서는 자체 디자이너를 키우고 있었습니다. 그 사람들이 이탈리아에 가서 어깨 너머로 디자인을 배우고, 주지아로가 현대에 와서 가르쳐주기도 하고 그랬었죠. 또 대우의 '에스페로'는 '베르토네'한테 디자인을 의뢰했습니다. 그리고 현대와 합병되기 전에 기아도 고유모델을 개발했는데, 일본에다 의뢰를 하지 않고 영국에 IAD라는

디자인 전문회사에 의뢰를 했습니다. 그러다보니 우리나라 사람들은 유럽의 자동차 디자인에 대해서 먼저 학습을 했고, 유럽의 자동차 디자인으로부터 영향을 많이 받았습니다.

그렇다면 유럽, 일본, 미국의 자동차 디자인의 차이점은 무엇이며, 국내 자동차 디자인은 그들의 어떤 점에 주로 영향을 받았나요?

일본의 디자인과 유럽의 디자인은 확연히 다릅니다. 미국의 디자인도 물론 다르지요. 미국의 자동차들은 타기 위해 만들어집니다. 미국은 자동차를 투박하고 튼튼하고 내구성 있는 생활 도구로 생각하는 것이죠. 유럽의 자동차들은 공예적인 산업 기반을 바탕으로 하고 굉장히 정교하고 본질을 따지는 디자인을 추구합니다. 일본의 자동차 디자인은 상품으로서 만들어집니다. 자동차건 전자제품이건 팔아야 된다고 생각하기 때문에 본래 있던 가치보다 좋아야 되고 감각적이어야 된다는 관점으로 만드는 것입니다. 그래서 80년대 일본의 자동차들은 상품적으로 뛰어납니다. 그런데 본질적인 가치나 성능에 있어서 유럽의 자동차들보다 부족한 부분이 좀 있었는데 그게 무엇이었는지 그땐 정확히 몰랐습니다. 그런데 우리가 유럽에서 자동차를 개발해오면서 자동차 디자인에 있어 단지 감각적인 선이 중요한 게 아니라 어떤 본질적 형태, 실내 거주 공간, 화물 공간, 용도도 굉장히 중요하다는 사실이 학습이 되었습니다. 요즘 일본차들은 '품질은 아주 좋은데 디자인은 왠지 좀 안 맞다.'는 생각이 들 정도로 모습이 낯섭니다. 우리랑은 좀 다르다는 생각이 들죠. 90년대에는 일본차를 보면서 '우리는 언제 저렇게 만들어?'했는데 지금은 완전히 다릅니다. 우리나라 메이커들이 유럽에서 디자인을 배웠기 때문에 그런 것 같습니다. 우리나라 디자이너들이 만약에 일본에서 배웠으면 자동차가 감각적이고 말초적인 게 당연하다고 생각하고 디자인했을 것입니다.

우리나라 자동차의 디자인은 유럽으로부터 굉장한 영향을 받은 것이군요.

주지아로의 영향이 컸지요. 70년대 일본에서는 우리나라가 자동차 산업을 이렇게 일으킬 수 있을 거라고는 아무도 생각하지 못했습니다. 일본 미쯔비시 사에서는 우리가 자동차 디자인을 하겠다고 했을 때, 잘 알려주려고 하지 않았습니다. 제가 기아에서

근무할 때, 일본 마쯔다 사의 엔지니어가 저희 회사에 파견되어 있었는데 그들은 목에 괜히 힘을 주고 다니는 느낌이 들었고 도면 같은 것에 대해 물어봐도 알려주지 않았습니다. 그런데 주지아로는 그 기술을 알려주지 않는다고 알려지지 않은 것이 아니라는 걸 잘 알았기 때문에 장인정신으로 일을 했다고 생각합니다. 당시 현대에서 많은 엔지니어와 디자이너들이 이탈리아로 연수를 갔는데 그들은 우리에게 얼른 배워서 차를 잘 만들어보라는 자세로 친절히 알려줬습니다. 어떻게 보면 이탈리아의 장인정신은 감추려고 하는 것이 아니라 단순히 올바른 방향인 것입니다. 누군가를 가르쳐 본 분이라면 알 것입니다. 알려준다고 다 할 수 있는 것은 아니라는 것을요. 이탈리아 사람들은 알려줘도 알아들을 사람만 알아듣는다는 것을 알고 있었기에 굳이 감추려고 하지 않았던 것 같습니다.

자동차 기술에 관하여 해외로부터 도움을 많이 받던 시기에 기억나는 에피소드가 있으신가요?

기아에서 나왔던 차중에 '포텐샤'와 관련한 일화가 있습니다. 그 차는 일본 마쯔다 사의 것을 그대로 들여다 개발했던 것인데요. 기아에서 처음 '포텐샤' 도면을 마쯔다 사에서 받아왔을 때 도면상에서 후드가 펜더보다 내려와 있던 겁니다. 실제 마쯔다 사에서 들어온 차를 봐도 후드가 1mm 내려와 있었습니다. 그걸 본 국내 자동차 개발자들은 '도면을 잘못 그려놓고 그대로 만들었나?'라고 생각하고 기존 도면을 무시한 채 1mm를 정확히 똑같이 맞추도록 수정했습니다. 그렇게 해서 차를 만들어보니 후드가 덜 닫혀 보였던 겁니다. 그러니까 도면에는 말로 설명할 수 없는 노하우가 담겨있었던 것이죠. 도면을 받는다고 해서 그걸 다 이해할 수 있는 건 아니라는 것을 알 수 있었던 일화입니다. 시행착오를 겪은 것입니다. 기아도 그 전까지는 후드를 다 제로 피팅으로 했는데 이제 1mm 떨어트리는 방식으로 바꿨습니다. 경험을 통해서 안 것이지요.

우리나라는 지금까지 그런 시행착오를 충분히 겪은 편일까요?

아닙니다. 지금 우리는 중국 자동차를 보며 짝퉁 차라고 굉장히 흉보고 있는데요. 중국에 가보면 자동차 회사가 100개가 넘는데 그 중 50개의 연간생산량이 1000대가 안됩니다. 1000대가 안된다는 건 하루에 약 4대 만드는 겁니다. 그런데 그런 회사들이 유지가 되는

것은 워낙 내수시장이 넓기 때문에 어떤 차를 만들어도 기본은 팔린다는 것입니다. 그렇게 여러 가지 시도를 해보며 시행착오를 거치고 기술이 축적되는 거예요. 그런데 우리나라 메이커들의 문제는 디자인은 이탈리아를 통해 어깨너머로 배웠고 엔진은 일본에서 기본개념을 갖고 들어왔고 그 후 본사에서 개발하는 식으로 했다는 것입니다. 시작을 쉽게 했습니다. 사실 70년대, 80년대를 거치고 90년대에 시행착오를 거치면서 자체기술을 개발하는 과정을 거쳤어야 하는데 98년도에 IMF가 터지면서 그런 기회를 못 가진 것입니다. 그래서 현재는 더 높은 단계로 도약을 해야 하는데 그 벽을 못 뛰어 넘고 있습니다. 앞서 언급한 중국 같은 경우에는 아예 백지상태에서 시작을 했습니다. 그들이 처음 만든 엔진은 품질이 좋지 않았죠. 하지만 지속적으로 시행착오를 거치며 스스로 기본 개념을 익히고 기술개발을 하고 있기에 그 잠재력이 어마어마하다고 봅니다.

우리나라 자동차 개발은 시행착오의 과정이 부족한 시점이라는 말씀이시군요. 그러한 국내 자동차 개발의 현주소에 있어서 디자인적인 부분에 중점을 두고 말씀해주신다면요?

디자인도 마찬가지입니다. '포니'를 개발할 때에는 이탈리아 사람들한테 어깨너머로 배워서 디자인을 했는데 그 후 국내에서는 한국의 아름다움이 무엇인지를 찾아야 했습니다. 하여 한국의 자동차라는 걸 찾긴 찾았지만 내수시장이 커야 이런 차도 내놓고 저런 차도 내놓고 하면서 시행착오를 거칠 수 있는데, 실패하면 망할지도 모른다는 생각 때문에 디자인을 외국에서 자문을 받고 수정을 했습니다. 이유도 모르는데 '아, 고치라니까 고쳐야 되겠다.'라는 자세로 일관하다보니 문제가 생긴 것입니다. 예를 들어, 현대의 고급 브랜드 제네시스를 들 수 있는데요. 제네시스는 대체적으로 평가가 좋지만 '유니크 하지 않다, 오리지널리티가 없다' 이런 평가도 받고 있습니다. 모험을 해보고 어떤 것이 좋고 나쁜지 경험을 해봤어야 합니다. 우리는 여태껏 망치면 안 된다는 생각에, 우리 것을 찾는 방법을 아직까지 모르는 상태인 것입니다. 이탈리아의 영향 속에 일본의 영향을 받지 않은 건 다행이지만 쉽게 잘 하는 법만 알고 세계적인 자동차를 만들 수 있는 방법은 제대로 찾지 못한 것입니다.

교수님께서 말씀하신 혁신적인 시도가 없었음에도 불구하고, 90년대 이후로 우리나라 자동차 산업은 계속 발전했습니다. 어떤 것이 발전에 영향을 미쳤다고 생각하시나요?

'가성비'입니다. 미국에서 현대차가 많이 팔리는 이유는 싼 가격에 디자인적인 완성도는 일본 차에 못지 않기 때문입니다. 이렇게 국내 차가 수출이 잘 되는 것을 보며 현대, 기아는 계속 그 장점을 살려왔습니다. 미국의 자동차 판매에서 현대와 기아는 '탑10'에 듭니다. 그런데 기아에게 기술을 주었던 마쯔다, 현대에게 기술을 줬던 미쓰비시는 20위권 밖으로 밀려나 있습니다. 현대, 기아는 많이 팔아야겠다고 생각을 했기 때문에 디자인적인 완성도가 부족해도 싼 가격으로 물량 공세를 한 것이고 시장 점유에는 성공할 수 있었던 것입니다.

우리나라에서 국내 자동차만의 오리지널리티를 부여하기 위해서는 한국적인 디자인이 필요할 것 같군요. '한국적인' 자동차와 '한국적인' 디자인이란 무엇이라고 생각하십니까? 그리고 교수님께서 생각하는 가장 한국적인 디자인의 모델은 무엇인가요?

많은 분이 헷갈려 하는 것이 '전통적인' 자동차와 '한국적인' 자동차의 디자인입니다. 저도 학교 다닐 때 수업시간에 한국적인 이미지를 생각하면 '탈'이 이미지 '단청' 이미지 같은 것을 생각했습니다. 물론 17세기 사람들한테는 그게 맞을 수 있습니다. 그런데 21세기의 사람들은 더는 기와집에 살지 않고 한복을 입지 않습니다. 오늘날의 한국인들이 가치를 두는 아름다움과 조선시대 사람들이 가치를 두는 아름다움은 완전히 다릅니다. 그러니까 전통적인 디자인을 하는 게 아니라 21세기 한국인들이 공감할 수 있는 디자인을 하는 게 한국적인 디자인이라고 생각을 합니다. 국내 자동차 디자인에서는 그 시초가 2009년도에 출시된 'YF 쏘나타'라고 보고 있습니다. 그 전에 디자인적으로 좋았던 차로는 현대의 '그랜저 XG'가 있었는데요. 이상하게도 그 차를 보면 미쓰비시의 '디아망떼'라는 차가 자꾸 떠오르는 겁니다. 너무 비슷했어요. 그런데 그런 느낌이 안 들기 시작한 형태가 'YF 쏘나타'입니다. '아, 이제 현대차의 아이덴티티를 찾아가는구나.'라고 생각했습니다.

국내의 자동차 디자인이 유럽의 자동차들과 차별화되는 점은 무엇을 꼽을 수 있을까요?

유럽의 자동차들은 프론트 뷰를 보면 굉장히 균형적입니다. 그런데 현대차의 프론트 뷰는 굉장히 강한 이미지를 갖고 있습니다. 국내 자동차들이 그런 인상을 갖기 시작한 게 'YF 쏘나타'부터입니다. 그 전에는 주지시로의 영향으로 굉장히 안정적이고 균형 잡힌 형태를 갖고 있었죠. 하지만 'YF 쏘나타'부터는 공격적인 이미지였어요. 덧붙이자면 이제는 유럽도 그렇게 변하기 시작했습니다. 'YF 쏘나타'가 처음 나왔을 때는 혼다 사에서도 너무 충격을 받아서 이미 개발이 다 되어 있던 '혼다'의 디자인도 갈아엎을 정도로 강한 등장이었답니다.

국내 디자이너들이 자동차를 디자인하면서, 과거에는 생산방식의 영향을 많이 받았다면 이제는 소비자들의 감성의 영향을 많이 받는 것으로 변한 것 같습니다.

그렇습니다. 과거에 내가 기아에 근무할 때만 해도 디자인은 봤을 때 튀는 데가 없고 무난하게 할 수 있으면 유용한 디자인, 유능한 디자인이라고 생각했습니다. 그러나 지금은 무난하면 '뭐했어?, 왜 디자인했어?'라는 반응이 나오는 시대입니다. 디자인, 오리지널리티, 서프라이즈 이런 게 없으면 새로운 디자인이라고 생각하지 않는 시대라는 것입니다. 과거에는 사람들이 이상적인 아름다움이 무엇인지를 찾았는데 지금은 사람들이 공감할 수 있으면 멋있다고 보는 거 같습니다. 'YF 소나타', 결코 아름답지도 않고 무난하지도 않습니다. 아주 튀고 극단적인 디자인이기 때문에 오히려 '오, 차가 저래야지'라는 공감을 얻을 수 있는 것입니다. 사람들로 하여금 원하는 바를 채워주는 그런 디자인이 선택받는 디자인이라고 생각합니다.

자동차의 OEM생산에 대해서 듣고 싶습니다.

기아 같은 경우에는 마쯔다 사의 '파밀리아'를 도입해서 생산했고 당시 현대도 그랬습니다. 80년대 그 당시 현대 입장에서는 마쯔다 사나 미쓰비시 사를 보면서 '언제 저렇게 하나' 했습니다. 기아가 87년쯤 '프라이드'를 최초로 개발했지 않은가요. 그런데 그것도 마쯔다 사에서 개발한 '파밀리아', '페스티바'라는 차를 들여와서 이름만 '프라이드'로 바꿔서 국내 판매를 한 것입니다. '프라이드'도 미국에 수출을 했는데 기아의 힘으로 수출한 것이 아니라 포드의 이름으로 수출을 하는 OEM생산을 했습니다.

그리고 일부를 기아에서 국내에 자체 이력으로 판매를 했던 것입니다.

이제 전 세계적으로 자동차 산업이 많이 성장했고 국가간의 브랜드 경쟁이 대두되는 시대입니다. 이런 시기에서의 각 자동차 회사는 소속 국가 자체에서만의 자동차 제작 및 개발을 하며 경쟁력을 높이는 실정인가요?

그렇지 않습니다. 차 안의 엔진이라든지, 변속기라든지 이런 것들은 현재 '100% 국산'이라는 것이 존재하지 않습니다. 그 예시로 현대가 '크라이슬러'에 엔진 기술을 제공하는 등 상호보완적 관계가 많아요. 크라이슬러의 '200'이라는 차의 엔진은 현대의 기술로 만든 것인데 크라이슬러는 절대 밖에서 얘기하지 않습니다. 마찬가지로 현대도 엔진 속에 독일 '보쉬'의 부품이 상당수지만 굳이 밝히지 않습니다.

앞서 조사를 진행한 바로는, 아버지 세대가 자동차를 구입한 이유 중 '아이들을 태우고 여행가기 좋다'와 같은 이유도 있었습니다. 이러한 자동차의 구매동기들은 어떻게 변해왔다고 할 수 있을까요?

사실 주로 그런 동기들로 자동차를 구입한 것은 아니었다고 봅니다. 제가 일주일에 한 번씩 칼럼을 쓰고 있는데 '포니'에 대해서, '그랜저'에 대해서 쓴 적이 있습니다. 1세대 '그랜저'가 86년도, 제가 대학교 2학년 때 나왔습니다. 그 당시 '그랜저'는 지금의 '에쿠스' 같았어요. 대기업 총수들이나 타는 그런 드림카였죠. '각 그랜저', '포니'도 그랬습니다. 76년도에 '포니'가 나왔을 때, '포니'는 아주 스포티한 디자인이었는데 '포니' 중에 지붕을 인조가죽으로 씌운 차도 있었고 휠을 캐딜락처럼 만든 차도 있었습니다. '포니'는 한국인에게 단지 소형차가 아니라 자가용이었던 것입니다. 자가용은 성공해서 돈을 잘 번다는 것을 의미했습니다. 그 당시 아버지 세대에게 '포니'는 소형차가 아니라 성공의 상징이었던 겁니다. 물론, 당시 아버지들에게 '내가 성공하면 가족들을 태우고 갈 수 있겠구나'하는 생각 역시 당연히 깔려 있었을 겁니다.

'드림카'와 실제로 많이 팔린 히트 상품으로서의 자동차는 또 다를 것 같은데요. 교수님께서 개인적으로 기억하는 히트상품에는 무엇이 있나요?

'그랜저' 같은 경우가 히트 상품 중의

하나입니다. '쏘나타'보다 '그랜저'가 더 고급인데도 불구하고 '그랜저'가 많이 팔리는 이유는 뭘까요. 1세대 '그랜저'와 2세대 '뉴 그랜저'는 딱 봐도 '회장님의 차'였는데, 그 이후 직접 몰고 다니는 사장님들이 많아지면서 성공의 상징으로 여겨졌습니다. 그리고 3세대 '그랜저 XG'부터는 정말 성공한 중년들이 타는 차, 욕망의 상징이 되었습니다. '에쿠스'는 정말 회장님이 타는 차, 기사를 두고 타는 차라는 이미지이기 때문에 '에쿠스'를 몰면 사람들에게 '기사야?'라는 생각을 들게 했다면, '그랜저'를 모는 사람을 보면 '아, 저 사람 성공했구나.'라고 느끼게 했던 것입니다. 자동차는 이제 단지 수단이 아닌 욕망의 코드라고 할 수 있을 것 같습니다.

그렇다면 어떤 자동차가 욕망의 코드가 되는 기준은 뭐라고 생각하시나요? 광고를 통해서도 영향을 많이 받는다고 생각하시나요?

제가 현대에 관한 칼럼을 쓰는데 안 좋은 댓글이 수백 개가 달립니다. 그 원인이 뭐냐면, '국산차에 대한 배신감'인 것입니다. 국산 차를 여태까지 샀는데 내수 수출 차별하고 안 좋은 품질에 대한 배신감이 작용을 한 거죠. 과거와 달리 사람들의 준거집단의 차가 현대차가 아닙니다. 이제 현대차는 아무나 사는 차가 되어버렸기 때문에 '수입차를 사야 성공이지', 이렇게 되어버린 거예요. 현대차 중 '쏘나타'를 예를 들면, 가장의 차에서 소비자층이 30대로 내려갔습니다. 왜냐하면 스포티한 디자인과 '젊은이들도 탈 수 있는 차'라는 이미지가 되어버렸기 때문에 정말 성공한 중년들이 탈 수 있는 차는 '그랜저'로 올라간 것입니다.

그렇다면 자동차는 운송과 이동의 1차적 기능을 넘어 욕망의 상징으로서 그것을 사면 내가 준거집단이라는 것을 알려주는 문화적 차원의 기능도 있는 것이군요. 그 이외의 자동차가 가지는 기능은 무엇이라고 생각하시나요?

심리적 만족감입니다. 자동차는 기계가 틀림없지요. 효율적인 기계의 기준은 뭘까요. 적은 연료를 소모해서 최고의 에너지를 내는 것이 효율적인 기계인데, 그렇게 따지면 가장 효율적인 차는 '모닝'이고 '티코'지만 사람들은 이 차들보다는 '페라리'와 같은 고급차를 사고 싶어합니다. 페라리의 경우에는 좋지 않은 연비와 내구성에도 불구하고 욕망의 대상인 것입니다. 그것을

통해 심리적인 만족감을 얻을 수 있기 때문입니다. 개인적인 경험을 이야기하자면, 우리 집이 불광동인데 가끔 만나는 차가 있습니다. '시에라'라는 픽업 트럭인데 보통 8,000cc이고 검정색인데 어마어마하게 크고 휘발유 엔진을 씁니다. '나 이렇게 강한 사람'이라고 보여주고 싶기 때문에 그 차를 타는 거라고 생각합니다.

자동차의 작명에 대한 질문을 드리겠습니다. 국내 자동차 회사들은 자동차 작명을 영어로 하는 경우가 많습니다. 이름을 한자에서 착안한 경우에도 말입니다. 자동차 대부분이 영어로 이름지어지는 것 같은데 굳이 한글로는 잘 작명하지 않는 이유가 있을까요?

'무쏘'라는 차를 알고 있나요? '무쏘'는 한글 이름입니다. 코뿔소의 순우리말 이름이 '무소'인데 강하게 하려고 쌍시옷으로 한 것입니다. 잘 지은 이름 중 하나죠. 또 '누비라'가 있습니다. 작명하기 나름이긴 합니다. 사실 외국인들도 받아들일 수 있는 이름이면서 우리말 이름이면 더 좋기는 한데 결국은 수출을 해야 되니까 그렇습니다. 예를 들어, '쏘나타' 같은 이름은 오히려 미국에서 굉장히 좋아하는 이름입니다. 왜냐하면 다른 메이커들이 갖고 있지 않으면서 발음하기도 쉽고 인식하기도 쉽기 때문입니다. 미국에서는 '쏘나타', '액센트' 이런 이름을 굉장히 좋아합니다. 반면에, '그랜저'는 미국에서 '그랜저'라고 안 쓰고 '아제라'라고 합니다. '그랜저'라는 뜻이 '권위', '위엄'이라는 뜻인데 미국에서는 '그랜저'급 차에 그런 이름을 붙이면 사람들이 의아해하기 때문입니다.

그렇다면 수출되는 국내 브랜드들의 자동차 모델 작명에 대하여 더 예시를 들어주실 수 있나요?

미국차 중에서는 이름 끝이 A로 끝나는 이름이 많습니다. 알티마, 맥시마, 이런식의 이름이 그 예입니다. 기아의 '세피아'도 'SEPHIA'인데, 영어사전에서 찾으면 그런 단어는 없습니다. '세피아'는 색깔 이름입니다. 문어 먹물 같은 밤색을 의미합니다. 사실 '세피아'의 초기 개발 당시 이름은 '모티바'였습니다. '모티베이션'을 일으키는 오토메틱 자동차다.'라는 뜻이었는데요. 이 이름에 대해서 미국에서 여론조사를 했더니 별로 좋아하지 않는 반응이 나왔습니다. 그때 기아의 김선홍 전 회장이 "'세피아'라는 어감이 되게 좋다. 해봐라."라고 해서 H 하나를 붙인 후

이름을 만들었습니다. 그것이 'Style, Economy, Power, Hi-tech, Idea, Auto'의 약자 'SEPHIA'가 된 것입니다. 그 당시 제가 기아에서 근무할 때, '세피아'라고 하면 미국인들이 놀라곤 했습니다. 차 이름은 작명이 굉장히 중요합니다. 발음도 좋아야 되고 어감도 좋아야 됩니다. 한글 이름으로 지으면 받침이 들어가서 영어로 작명할 때 어려운 이름이 되는 경우가 많습니다. 또 사람들이 기억하기 쉬운 이름이어야 합니다. 그 예를 들면, '쏘나타'는 유럽에 수출할 때는 '쏘니카'라고 하여 수출을 합니다. 이름 중에 음악 이름으로 지은 이름에 특허가 겹치는 게 있어서 '쏘니카'라고 판매하는 것입니다. 그리고 '엑셀'도 로터스의 스포츠카 중에 '엑셀'이 있기 때문에 영국에 판매할 때는 '포니'라는 이름으로 판매합니다.

자동차 디자인에서 어디까지가 '디자인'이고 어디까지가 '스타일링'이라고 할 수 있을까요?

자동차 산업에서 디자인이라는 말은 사실 스타일링과 같이 쓰이고 있고 통용되기로는 둘이 같습니다. 굳이 이야기하자면, 디자인은 자동차의 좀 더 설계적인 면과 연결된 말입니다. 디자인의 뜻이 '계획'이지 않던가요? 자동차 디자인은 엔진 같은 것들과 각종 부품들의 위치를 어떻게 설계할지를 결정하는 것을 의미하는 것이고 자동차 스타일링은 외부에 좀 더 치중한 말입니다. 내부가 형성이 되었다고 가정했을 때 어느 부분에 얼마나 곡선을 줄 것인지, 어떤 부분을 어떤 형태도 꾸밀 것인지, 비율은 어떻게 줄지를 결정하는 것이 스타일링인 것이죠.

마지막으로 교수님께서 개인적으로 꿈꾸시는 일에 대해 듣고 싶습니다.

제 연구실에는 자동차 모형이 200대 정도 있습니다. 앞으로 15년을 더 모아 3000대를 채워서 자동차 역사 150년을 재현한 자동차 박물관을 여는 것이 하나의 목표입니다. 모형 작업 공간, 주차장, RC카 경주장도 만들어 놓으려고 합니다. 모형을 좋아하시는 분이 와서 작업도 할 수 있게 하고 싶습니다. <small>메타디자인연구실</small>

"본인 소유의 자동차가 있어야 마땅한 것으로
여겨지기 시작한 것은 '쏘나타'때부터입니다.
생활필수품이라는 인식은 그때부터 시작되었고
이제는 모두가 갖고 있죠. 그리고 지금은
'소유하느냐 마느냐'보다는 '어떤 걸 가지고 있냐'의
개념이 큰 시대입니다."
채영석 편집 국장 인터뷰 中

"'포니'는 한국인에게 단지
소형차가 아니라 자가용이었던 것입니다.
자가용은 성공해서 돈을 잘 번다는 것을
의미했습니다. 그 당시 아버지 세대에게 '포니'는
소형차가 아니라 성공의 상징이었던 겁니다."
구 상 교수 인터뷰 中

아버지의 자동차

1

흘러가는 자동차, 흘러가는 아버지

조철현

조민규의 아버지
1961. 11. 19

군인 할아버지 아래에서 3형제 중 첫째로 태어났다. 할아버지는
베트남전에 참전하였기 때문에 할머니 슬하에서 동생 둘을 돌보면서
책임감 있게 성장했다. 학창시절에 태권도 선수생활을 했으나
늦게나마 공부를 시작하여 건축학과에 입학했다. 대학 생활을 공부에
전념했으며, 회사생활에서도 다른 고학력 동기 들보다 더 노력했다.
그래서 36세라는 이른 나이에 건축사 시험에 합격해 곧 회사의
대표이사가 됐다. 1남 1녀를 두었으며, 강남 도곡아파트에 첫 신혼집을
구했다. 이후 계속 강남에서 생활했으며 점점 넉넉 한 생활을 하게 됐다.
2014년 관악구 대학동으로 이사했고 2016년 현재는 회사 일을
최대한 줄였으며, 사업 투자를 하고 있다. '재미있게 살아야지'라는
생각으로 일상생활을 즐기고자 노력하고 있다. 하지만 돈을 쓰고 즐기는
것에 익숙하지 않아 재미있게 사는 것에 어려움을 겪는다.
본인은 돈을 쓰는 것보다 버 는 것이 훨씬 즐겁다며 후줄근한
옷차림으로 일하고 있다. 따라서 '드림카' 같은 것은 없으며 아직도
20년 동안 몰았던 쏘나타 3를 거리낌 없이 운전하고 있다.

1970

**'서울시 성동구 왕십리'
주택 거주**

주택(1968 ~ 1973) / 56m²

브리사, 할아버지의 군용차

군용차
할아버지는 육군 대령의
계급으로 3군 사령부
참모총장 비서였다.
군용차와 운전병을
제공받았기 때문에 개인적인
자가용을 구입할 필요가
없었다. 당시 군용차는
대부분 검은색이었다.

71

←
"1974년:기아산업, 고유모델 소형
차 브리사 출시". Retrieved April,
15, 2016 from https://goo.
gl/2q3Zwn

삼 형제와 장독대
장독대는 어린이들의
놀이터였다. 맏이인 아버지는
두 명의 동생들과 장독대에서
자주 놀았다. 비포장 된
거리에서 종일 노니까
꼬질꼬질할 수밖에 없었다.
그때는 이도 많았다.
지금처럼 샤워시설이 있지
않아 목욕을 1년에 2~3번
했는데, 할아버지가 아들
셋을 데리고 목욕탕을
가면 때를 밀어주느라 아주
지쳤다. 겨우내 묵은 때는
아주 새까맸다.

둘째 삼촌(가운데), **아버지**(오른쪽)

장독대의 삼 형제 (왼쪽부터 셋째
삼촌, 둘째 삼촌, 아버지)

72

왕십리 집에서 (왼쪽부터 둘째
삼촌, 아버지, 할머니)

73

**'서울시 광진구 화양리'
주택 거주**

할아버지, 월남전에서 귀국

주택(1973 ~ 1974)
/ 198m²

할아버지의 월남전 귀국
할머니는 할아버지의
군인봉급과 베트남 파병
급여를 한 푼 쓰지 않고
화양리에 주택을 구입했다.
화양리에 1년 거주하고
광진구 능동의 큰 집으로
이사를 했다. 이층집이며
수영장도 있었던 집이다.
이곳에 약 2년간 거주했다.

74

**'서울시 광진구 능동' 주택
거주**

주택 1층(상), 2층(하)
(1974 ~ 1977) / 231m²

아버지, 능동 주택에서

강남의 부동산 개발
중곡동에서 2년간 살다가
강남구 도곡동의 주택을 샀다.
이때 처음으로 강남에
들어왔으며, 이후 강남의
부동산 개발과 함께 계속
강남에 살았다. 그리고 4년 뒤
도곡동에 100평 부지의
집을 지었다. 당시 서울은
부동산 붐이었고, 강남구는
신도시였기 때문에 미나리꽝,
배추밭이 많은 촌이었다.
개인 주택이 하나 둘 생겼고
그에 따라 도둑이 정말
많았다. 할머니는 도둑이
너무 많아, 도저히 무서워서
주택에 못 살겠다 고 했다.
그래서 할머니는 이내 아파트
분양을 신청했다.

직접 지은 도곡동의 개인 주택

개인 주택 살 당시 아버지

'서울시 강남구 도곡동
신동아아파트' 거주

'강남구 대치동
쌍용아파트' 분양 신청

'서울시 강남구 대치동
쌍용아파트' 거주

할아버지, 한국일보 입사

대치 쌍용아파트
(1983 ~ 1991) / 152m²

→
출처: "현대 스텔라",
Retrieved June, 4, 2016
from goo.gl/9RBBwY

스텔라, 할아버지의 회사차

할머니, 도곡동 개인주택에서

할아버지, 도곡동 개인주택에서

할머니의 혜안
할머니는 경제적인 능력이
엄청난 사람이다. 특히
할머니의 부동산을 보는 눈은
특별했다. 삼 형제를
키우면서 얼마나 모질게
아끼면서 사셨는지 모른다.
현재 우리가 이렇게 생활할 수
있는 것은, 모두 할머니가
일궈놓은 덕이다. 할아버지의
성실함도 중요했지만,
할머니의 부동산을 보는 눈이
없었다면 우리의 생활은
지금 이 모습이 아닐 거다.
할아버지의 유언에도
할머니가 무에서 유를
창조했다고 언급하고 있다.
아버지 인터뷰 中

대치 쌍용아파트
(왼쪽부터 둘째 삼촌, 할아버지,
누나, 아버지, 할머니, 어머니, 나)

한국일보 임원이 된 할아버지
할아버지는 제대 후,
한국일보의 임원으로 있었기
때문에 자동차와 운전기사를
받았다. 이때 운전기사가
수동조작을 정말 안정적으로
운전했다. 아버지는
어깨너머로 수동조작을 배워,
훗날 프라이드 베타를 탈 때
수월하게 운전할 수 있었다.
이때까지도 자가용을
따로 사지 않았던 이유는
당시 외식을 하거나
쇼핑을 가는 문화가 없었기
때문이다.

→
출처: "현대 쏘나타",
Retrieved June, 6, 2016 from
http://reporterpark.com/1185

쏘나타, 할아버지의 첫 자가용

건축회사에 입사한 아버지
처음에는 사원으로
입사했지만, 건축사 시험에
합격한 뒤 실장으로, 그리고
대표이사가 되었다.
아버지에게 이 회사는
첫 회사이며 마지막 회사이다.
아버지는 이곳에서 30년
가까이 몸을 담았다.

쏘나타 (왼쪽부터 누나, 할아버지)
자가용을 처음 구매하신
할아버지
할아버지가 근무지를
옮기면서 자비로 쏘나타를
구입했다. 대게 아버지가
차를 몰았고, 할아버지의
기사 노릇을 했다.

임원의 권위
스텔라

제조사 현대자동차
차종 중형
배기량 1,500cc
생산기간 1983 ~ 1997

출처: "현대 스텔라", Retrieved June, 4, 2016 from goo.gl/9RBBwY

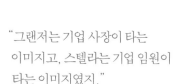

"그랜저는 기업 사장이 타는
이미지고, 스텔라는 기업 임원이
타는 이미지였지."

할아버지의 '스텔라'

80년대 초반에는 자가용의 개념이 익숙하지 않았다. 할아버지는 언론사 관리국장이었기 때문에 회사에서 스텔라와 운전사를 제공했다. 할아버지의 자동차는 회사에서 업무용으로 제공했기 때문에 가정의 편의를 위해서 사용하는 자가용이 아니었다. 아버지 본인도 자가용의 필요성을 그다지 못 느꼈다고 하는 데, 당시 외식을 하거나 쇼핑을 하는 문화가 없었기 때문이다. 자동차를 통해 누리는 문화가 생긴 것은 88올림픽이 기점이었다. 점점 자가용의 소비가 활발해지고 자동차가 대중화되기 시작했다. 스텔라는 배기량에 비해 차가 컸고 '임원이 타는 차'라는 특정 이미지가 있었다. 그 당시 스텔라보다 높은 급의 차는 그랜저였는데, 80년대 최고의 자동차였다. 스텔라가 '임원이 타는 차'라면 그랜저는 '사장이 타는 차'였다. 그랜저는 직각의 형태가 많아 '각 그랜저'라 불리며, 이러한 각의 이미지와 함께 대한민국 고급 승용차를 상징했다. 그랜저가 도로 위를 달리고 있으면, 기업 사장이거나 잘나가는 건달이기 때 문에 아무리 경찰이라도 함부로 차를 세울 수 없었다. 그랜저는 도로 위에서도 경찰이 함부로 잡지 못할 정도로 사회 지도층이 타는 자동차였기 때문이다. 80년대는 군부세력이었고, 자동차가 강력한 위상을 대변하는 풍토였다.

〔세기의 車 디자이너〕 1. '20세기 최고 디자이너' 조르제토 주지아로
1983년엔 프로젝트 명 'Y'로 불렸던 미래지향적 쐐기형 스타일의
국내 최초 중형승용차 스텔라(1983)가 주지아로에 의해 출시됐다.
당시 스텔라도 포니에 버금가는 인기를 구가했다. 현재 한국계이면서
자동차 디자인 분야에서 이름을 떨치고 있는 메르세데스-벤츠
어드밴스드(선행) 디자인 스튜디오 총괄 이일환
디자이너(휴버트 리 · 39)는 '어린 시절 주지아로의 작품이자
아버지가 몰고 다녔던 현대차의 스텔라를 보고 디자이너의 꿈을
키웠다'고 말하기도 했다.
출처: "〔세기의 車 디자이너〕 1. '20세기 최고 디자이너' 조르제토 주지아로", 〈경향비즈〉, 2013. 4. 16

배우 금보라나 안성기도 스텔라를 뽑았을 정도로 인기가 많았다
출처: "중형승용차 최초로 독자 개발 – 스텔라(1983년 현대자동차)".
Retrieved June, 15, 2016 from http://jungsstory.tistory.com/7

스텔라, 1987년 10월 '88 서울올림픽' 공식 승용차로 지정

출처: "1987/10 광고", 〈현대 자동차 H Library〉, 1987. 7

"스텔라는 '으뜸가는 별'을 뜻하며, 고급승용차의 상징입니다."
출처: "1983/5 광고", 〈현대 자동차 H Library〉, 1983. 7

출처: "스텔라", 〈현대 자동차 H Library〉, 1984. 7

출처: "스텔라", 〈현대 자동차 H Library〉, 1984. 7

출처: "스텔라", 〈현대 자동차 H Library〉, 1984. 7

출처: "스텔라", 〈현대 자동차 H Library〉, 1985. 7

출처: "스텔라 연도별로 신문광고덜~", Retrieved June, 7, 2016 from http://blog.naver.com/bf101/10099076036

출처: "현대자동차의 역사 - 스텔라",
Retrieved June, 7, 2016 from http://goo.gl/3HikMB

출처: "스텔라 연도별로 신문광고덜~",
Retrieved June, 7, 2016 from http://blog.naver.com/bf101/10099076036

「스텔라」가 까다로운 캐나다 市場에 輸出됩니다.

출처: "스텔라 연도별로 신문광고덜~", Retrieved June, 7, 2016 from http://blog.naver.com/bf101/10099076036

이것이 「스텔라」의 뛰어난 經濟性입니다.

출처: "한국의 자동차기술 첫 걸음에서 비상까지-12. Y카 스텔라 프로젝트의 시작", 《Global Auto News》, 2012. 1. 5

출처: "현대자동차의 역사-스텔라",
Retrieved June, 7, 2016 from http://goo.gl/3HikMB

출처: "현대 스텔라 Hyundai Stella (1983~1997)",
Retrieved June, 14, 2016 from http://goo.gl/FLgmQq

아버지의 자동차 - 흘러가는 자동차, 흘러가는 아버지 | 조철현

177

도곡아파트 (1992 ~ 1998)
/ 50m²

출처: "Kia Pride",
Retrieved June, 4, 2016 from
http://a2goos.com/kia-pride.html

프라이드 베타, 아버지의 작은 세단

**엘리베이터가 없는
5층 아파트**

도곡아파트는 엘리베이터가
없는 5층 아파트였다.
게다가 우리 집은 5층에
살았기 때문에, 매일 많은
계단을 오르내려야 했다.
영어 강사인 어머니가 가장
힘들어했다. 많은 책을
들고 다녀야 했기 때문이다.
5층까지의 계단은 견뎌야
했던 보릿고개였고,
내 이마에 흉터를 남겼다.

세단의 욕망, 프라이드 베타

아버지 최초의 자동차는
프라이드 베타 1.3이었다.
회사 업무 중 아파트 현장과
상업시설 감리 때문에
구매했다. 이 차를 산
결정적인 이유는 당시 유일한
세단형 소형차였기 때문이다.
소형차의 비용으로 '세단'의
품격을 얼핏 느낄 수
있었던 것은 큰 매력이었다.

창문의 수동 제어

프라이드는 창문을
오르내릴 때 수동으로
손잡이를 돌려야 했다.
뻑뻑하고 수고로움 때문에
엄청 귀찮았다. 이후
쏘나타 3에서 버튼만으로
창문을 여닫았을 때의
그 기분을 잊지 못한다.

출처: "건재하다, 93년산 옥색
프라이드", Retrieved May, 20, 2016
from goo.gl/Sb09sb

도곡 아파트에서 나와 누나

할아버지의 '쏘나타'에서 나와 누나

도곡 아파트에서
프라이드 베타, 나, 누나

진달래아파트
(1998 ~ 2001) / 73m²

→
출처: "5세대 쏘나타3",
Retrieved June, 12, 2016
from goo.gl/PGgAE2

쏘나타 3, 건축사의 자긍심

짜릿한 건축사 면허 합격

당시의 모든 건축학도의 꿈은
건축사 라이센스를 취득하는
것이었다. 건축사 면허는
건축 실무 경력이 7년 이상
필요했다. 따라서 적은
월급과 수당 없는 야근을
반복해도, 오로지 건축사
면허를 취득하고자 하는 꿈과
희망이 있었다. 건축사
면허가 고시처럼 힘들었기
때문에 합격 순간에는
몸이 붕 떠서 마치 날아갈
것만 같았다.

아버지의 승진

쏘나타 3는 아버지의 승진을
의미했다. 건축사 시험에
합격하니, 회사에서 골드,
풀옵션, 1,900만 원의
쏘나타 3를 제공했다.
그 차는 아버지가 타기에
과분할 정도로 품격이 있었다.
주변의 부러움을 받으며
이 차를 애용했는데, 20년이
지난 지금까지도 애용하고
있다. 쏘나타 3에는 남다른
애착이 있다.

보이지 않는 아파트 차별

이사한 이유 중 하나는
도곡아파트가 무시당했기
때문이다. 도곡아파트는
가장 낙후됐고 비교적
넉넉하지 못한 사람들이
거주했다. 또래 학부모들
사이에서도 이 아파트 주민은
기를 펴지 못했다. 심지어
학교 교사들도 도곡아파트
학부모를 달갑지 않아 했다.
보이지 않는 차별이
있었다. 아이러니한 점은
5년 뒤, 도곡아파트는
렉슬아파트라는 이름으로
최고급 아파트 단지가 됐다는
것이다. 그 배경에는 아파트
재건축이 있었다.

아버지의 건축 회사에 놀러간 나

도곡아파트의 과거 (상), 현재 (하)
출처: "도곡 주공 13평형 '7억도
바라본다'", 〈주간동아〉, 2002. 9. 5/
"도곡렉슬", Retrieved May, 27, 2016
from https://namu.wiki/w/도곡렉슬

아버지의 작은 세단
프라이드 베타

제조사 기아자동차
차종 소형
배기량 1,323cc
생산기간 1990 ~ 2000

출처: "Kia Pride". Retrieved June. 4. 2016 from http://a2goos.com/kia-pride.html

"소형차 중에서 가장 마음에
드는 차, 가장 자동차다운 차는
프라이드 베타였지. 소형차지만
세단과 비슷한 외관이 마음을
끌었어."

아버지의 '프라이드 베타'

아버지는 건설회사에서 근무하면서 현장감리를 위해 자가용이 필요했다. 월급이
많지 않고 아버지 수준에 맞는 자동차 중에서 사야 했는데, 그것이 프라이드 베타
1,300cc였다. 현대차 중에 프라이드가 가격이 저렴했으며 소형차라 부담 없이
운전할 수 있었다. 구매 결정에 가장 큰 영향을 준 것은 외형이었다. 시리즈
중 유일하게 노치백 스타일(세단 형태와 같이 트렁크 부분이 길쭉한 스타일)이기
때문이다. 이전의 프라이드는 소형차에 걸맞게 해치백 스타일(지붕과 트렁크가
일자로 떨어지는 스타일)로서 트렁크가 납작했다. 하지만 프라이드 베타는 노치백
스타일로서 비록 조그마한 소형차이지만 세단의 형태를 띠었다. 나름 중형차의
구색을 한 것이다. 아버지는 가용할 수 있는 금액 내에서 세단의 구색을 갖춘
프라이드 베타를 구매했다. 프라이드 베타는 심지어 레이싱카에서나 볼 수 있는
날개가 장착돼 있다. 소형차의 정체성과 맞지 않는 날개와 노치백 스타일이
구매 욕구를 충분히 불러일으켰다. 아버지의 첫 번째 자가용이다. 당시 건축사라는
직업을 꿈꾸며 직장생활과 공부를 병행했다. 나와 누나는 아직 어려서
4인승 소형차로도 자가용으로 손색이 없었고 아버지가 건축사 시험에 합격하고
중형차를 샀다.

세단형 프라이드 베타 기아자 내일부터 시판

기아자동차가 트렁크가 있는 노치백 스타일의 프라이드 베타를 개발,
21일부터 시판에 나선다.

출처: "세단형 프라이드 베타 기아자 내일부터 시판", 〈경향신문〉, 1990. 11. 20

프라이드 세단 첫선

기아자동차가 세단형 프라이드인 프라이드 베타를 개발, 21일부터
판매에 들어갔다. 그동안 뒷트렁크 부분이 없는 해치백형의
프라이드만 생산해온 기아자동차는 소비자의 다양한 수요에 대응,
87년 1월부터 노치백형의 개발에 착수했었다.

출처: "프라이드 세단 첫선", 〈매일경제〉, 1990. 11. 20

「길어진 프라이드」 시판

기아자동차가 기존 프라이드(해치백형)를 세단형으로 변경한
소형승용차를 새로 개발, 21일부터 시판하기 시작했다.
기존 해치백형의 프라이드에 트렁크 부분이 더 연장된 노치백형
신모델(프라이드 베타)은 뒷모습이 달라졌기 때문에 과거의
프라이드와는 다른 차처럼 느껴진다는 것. 실제로 차 길이는 프라이드
베타가 3m 93cm 5mm로 현대 엑셀의 4m 27cm 5mm보다 34cm,
대우의 르망 GTE보다는 약 46cm가량 짧으며 기존 프라이드보다는
37cm 길다. 차량의 폭은 1m 60cm 5mm로 엑셀과 같고
르망보다는 약 6cm 정도 좁다.

출처: "「길어진 프라이드」 시판", 〈동아일보〉, 1990. 11. 23

출처: "프라이드의 세계가 넓어졌다.", 〈기아자동차 정보도서관〉, 1990. 8

프라이드의 리어 윙(Rear Wing Spoiler)

출처: "기아 프라이드 베타(후기형) 후측면",
Retrieved May, 15, 2016
from https://goo.gl/U94ckg

출처: Retrieved May, 15, 2016
from http://goo.gl/MSCQ4I

출처: "프라이드 소개합니다. (91년산) 베타
검라이드", Retrieved May, 15, 2016
from http://goo.gl/xpTuq3

출처: "91년도 프라이드 베타 세단 (프랑이)",
Retrieved May, 15, 2016
from http://goo.gl/tKvRqW

출처: "기아자동차의 「프라이드 베타」", 〈매일경제〉, 1995. 11. 15

"**프라이드 베타는 심지어 레이싱카에서나 볼 수 있는 날개가 장착돼
있다. 소형차의 정체성과 맞지 않는 날개와 노치백 스타일이 구매
욕구를 불러일으켰다.**" 아버지 인터뷰 中

프라이드 경제성에 품위를 더한 4도어 세단―
「프라이드 베타」의 더 큰 자부심입니다

출처: "기아차, 90년형 신제품 프라이드 베타 탄생!_카탈로그(리플렛 9011)", Retrieved May, 16, 2016 from http://blog.naver.com/soondy7/140170954874

출처: "기아차, 90년형 신제품 프라이드 베타 탄생!_카탈로그(리플렛 9011)",
Retrieved May, 16, 2016 from http://blog.naver.com/soondy7/140170954874

출처: "기아자동차, 출발! 91년형 "프라이드"_카탈로그(리플렛 9101)",
Retrieved May, 16, 2016 from http://blog.naver.com/soondy7/140169007765

출처: "기아자동차, 출발! 91년형 "프라이드"_카탈로그(리플렛 9101)",
Retrieved May, 16, 2016 from http://blog.naver.com/soondy7/140169007765

출처: "기아 94년형 '프라이드가 더욱 멋있어졌다!' 프라이드베타_카탈로그(리플렛)", Retrieved May, 16, 2016 from http://blog.naver.com/soondy7/140151636589

출처: "30~ 21회 대상 수상작", Retrieved May, 17, 2016
from http://jad.joongang.co.kr/award/award_21.html

출처: "30~ 21회 대상 수상작", Retrieved May, 17, 2016
from http://jad.joongang.co.kr/award/award_21.html

출처: "30~ 21회 대상 수상작", Retrieved May, 17, 2016
from http://jad.joongang.co.kr/award/award_21.html

건축사의 자긍심
쏘나타 3

제조사 현대자동차
차종 중형
배기량 1,796 ~ 1,997cc
생산기간 1996 ~ 1998

출처: "5세대 쏘나타3", Retrieved June, 12, 2016 from goo.gl/PGgAE2

"지금도 쏘나타3를 거리낌 없이
타고 다니면 주변에서 아직도
이런 차를 타느냐고 묻곤 하지만,
그때에는 나이에 비해 좀 이른 거
아니냐고 물었다."

아버지의 '쏘나타 3'

쏘나타 3는 아버지의 애마다. 약 20년째 사용하고 있는데, 이 자동차는 아버지가
구매한 것이 아니라 회사에서 사준 자가용이다. 아버지는 96년에 건축사 시험에
합격해서 회사에서 이 차를 대표이사의 자격으로서 제공했다. 합격은
아버지에게, 우리 가족에게 큰 의미가 있었고 큰 변화를 가져왔다.
아메리카익스프레스 카드회사에서 카드 발급을 해주겠다고 연락 왔으며, 다른
20여 개의 카드회사에서도 끊임없이 전화가 왔다. 마찬가지로 쏘나타 3도
아버지에게 다가온 성공의 표상이었다. 엔진은 2,000cc가 넘는 것이니 당시 최고의
배기량이었다. '풀옵션 골드'로서 높은 품격을 가졌다. 지금은 이 차가 많이
오래됐고 어디를 가나 허름한 이미지를 벗지 못한다. 아버지 또한 어느새 머리에
눈이 많이 내렸다. 젊을 적 당당한 모습으로 활동할 때, 항상 옆에 있었던
쏘나타 3의 당찬 모습은 사라졌다. 하지만 여전히 아버지는 쏘나타 3를 찾는다.

그 명성 그대로, 역시 쏘나타3
중형차 시장에서 독주하며 상반기 히트상품으로 선정
출처: "그 명성 그대로, 역시 쏘나타3", 〈현대 자동차 H Library〉, 1996. 7

쏘나타 3년째 1등
현대자동차가 생산하는 중형 승용차인 쏘나타가 지난해에도 국내
내수시장에서 가장 많이 팔려 3년 연속 베스트셀러 카 자리를
지킨 것으로 나타났다. 또 소형승용차 부문에서는 엑센트, 준중형은
아반떼, 대형은 그랜저가 가장 많이 팔리는 등 현대자동차가 승용차
내수시장에서 부문별 베스트셀러카를 휩쓸었다.
출처: "쏘나타 3년째 1등", 〈한겨레〉, 1997. 1. 11

올 최고 인기차종 쏘나타 3
본사 집계에 따르면 쏘나타3는 올 들어 11월까지 내수시장에서만
총 15만 2,252대가 팔린 것으로 밝혀졌다. 이에 따라 쏘나타3가
국내 승용차 가운데 최고의 인기 차종임이 입증됐다. 이로서
쏘나타 3는 지난해 3월 출시된 후 올해 연속 수위를 기록해
현대자동차의 주력 모델로 완전히 자리를 잡았다. 특히 중형차 시장뿐
아니라 전 차급에 걸쳐 가장 많이 팔려 내년 후속모델로 대체될 때까지
쏘나타3의 기세는 계속될 전망이다.
출처: "올 최고 인기차종 쏘나타3", 〈매일경제〉, 1997. 12. 10

불황에도 큰 차 많이 탄다
불황임에도 불구하고 여전히 큰 차가 잘 팔린다. 자동차사의
판매실적을 보면 중형 이상 차량은 호조, 소형차는 부진이라는 뚜렷한
명암을 보이고 있다. … 중형급 쏘나타3가 여전히 베스트셀러 카로
위력을 떨치고 있는 반면 소형차인 엑센트는 판매실적이 그 절반에도
못 미친다. … 현대자동차 관계자는 실제 소형차를 구입할 작정으로
왔다가 중형차로 바꾸는 경우가 허다하다며 높아진 소비성향을
전했다.
출처: "불황에도 큰 차 많이 탄다" 〈매일경제〉, 1997. 5. 14

65만 소비자가 뽑은 '97 소비자 만족대상'
쏘나타Ⅲ 가야농장 등 35품목 영예
한국 소비자축제 추진본부가 주최한 제2회 소비자축제에서
중형자동차 분야의 현대 쏘나타3, 과일 음료 분야의 건영식품
가야농장 등 35개 품목이 소비자만족 대상 수상 상품으로 선정됐다.
이들 제품은 지난달 22일 막을 내린 축제에서 132개 품목과의
경합을 뚫고 소비자 만족대상을 차지했다. 한국 소비자 축제 추진본부
전승희 국장은 2일 "소비자 만족대상을 뽑은 이번 축제에 전국에서
65만여 명의 소비자가 참여했다"며 "공산품에 대한 우리나라 소비자
의 만족도를 체계적으로 측정할 수 있는 행사였다"고 평가했다.
출처: "65만 소비자가 뽑은 '97 소비자 만족대상' 쏘나타Ⅲ 가야농장 등 35품목 영예",
〈매일경제〉, 1997. 12. 3

안전성 뛰어나 가장 인기있는 자동차 쏘나타Ⅲ 현대자동차
현대자동차는 88년 쏘나타, 92년 쏘나타2에 이어 지난해 2월 수출
전력형 중형세단인 쏘나타3를 출시했다. 쏘나타3는 출시되자마자
'96 모스크바 국제 모터쇼'에서 최우수 자동차에 선정되는 돌풍을
일으켰으며 여세를 몰아 국내에서도 가장 많이 팔리는 차종이 됐다.
쏘나타3가 쏘나타 시리즈의 영광을 무난히 이어가는 데는 국내는 물론
해외에서 효율적인 홍보활동을 통해 좋은 이미지를 구축한 점도 있다.
또 '가장 많이 팔리는 차가 가장 좋은 차'란 모토로 차량 광고와
홍보에서 적극적인 공세를 펼친 것도 한몫한 것이 사실이다.
출처: "안전성 뛰어나 가장 인기있는 자동차 쏘나타Ⅲ 현대자동차", 〈매일경제〉, 1997. 6. 24

출처: "현대차를 만든 그 차–쏘나타 역사④",
Retrieved June, 22, 2016 from http://blog.daum.net/carmania486/15949788

출처: "역대 현대 쏘나타 시리즈 신문광고", Retrieved June, 22, 2016 from http://goo.gl/i17pP2

출처: "[LF쏘나타] 출시기념, 국민중형차 '쏘나타 30년 역사'",
Retrieved June, 22, 2016 from http://goo.gl/GBr7kG

출처: "90년대 자동차 신문광고 2탄", Retrieved June, 22, 2016 from http://www.bobaedream.co.kr/view.php?code=national&No=841254

진달래아파트
(2001~ 2003) / 102m²

세연파크뷰아파트
(2003~ 2006) / 119m²

오나타 ONATA
쏘나타 3는 엠블럼
SONATAⅢ가 각각
분리되어 있는데다, 글자체
또한 얇고 가느다란 고무
재질이 었다. 따라서
손톱만으로도 쉽게 뗄 수
있어 많은 쏘나타 3들이
S가 없는 '오나타'가 되곤
했다. 아버지 쏘나타 3의
S도 이내 누군가 떼갔다.
나도 다른 차의 S를
떼어 아버지의 차에 다시
붙였다.

O5

실내 건축회사 설립

누나, 중학교 졸업

할아버지 별세

에쿠스, 권위와 재력의 상징

사업 확장의 준비, 에쿠스

2005년에 아버지는 실내 건축회사를 설립했다. 이 과정에서 에쿠스를 샀다. 회사 운영을 위해 고급승용차의 필요를 느꼈기 때문이다. 에쿠스 렌트는 하루에 20만 원을 호가했고, 지속적인 필요성을 느껴 구입 했다. 에쿠스가 일에 도움이 될까 했는데, 도움이 되지는 않았다.

할아버지의 죽음

할아버지의 죽음은 집안의 많은 것을 바꿨다. 살아온 세월을 곰곰이 돌아보며, 각자에게 영향을 줬다. 특히 할머니의 사고방식이 많이 변했다. 할머니는 전에 누리지 못했던 것들을 서서히 누리기 시작했다. 해외여행도 자주 가고, 쇼핑도 즐겼다. 할머니는 할아버지에게 더 잘해주지 못했던 것에 후회했다.

O6

'서울시 강남구 도곡동 렉슬아파트' 거주

도곡렉슬아파트
(2006~ 2008) / 165m²

출처: "에쿠스",
〈현대 자동차 H Library〉, 1999. 7

아버지는 강남 부동산 개발의 산증인

IMF의 여파로 집값이 많이 내려갔다. 많은 사람이 집값이 더 내려가기 전에 아파트를 처분했다. 하지만 김대중 정권이 들어서고 얼마 후 아파트는 정말 빠른 속도로 본래의 가격으로 되돌아왔다. 더 나아가, 아파트는 1년 사이에 강남 개발에 힘입어 가격이 더 올랐다. 당시 전문가들은 이렇게 오르는 건 굉장한 거품이며 더 오르지는 않을 거라 말했다. 주위 사람들도 이에 따라 하나둘씩 집을 처분했다. 하지만 아버지는 그러지 않았다. 2년 뒤 집값은 전문가들의 예상과는 달리 3배를 호가했다. 도곡아파트는 재건축이 지정되면서 가격이 더 올랐기 때문이다. 전문가들은 이때에도 이제는 '꼭지'라며, 더는 오르지 않을 거라 예상했다. 하지만 전문가들의 예측은 또다시 틀렸다. 재건축 이후, 전문가들의 의견이 무색할 정도로 가격이 또다시 폭등했다.

O7

O8

'서울시 강남구 대치동 세연파크뷰아파트' 거주

세연파크뷰아파트
(2008~ 2014) / 119m²

가장 넓었던 도곡렉슬아파트 (2006 ~ 2008)

다시 이사온 세연파크뷰아파트 (2008 ~ 2014)

O9

권위와 재력의 상징
에쿠스

제조사 현대자동차
차종 대형
배기량 3,497 ~ 4,498cc
생산기간 1999 ~ 2015

출처: "에쿠스", 〈현대 자동차 H Library〉, 1999. 7

"에쿠스는 역시 한국 최고의 차다.
대한민국에서 최고의 차를
타는 것은 분명한 의미가 있다."

아버지의 '에쿠스'

아버지는 실내 건축회사를 설립하면서 에쿠스를 구매했다. 에쿠스는 최고의
기능을 자랑했다. 강력한 엔진은 안정적인 주행을 돕고, 넓은 실내와 내부시설은
차 안에서 편안함을 제공했다. 여러 섬세한 기능들이 운전자를 배려했다.
하지만 이러한 편리한 기능들만을 위해 에쿠스를 구매한 것은 아니었다. 에쿠스는
사업가의 권위와 재력을 보여주는 기능도 했다. 당시 우리나라 최고의 차는
에쿠스였다. 에쿠스는 높은 유지비용과 큰 부피로 불편한 점이 많지만, 한국에서
특정 이미지를 전달했다. 나이, 지위, 재력의 정도를 에쿠스를 통해 확인할 수 있었다.
40대 이후의 권위 있는 사장 이미지, 주변 사람들에게 대우받는 사업가 이미지 등
이러한 품격을 간접적으로 제공했다. 아버지는 사업확장을 위해 에쿠스의
도움을 받았다.

에쿠스는 사장, 체어맨 장관이미지

1일 자동차 전문리서치회사인 에프인사이드가 최근 자가용 이용자 15만명을 대상으로 '당신이 영화감독이라면 영화 속의 다양한 출연인물이나 상황에 어떤 승용차를 사용할 것인가'를 묻는 질문에 국산 고급 승용차인 에쿠스는 중소기업사장(31.1%), 장·차관과 국회의원(30.2%), 대기업회장(26.5%)에 어울린다는 응답이 많았다. 체어맨은 장·차관이나 국회의원 등 공직자(33.5%)에게 잘 어울린다는 대답이 1위로 가장 많았고, 중소기업 사장(32.2%), 중년 전문직 종사자(22.6%) 등의 순이었다.

출처: "에쿠스는 사장, 체어맨 장관이미지", 《문화일보》, 2003. 9. 1

CEO 선호 1위 … 에쿠스, 발렌타인, 에르메스

경영전문지 월간현대경영은 27일 국내 500대기업 최고경영자(CEO) 158명을 대상으로 '올해의 CEO 명품'을 조사한 결과, SK텔레콤과 대한항공, 삼성 파브TV, 금강제화, 에쿠스 등이 1위를 차지했다고 밝혔다. 승용차는 현대차 에쿠스(55.06%)가 8년 연속 1위를 차지했고, 현대차 제네시스(15.82%)가 뒤를 이었다.

출처: "CEO 선호 1위…에쿠스, 발렌타인, 에르메스", 《연합뉴스》, 2010. 1. 27

사장님들은 에쿠스를 좋아해

경기불황에도 대당 1억원이 넘는 대형 고급세단이 인기몰이를 하는 이유는 뭘까? 현대차는 '사장님의 심리와 맞아 떨어졌기 때문'이라고 해석한다. 구매능력이 충분한 고객이 남의 시선을 의식하지 않을 수 있고, 성능 기능 안정성에서는 외국 차종에 뒤지지 않는 차로 에쿠스를 선택한다는 것이다. 현대차 관계자는 "자영업자는 부담 없이 외국산 차종을 즐기는 반면 외부 시선을 의식해야 하는 회사나 기관의 고객은 국내 차종을 선택하게 된다"면서 "에쿠스가 전문직이나 자영업자보다 기사를 두는 기업이나 관용 차량으로 많이 팔리는 것도 이 때문"이라고 설명했다.

출처: "사장님들은 에쿠스를 좋아해", 《연합뉴스》, 2010. 1. 27

출처: "에쿠스", 《현대 자동차 H Library》, 2004. 7

수리비 가장 높은 차량 에쿠스

보험개발원(원장 정채웅) 자동차기술연구소가 지난 16일, 최근 5년간 국내에서 출시된 주요 신차에 대해 RCAR 15km/h 저속충돌 시험 기준에 의한 손상성·수리성을 평가한 결과 모델별 차량 수리비가 상당히 큰 차이를 보였다. 17개 차량 중 수리비가 가장 높은 차량은 최고급 에쿠스(393만원)였고, 가장 낮은 차량은 경차인 마티즈 크리에이티브(91만원)였다.

출처: "수리비 가장 높은 차량 에쿠스", 《한국보험신문》, 2009. 12. 21

〈 주요 차량 연비 비교 (자동변속기 기준) 〉

*연간유류비는 1년 2만km 주행 기준.
휘발유 가격(L당 1479.6원)과 경유 가격(L당 1153.76원)은 한국석유공사 기준가(11월 14~18일)

출처: "같은 중형차로도…1년 기름값이 40만원 차이", 《조선일보》, 2005. 11. 23

출처: 〔광고로 보는 한국 자동차의 역사〕 82. 현대 에쿠스",
Retrieved June, 15, 2016 from http://goo.gl/Ry11go

출처: 〔광고로 보는 한국 자동차의 역사〕 82. 현대 에쿠스",
Retrieved June, 15, 2016 from http://goo.gl/Ry11go

출처: "현대 에쿠스", Retrieved June, 15, 2016
from http://www.carlife.net/bbs/board.php?bo_table=cl_4_1&wr_
id=5655

출처: "현대 에쿠스", Retrieved June, 15, 2016 from http://www.carlife.net/bbs/board.php?bo_table=cl_4_1&wr_id=5655

출처: "현대 에쿠스", Retrieved June, 15, 2016
from http://www.carlife.net/bbs/board.php?bo_table=cl_4_1&wr_id=5655

敬

더 큰 열정과 여유로 최고의 자리에 서 계신 분이기에

출처: "현대 에쿠스", Retrieved June, 15, 2016 from http://www.carlife.net/bbs/board.php?bo_table=cl_4_1&wr_id=5655

아들 민규, 고등학교 졸업

11

'경기도 성남시 수정구 태평동
오피스텔' 구입

아들 민규, 건국대학교 입학

12

아들 민규, 군 입대

13

누나, 강남세브란스병원 입사

아들 민규, 군 전역

14

어머니, 영어 강사 퇴직

'서울시 관악구 대학동
현대빌딩' 거주

인티움 오피스텔
(2011 ~ 2013) / 82m²

현대빌딩 (2014 ~) / 165m²

**"자기만의 공간을 갖고 싶다는
마음을 중년 남자들은
알 것이다"**

"너희들(아들, 딸)은 자기
방을 하나씩 갖고 있지만,
부부가 방을 하나씩 가질 수는
없다. 회사에서도 일하는
공간이지 내 방이라는 생각은
안 든다. 자식들의 아빠,
아내의 남편이 아닌 오직
'나'만의 공간을 갖고 싶었다.
내 또래 친구들, 나아가
중년 남자들은 모두 이 마음에
공감할 것이다. 오피스텔은
그런 이유로 샀다. 내 공간을
내 물건으로 채우는 경험은
정말 즐겁다."

아버지의 오피스텔

아버지의 야드로 수집

아버지의 위스키, 미니어처 술 수집

면회와 도토리
병영에 있는 나를 위해
부모님이 면회를 자주 오곤
했다. 구리IC에서 의정부로
올라가는 길을 통해 에쿠스를
타고 오는데, 한 시간 안팎의
시간밖에 걸리지 않았다.
내가 군대에서 양쪽 발목을
심하게 다쳐서 부모님이 많이
걱정하기도 했다. 명절엔
명절 음식을 가져다주곤
했는데, 부대 방문 때 종종
할머니와 어머니는 부대의
도토리를 주워 가기도 했다.

나의 군 복무 시절

어머니의 퇴직
어머니는 아파도 쉬지 않았고,
시간을 쪼개며 살림과 일을
병행했다. 현재는 일을
그만두고 취미생활을 하면서
여유롭게 지내고 있다.
지금의 여유를 과거의 열심히
일한 보상이라 생각하며
하루하루를 보내고 있다.
평생에 걸쳐 일해온
30년을 어머니는 이제야
보상받고 있다.

15

사업 시작

16

아들 민규와 누나 ,
'서울시 강남구 대치동
세연파크뷰아파트'로 분가

세연파크뷰아파트
(2016 ~) / 119m²

봉고 3, 중년의 노후 대비책

중년의 새로운 도전

아버지는 본업 외에 사업을
시작했다. 물건을 사고
운반하는 용도로 '봉고 3'를
중고구매했다. 실제로
봉고, 포터 같은 상용차가
중고매매가 활발하고,
구매자 대부분이 퇴직을
앞둔 50대라고 했다.

←
출처: "봉고3 냉온탑차 (BONGO3
Temperature control-TOP)",
Retrieved June, 4, 2016
from http://dk-trade.com/
gnuboard4/bbs/board.php?bo_
table = product_truck&wr_id = 33

남매의 독립

"자식들을 내보내서 살게
한다는 것은 아빠,
엄마로서의 모험일 수 있고,
한편으로는 너희가 스스로
살 기회를 제공하는 것이다.
선영이(딸)의 직장이
그 근처이고, 네 학교도
근방이니 너희들의 편의를
고려하여 경제적 뒷받침을
해주는 것이다. 이렇게
너희들만의 집을 제공해주고
포장이사, 정수기 설치,
에어컨 설치 등 다른 부가적인
생활시설도 설치하는 데는
정말 많은 비용이 든다.
그런데도 너희에게 집을
제공해줄 수 있는 건 큰
비용을 지원하더라도
너희들에게 독립적인
생활기반을 제공하고자 하는
것이다. 너희들은 이번
기회가 독립의 첫걸음이
될 수 있다. 아빠와 엄마의
도움은 여기까지다."

중년의 노후 대비책
봉고 3

제조사 기아자동차
차종 소형
배기량 2,500cc
생산기간 2004 ~

출처: "봉고3 냉온탑차 (BONGO3 Temperature control-TOP)", Retrieved June, 4, 2016
from http://dk-trade.com/gnuboard44/bbs/board.php?bo_table=product_truck&wr_id=33

"내 또래 많은 중년이 자영업을
시작한다. 왜냐하면 퇴직 후,
퇴직금으로 남은 노년을 충당하기
부족하기 때문이다.
하지만 자영업의 성공 사례는
정말 드물다."

아버지의 '봉고 3'

본업 외에 사업을 시작하면서, 물건을 싣고 운반해야 하는 용도로 상용차가 필요했다.
그래서 봉고 3를 구매했다. 처음에는 포터를 구매하려고 했는데, 봉고3가 적절한
조건으로 중고거래에 올라와서 구매했다. 봉고3는 3인승까지 가능하며, 탑차여서
물건을 신선하게 운반하기 좋다. 탑차란 보냉탑에 차량 냉동 기를 설치하여 일정
온도를 유지할 수 있는 설비를 설치한 트럭을 뜻한다. 이 차를 1,100만 원에
구매했는데, 직원들이 타고 다니며, 정작 아버지는 한 번도 타보지 않았다. 봉고나
포터 같은 트럭은 자영업자들에게 활발하게 거래되고 있다. 특히 퇴직을 한 50대들이
퇴직금으로 사업을 시작하는 경우가 많다. 왜냐하면, 요즘은 퇴직이 50대 초반에
이루어져 퇴직금으로 약 30년의 생활을 영위하기 때문이다. 주변에는 이런 이유로
자영업을 시작하는 50대 중년이 매우 많다. 집 옆 1층의 떡볶이 분식집을
운영하는 아저씨도 퇴직 이후, 퇴직금으로 분식집을 운영하는 것이다. 아버지는
우연한 계기로 사업을 시작했지만, 많은 중년이 퇴직 이후 노년 생활을 걱정하여
사업을 시작하고 있다.

쏘나타보다 많이 팔린 트럭 … '포터 지수'로 본 경기는?

서민들의 경제 생활과 가장 밀접한 차량으로 꼽히는 차가 현대차의
1톤 트럭 '포터'이다. 이삿짐이나 택배 물건을 싣고 옆 차선에서
달리는 차도, 길가에 세워진 푸드 · 야채트럭도 포터다.
'서민의 발'이라는 별칭이 무색지 않다. 때문에 자동차 업계에선
포터의 판매 추이를 통해 실물 경기 체감도를 가늠해 보기도 한다.
이른바 '포터 지수'다. 11일 자동차업계에 따르면 지난달 단일차종
내수 국산차 판매 1위는 8,632대가 팔려나간 포터였다. 서민들의
생계형 상용차 포터는 1,500만 원 안팎의 가격으로 다용도
실용성이 높은 데다 꾸준한 수요로 중고차 가격도 높아 인기가
꾸준하다. 포터의 형제 격인 기아차 '봉고'(4847대)도 9위로
톱10 안에 나란히 들어 1톤 트럭 전성 시대를 방불케 했다. … 자동차
업계에선 포터의 판매 급증을 불황의 '바로미터'로 여기기도 한다.
경기 불황으로 대량 실직이 이어지면 소상공인 · 자영업자가 늘어나고,
이에 따라 포터 수요도 증가하는 것이란 분석이 일반적이다.
2012년 이후 매년 포터 판매가 늘고 있는데, 얼어붙은 체감 경기는
이 같은 분석에 힘을 싣는다. 지난해 포터는 최대 연간 판매량인
9만 9,743대를 기록했는데, 올해에는 처음으로 10만대 판매 달성을
이룰 것이란 예상도 나온다. '포터 지수' 논리를 적용하면 현재
현장에서 느끼는 체감 경기는 최악으로 치닫고 있는 셈이다.
출처: "쏘나타보다 많이 팔린 트럭 … '포터 지수'로 본 경기는?" 〈머니투데이〉, 2016. 2. 12

업무효율성과 작업효율성을 극대화

공장이나 물류창고에서 사용하시면 최적의 효율을 발휘하는 화물차가
여기 있습니다. KIA 봉고3 트럭이 귀하의 번영을 위해 새로운
모습으로 다시 태어났습니다.
출처: "(자동차리스/오토리스)기아 봉고3트럭 1톤 4X4 킹캡 장축 리미티드(LIMITED) 리스 견적,
비용, 제원, 가격, 카다로그" 〈오토리스 네이버 블로그〉, 2012. 10. 10

퇴직자에게 생계형 창업 수요로 인기 '포터' 1~4월
베스트셀링車 '질주'

'영세 자영업자의 발'로 불리는 현대자동차의 1t 트럭 '포터'가 올 들어
국내에서 가장 많이 팔린 차종으로 등극했다. 경기 침체가 이어지면서
생계형 소형 상용차 판매가 꾸준히 늘어났기 때문이라는 분석이다.
5일 자동차 업계에 따르면 포터는 올해 1~4월 총 3만 4,305대가
팔렸다. 승용차와 상용차 부문을 모두 합쳐 대수 기준 판매 1위를
기록했다. 올 들어 매달 평균 8,500대 이상 팔린 셈이다. 포터는
2월에만 잠시 3위로 밀렸을 뿐 1월과 3, 4월에는 월간 판매 1위를
지켰다. 이런 추세라면 상용차로는 처음 연간 10만대 판매를
넘을 것이라는 예상도 나온다. … 업계에선 포터의 인기가 최근
이어지는 불황과 관련 있다고 보고 있다. 퇴직자들이 자영업에
뛰어들면서 포터 수요가 늘어났다는 것이다. 실제 포터는 노점상은
물론 이삿짐이나 택배 물건 등을 나르는 데도 많이 쓰인다. 가격도
1,500만원 안팎으로 비교적 부담도 적다. … 한편 기아차의
봉고 트럭도 올해 1만 9,739대가 팔리며 최다 판매 차종 9위에 이름을
올렸다. 한국GM의 봉고 트럭인 다마스와 라보도 같은 기간 각각
2,253대와 2,112대가 팔렸다. 두 차종의 지난달 내수 판매는 올 들어
월 기준 모두 최고 실적이다. 한국GM에 따르면 다마스와 라보
구매 고객의 70% 이상은 퀵서비스, 꽃, 신문, 식음료, 농수산물 등
배달 업종 종사자다.
출처: "퇴직자에게 생계형 창업 수요로 인기 '포터' 1~4월 베스트셀링車 '질주'" 〈서울신문〉,
2015. 5. 6

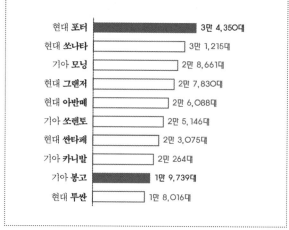

〈 1~4월 누적 베스트셀링카 순위 〉

- 현대 포터 : 3만 4,350대
- 현대 쏘나타 : 3만 1,215대
- 기아 모닝 : 2만 8,661대
- 현대 그랜저 : 2만 7,830대
- 현대 아반떼 : 2만 6,088대
- 기아 쏘렌토 : 2만 5,146대
- 현대 싼타페 : 2만 3,075대
- 기아 카니발 : 2만 264대
- 기아 봉고 : 1만 9,739대
- 현대 투싼 : 1만 8,016대

출처: "퇴직자에게 생계형 창업 수요로 인기 '포터' 1~4월 베스트셀링車 '질주'", 〈서울신문〉,
2015. 5. 6

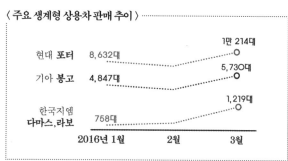

〈 주요 생계형 상용차 판매 추이 〉

- 현대 포터 : 8,632대 → 1만 214대
- 기아 봉고 : 4,847대 → 5,730대
- 한국지엠 다마스, 라보 : 758대 → 1,219대

2016년 1월 · 2월 · 3월

출처: "생계형 창업 3월 러시… 1t트럭 · 상용차 잘팔렸다." 〈문화일보〉, 2016. 4. 7

2

그 후로 중고차를 정말 싫어해

박세영

박혜원의 아버지
1961. 3. 12 ~

아이들이 뒷좌석에서 웃으며 놀고 있는 텔레비전 광고는 아버지의 눈에
단번에 들어왔다. 승합차가 세금이 저렴하다는 말로 어머니를 설득해
스타렉스를 샀다. 광고 속 차가 얼마나 탐났던지 광고모델과 같은 색상,
같은 옵션의 차량을 샀을 정도이다. 특히 그 시절, 한국에는 캠핑
붐이 처음 일어났다. 아버지는 스타렉스에 이어 온갖 캠핑용품을 사
가족여행에 더욱 열을 올렸다. 항상 바빴음에도 시간이 날 때마다
가족과 함께 보내려했다.

1960　　61　　62　　63　　64

경상북도 김천시

3남 2녀 중 첫째 아들로 출생
(1961. 3. 12)

양잠업 5개년 계획
'제2차 잠업증산 5개년
계획'이 추진되던
1968~72년 김천에서는
잠업농가가 급격히 증가했다.
… 남면 부상(扶桑)리는
신라 시대부터 불린 지명에
걸맞게 뽕나무밭이 가장
많았다. 80여 농가들은
집집마다 누에 10여 장(장당
누에 2만여 마리)을
사육하면서 여름철이면
누에 사육, 수매 등으로
정신없는 날들을 보냈다.
이 마을엔 아직 속칭
'번데기들'이라고 불리는
들녘이 있을 정도다.
출처: "왜 '새마을 운동'인가 (13)
양잠", 〈매일신문〉, 2006. 6. 2

할아버지와 7살의 아버지

영천에서 농잠업 시작
공무원직을 관두신
할아버지는 이모할머니의
권유로 정부로부터
토지를 싸게 임대해 누에를
키우기 시작했다.

기억 속의 자동차 1
미니버스

출처: "한국의 시대별 버스역사와 사진첩", Retrieved June, 14, 2016 from http://m.blog.daum.net/hmn4938/7101503

"차에 대한 처음 기억은 아마도 대구에 살았던 시절 탔던 미니 버스일거야. 그때 기름 냄새가 정말 구역질 났지."

아버지와 '미니버스'

자동차에 대한 기억은 미니 버스에 대한 것이 처음인 것 같다. 경상북도 김천 작은 동네에서 태어나 6살 무렵 집안 사정이 안 좋아지자 고향을 떠나 대구로 이사했다. 그때 대구 기차역에서 집이 있는 성북구 서변동까지 미니버스를 타고 다녔다. 자동차를 자주 타보지 못해 기름 냄새에 강한 거부감이 있었다. 매우 역하고 구역질이 났다. 하지만 아이러니하게도 차 뒤를 졸졸 따라다니며 맡는 매연 냄새는 좋아했다. 또래 친구들과 소독 차량을 따라다니는 것은 당연했고, 어떤 차종이든 매연과 함께 내뿜던 냄새가 신기하고 좋았다.

"할아버지는 가정과는 거리가 먼 자유로운 영혼이셨지."
풍류를 즐기던 자유분방한 공무원이셨던 할아버지. 부유했던 집안 형편이 급격하게 안 좋아지게 되었다. 5살이 되던 해 고향을 떠나 대구로 이사 가게 되었다.

새벽종이 울렸네. 새 아침이 밝았네. 너도나도 일어나 새 마을을 가꾸세
새마을운동은 70년 11월부터 71년 5월까지 박 대통령의 제창에 따라 농림부가 주관이 되어 1차 사업을 중심으로 실시됐다. 그러나 그 본격추진은 7대 대통령 취임 후인 71년 11월 박 대통령이 지방장관회의를 주재한 이후부터였다. 60년대의 1, 2차 경제개발 계획의 성공적 수행에서 자신을 얻은 박 대통령은 새마을운동을 통해 민족의 저력을 개발하여 도농의 차이 없이 균형 있는 조국의 근대화와 민족 중흥을 이루기 위한 원동력을 찾으려 한 것이라고 보겠다.
출처: "번영과 통일의 정초 (1)새마을운동", 〈경향신문〉, 1972. 12. 19

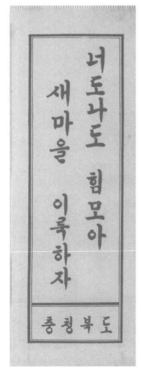

출처: "번영과 통일의 정초 (1)새마을운동", 〈경향신문〉, 1972. 12. 19

이모할머니의 권유로 영천으로 이사
공무원직을 관둔 할아버지는 당시 정부의 적극 권장으로 영천에서 양잠사업을 시작했다. 문학적 소질이 뛰어난 시인이기도 했던 할아버지의 시에는 농사 생활에 대한 의욕이 나타나기도 했다. 훗날 며느리에게 독후감 작성과 낭독을 시킬 정도의 문학을 사랑하던 할아버지였다. 하지만 생활력이 약해 양잠사업 또한 잘 안되었다.

정부, 양잠사업을 장려하다
'제2차 잠업증산 5개년 계획'이 추진되던 1968~1972년 김천에서는 잠업농가가 급격히 증가했다. 남면 부상(扶桑)리는 신라 시대부터 불린 지명에 걸맞게 뽕나무밭이 가장 많았다. 80여 농가들은 집집마다 누에 10여 장(장당 누에 2만여 마리)을 사육하면서 여름철이면 누에 사육, 수매 등으로 정신없는 날들을 보냈다. 이 마을엔 아직 속칭 '번데기들'이라고 불리는 들녘이 있을 정도다.
출처: "왜 '새마을 운동' 인가 (13)양잠", 〈매일신문〉, 2006. 6. 2

출처: "명주실 뽑다 손이 짓무른 10대 여공들… 누에치기로 시작된 1960년대 수출".
Retrieved June, 14, 2016 from http://pub.chosun.com/client/news/print.asp?cate=
C03&mcate=m1002&nNewsNumb=20151118705

첨성대 앞에서 아버지와 친구들

경부고속도로 개통
출처: "경부고속도로 개통",
Retrieved June, 14, 2016 from
http://navercast.naver.com/
contents.nhn?rid=26&contents_
id=2320

할아버지의 사업 실패
양잠사업에 실패한
할아버지는 할머니의 사촌이
운영하는 위생 회사에
취직하게 되었다. 아버지와
5남매는 회사가 위치한
김천으로 다시 이사했다.
당시 할아버지는 삼륜차를
몰고 다니며 일을 했다.
하지만 그에게 회사생활이
맞을 리가 없었고, 곧
관두게 되었다.

**"일주일에 한 번 아침에
김천역 앞에 조기 청소하러
갔었지."**

출처: "70년대 애향단 조기청소 모습",
Retrieved June, 14, 2016 from
http://www.redian.org/
archive/11154

**"그때마다 잔뜩 서있는
택시를 봤어."**

출처: "70년대 애향단 조기청소 모습",
Retrieved June, 14, 2016 from
http://www.redian.org/
archive/11154

**"고속버스 안내양이 어린
나이에도 참 예뻐보였어."**
집안 사정이 더욱 안 좋아져
더 작은 집으로 이사를 했다.
이사한 집 앞마당에서
김천 IC를 빠져나오는 차들이
보였다. 벤츠, 그레이하운드
같은 고속버스들이 주로
다녔는데 안내양이 매우
예뻤다.

**한국축구 부흥기
(차범근, 김재한, 허정무)**
김천 서부국민학교
동문이었던 김재한이 모교를
방문한다는 소식에 전교생이
수업도 하지 않고
터미널에 마중을 나갔다.
그때 그가 그레이하운드
고속버스를 타고 내려왔다고
전해 들었다.

축구화 광고 속 김재한
출처: "1973년 추억의 월드컵 축구화
광고", Retrieved June, 14, 2016
from http://blog.naver.com/
a5wo/220636777100

"그때부터 혼자 이모할머니
댁에서 살게 되었지."
중2 봄, 현실과는 너무 안
맞는 할아버지와 형제들은
고향으로 돌아가게 되었다.
전학하지 않고 김천
시내 작은 이모할머니 댁에서
살며 학교에 다녔다.
의도치 않게 빨리 독립을
하게 되었다. 그 덕에 생계에
대한 생각을 또래보다
빨리하게 됐다.

포니 최초 생산
출처: "서른 두 살 포니의 화려한
귀향", Retrieved June, 14, 2016
from http://m.blog.naver.com/
s5we/150128552643

공업고등학교 집중 육성
박 대통령은 경기도 내
실업고등학교의 실태를
알아본 뒤 "정부는 앞으로
4, 5년 내에 공사립을
막론하고 모든 공업고교를
현재의 일류 공고 수준까지
늘어올릴 계획"이라고
말하고 "경기도에서는
이 지역 출신의 실력 있는
기업인들에게 공고를
육성하도록 권유하라"고
당부했다.

출처: "박대통령 지시 기업인에
공고육성 권유", 〈동아일보〉,
1978. 2. 14

"기계 만지는 걸 참 좋아했지."
아버지는 어렸을 적부터 기계
를 매우 사랑했다. 고등학교
에서 많은 관련 지식을 습득했
다. 자동차에 관한 관심 또한
급격하게 증가하였다. 기계
정비에 소질을 보였다.
지금까지도 웬만한 기계와
자동차를 직접 정비한다.

고등학교 시절 아버지(가운데)

할아버지의 삼륜차

출처: "경제성장과 함께 달리는 삼륜차 '삼발이'", 《대한민국역사박물관》, 2014. 11. 14

"그 차가 위생 회사에서 쓰는 차라 주말에 가족끼리 물놀이를 가는데 차에서 똥냄새가 좀 났어."

아버지와 '삼륜차'

양잠사업을 그만둔 할아버지가 할머니의 사촌이 운영하는 김천 시내 위생 회사에서 근무하게 되었다. 할아버지, 할머니와 오 남매는 모두 김천으로 이사했다. 물론 양잠사업의 실패로 집의 형편은 한층 더 나빠졌다. 할아버지는 삼륜차를 몰고 다니며 김천 시내 공공시설물의 위생을 관리하는 일을 했다. 위생차가 일을 하지 않는 날이면 할아버지는 가족들을 태워서 감천 냇가로 물놀이를 가곤 했다. 가정적이지 않던 할아버지와의 이례적인 가족 나들이였다. 수박 한 덩이를 사서 삼륜차를 타고 냇가로 갈 때, 아버지는 꼬릿꼬릿 똥냄새가 나는 것 같다고 생각했다.

김천역 앞에서 조기 청소할 때 보았던 개인택시들

국민학교 시절 일주일에 한 번 피켓을 들고 김천역 앞에 조기청소를 하러 갔다. 주로 새마을운동에 관련된 문구가 적힌 피켓이었다. 선거철에는 박정희 전 대통령을 지지하는 문구가 적혀있었다. 간혹 "참지 못해 나왔다."라고 적힌 김대중 전 대통령의 문구 또한 있었다. 이른 아침 김천역 앞에는 유난히도 노란 개인택시가 많았다.

택시의 전성기 70년대

1970년 초부터 서울에 콜택시가 도입되었으며, 1978년 우리나라 택시는 LPG를 연료로 하는 택시가 운행되기 시작했다. 1979년에는 서울 지역에 1,250대의 호출택시가 등장해 고급택시로서 외국 관광객 수송에 이바지했지만 경기 침체로 인해 1981년 모두 일반택시로 전환됐다.

출처: "대한민국 택시 및 택시제도 100년의 역사②", Retrieved June, 14, 2016 from http://taxicenter.co.kr/bbs/board.php?bo_table=data&wr_id=19

기억 속의 자동차 3
그레이하운드 고속버스

출처: "그레이하운드 버스로 누비는 미국 서부여행-1부".
Retrieved June, 14, 2016 from http://125.141.142.140/route/1092

"당시 축구영웅이었던 김재한
선수가 그레이하운드 버스를 타고
온다는 소식에 아침부터
전교생이 다 같이 손뼉 치며
기다렸던 기억이 난다."

아버지와 '그레이하운드'

회사 생활 또한 잘 적응하지 못하셨던 할아버지 때문에 가정형편은 점점 나빠졌다. 집의 크기는 점점 작아졌고, 급기야 고속도로 요금소 옆으로 이사를 하게 되었다. 당시 경부고속도로가 개통한 지 얼마 지나지 않았을 때였다. 지금은 8차선 10차선도 좁게 보이나 그 당시에는 1차선, 2차선도 매우 넓어 보였다. 더운 여름 고속도로 진입로에서 자전거를 타고 놀기도 했다. 경부고속도로를 달려 김천 나들목을 통과하던 차를 마당에서 볼 수 있었다. 특히 그레이하운드나 벤츠와 같은 외국 고속버스가 자주 지나갔다. 고속버스 회사를 기억하는 이유는 당시 담임선생님께서 칠판에 로고를 그리며 빠르게 달리는 독일제 차들을 주의하라며 일러주었기 때문이다. 그리고 고속도로에선 차가 시속 100km로 매우 빨리 달리니 절대 고속도로에 돌을 던지지 말라고 교육하곤 했다. 아버지는 국민학교 동문이었던 김재한 선수가 그레이하운드 고속버스를 타고 모교를 방문한다고 했으나 보지 못했던 날의 아쉬움을 생생하게 기억한다.

1980　　81　　82　　83　　84

군 입대

포니 30만 대 생산

포니 승용차가 15일
처음으로 30만대를 생산,
단일차종으로 최고의
생산량을 기록했다.
현대자동차(사장 정세영)는
지난 76년 2월 포니를
시판한 이후 만 6년 6개월
동안 연평균 4만 6천 대씩
생산, 이날 30만 대를 돌파,
울산공장에서 기념식을
가졌다. … 현대는 그동안
30만 대 중 9만 2천 대를 영국
등 세계 59개국에 수출했는데
특히 최근 시판한 포니2는
지난 4개월 동안 1만
7천여 대를 생산 판매했다.
출처: "포니 30만 대 생산",
〈경향신문〉, 1982. 7. 15

카폰 출시

자동차 다이얼 전화(카폰)가
내년 1월부터 수도권에서
일반에게 처음으로 보급된다.
1차로 수도권 지역에 3천 대의
자동차 다이얼 전화를
가입 신청받아 보급하고
2차로 내년 연말에 다시
5천 대를 보급, 내년 중 모두
8천 대를 수도권에
보급기로 했다.
출처: "수도권 자동차다이얼 전화
일반에 내년보급", 〈동아일보〉,
1983. 11. 3

해외여행 부분적 자유화

학창 시절 담임선생님께
독일의 자동차 이야기와
비행기를 타본 경험을 들었다.
당시 해외여행은 쉽지 않았기
때문에 선생님으로부터
들은 외국의 자동차, 비행기
이야기가 흥미로웠다.

대림 혼다 100cc,
아버지의 오토바이

제대 후 상경
제대 후 경기도 안양의
큰고모 집 근처에 정착하고
취업을 했다. 출근할 때 주로
오토바이를 이용했다. 후에
운전면허를 취득하고
너무 운전하고 싶어 회사의
외근 일 도맡이 했다.

아버지, 여주에서의 어느 날

출처: "한국의 기아, 대림혼다 바이크
광고들", Retrieved June, 14, 2016
from http://roricon.egloos.
com/v/1900888

낮은 임금으로 사업 구상
제대한 후 바로 취업했으나
당시 노동자의 낮은 권리와
임금으로 사업을 구상하기
시작했다. 노태우 6.29 선언
이후에나 아주 조금씩
천천히 노동자의 임금이
오르기 시작했나.

효성 GS 125cc,
목숨을 건 오토바이

"오토바이는 죄가 없다.
사람이 잘못 탄 것!
그래서 다시 탈 것이다."

오토바이 추돌 사고
대림 혼다 오토바이를 타고
출근하던 길, 협궤열차
운행 구간 근처 커브에서
택시와 대형 추돌 사고가
났다. 택시, 오토바이를 모두
폐차하는 큰 사고였음에도
불구하고 병원에서 퇴원한
아버지는 또다시 오토바이를
샀다. 지금도 할리 데이비슨
투어 영상을 매일 찾아볼
정도로 오토바이를 사랑한다.

6.29 선언 이후 달라진
노동자의 임금
민정당 노태우 대표위원의
29일 특별선언은 나라 안팎
을 뒤흔든 「빅뉴스」였습니다.
여에도 야에도 엄청난
충격이었고
심지어 '정치혁명' 이라는
얘기들이 서슴없이
나오기도 했지요. 노 대표의
선언은 그야말로 향후
정치일정과 개헌방향에 대한
대원칙만을 선언한 것이기
때문에 앞으로 여야 간에
쟁점 또는 마찰의 소지가
많겠지요.
출처: "민의실은 정치만개
'6.29노대표 선언'… 숨가쁜 정국
정치부 기자 좌담", 〈동아일보〉,
1987. 6. 30

출처: "S&T 모터스 히스토리 1부,
한계는 넘기 위해 존재한다"
〈바이커스랩〉, 2012. 1. 9

출처: "1983 대우 맵시나", Retrieved
June, 14, 2016 from http://auto.
daum.net/newcar/make/model/
main.daum?modelid=2919

해외여행 전면 자유화
내년부터 병역해당자를
제외하고는 누구나
나이에 관계없이 해외관광
여행이 가능하게 되며
여행횟수도 제한받지 않게
된다. 정부당국자는 이번
조치와 관련, "정부의
개방 의지 실천에 따른 해외
여행기회를 확대하고 국력
신장 및 국제수지호전으로
해외여행자유화여건이
성숙됐다고 판단, 이같은
조치를 마련했다"고
밝혔다.
출처: "해외여행 전면 개방 확정",
〈경향신문〉, 1988. 12. 22

맵시나, 아버지의 첫 차

사업 시작 후 차 필요
서울 강서구 염창동
중고시장에서 맵시나를 사
직접 정비했다. '골치나'라는
별명답게 여기저기 성한
곳이 없던 차였다.
서울에서는 고물차였지만,
고향에 가면 길 가던 시골
동네 아가씨들이 태워달라 할
정도로 인기가 좋았다.

마지막 버스 안내양
1984년부터 버스에 하차지의
안내방송이 시작되고 버스
벨이 개설되어 승객이
하차지에서 하차하기 직전에
버스 벨을 누르면 문이
자동으로 열리게 되면서
급속도로 사라졌다. …
마지막 버스안내양들은
1989년 4월에 김포교통
소속 130번 버스에서
근무하던 38명이었다.
출처: "안내양", Retrieved June, 14,
2016 from https://goo.gl/j6l8Ns

아버지의 첫 운전
타이탄

제조사 기아자동차
차종 상용트럭
배기량 1,985 ~ 2,701cc
생산기간 1971 ~ 1997

출처: "번창하는 사업의 同伴者", Retrieved June, 14, 2016 from http://goo.gl/BsRMY3

"나한테는 운전이 너무 쉽고
재밌는데 힘들어하는 사람들을
보면 이해가 안 갔지. 당시에
부정으로 돈을 주고 운전면허를
따는 사람도 많았어."

아버지와 '타이탄'

그전까지 집안 형편이 어려워 취업 후 번 돈은 전부 가족에게 보냈다.
운전면허 학원 등록은 처음으로 한 아버지 본인을 위한 투자였다. 운전면허를
누구보다 먼저 취득하고 싶었지만, 돈을 모아야 했기 때문에 친구들보다
늦은 운전면허 취득이었다. 전자식 채점이 처음 도입되었던 시절, 기계에 능숙했던
아버지는 사람들이 운전시험을 헤매는 게 이해되지 않았다. 아버지에게는
무척 쉬웠던 면허 취득이었다. 당시 김천 현대자동차학원에서는 홍보를 위해 필기,
실기를 전부 만점 받은 아빠에게 상품과 상장을 수여한 일도 있다. 면허 취득 후
너무 운전하고 싶었던 아버지는 회사 차였던 타이탄을 타고 온갖 외근
관련 운전을 도맡아 했다고 한다.

실력보다 탈락 위주… 컴퓨터채점 도입

'실력보다 탈락 위주…면허받고도
연수받는 모순' '외국에 없는 컴퓨터채점
뒤도 잇단 돈거래 부조리' '운전면허시험
문제점 많다'
현행 컴퓨터채점 방식의 자동차운전면허
시험이 실제 운전에 필요한 능력은 제대
로 평가하지 않고 불필요한 문제를 많이
출제한다는 응시자들의 불평이 많다.
… 응시자가 처음 시험장에 나가 단번에
세 과정을 모두 합격하는 경우는 전체
응시자의 10% 정도여서 미국
일본 등 외국의 초시자 합격률 90%에
비해 지나치게 어려운 편이다. 그러나
실제로는 합격자들 중에서도 운전이
미숙한 경우가 많아 운전면허시험이
실정에 맞는 종합적인 운전능력을
테스트하지 못한다는 지적이 나오고
있는 것.
출처: "실력보다 탈락위주. 면허받고도 연수받는 모순…",
〈동아일보〉, 1984. 11. 9

마이카시대 면허 4백만 돌파 눈앞에…

최근 들어 운전면허 소지자 수가 연간 약 50만 명씩 늘어난 것을
감안할 때 연내에 4백만 명 돌파가 실현될 것 같다. 우리 인구가
약 3천만 명이었던 지난 67년 운전면허 보유자 수가 15만 4천 5백
52명으로 약 1백 95명당 1명꼴로 운전면허를 가지고 있었는데
지금은 10명당 1명꼴로 육박하고 있다. 이같은 숫자는 올들어
1백만 대를 넘어선 전국 자동차 대수보다도 약 4배나 높은 것이다.
운전면허자 수는 70년대의 높은 경제성장률보다 더 빠른 템포로
늘어나고 있다. … 자동차는 소유하지 않아도 운전면허만은 따놓고
보자는 심리가 상승작용을 일으킨 것이다. 현재 서울시내 운전학원은
44개소. 학원마다 한 달에 80~100명이 등록하고 매일 운전을
배우는데 이중 40% 이상이 자가용면허를 따려는 여성들이다.
여성들이 많은 곳은 영동지역의 학원들.
출처: "마이카시대 면허 4백만 돌파 눈앞에…", 〈매일경제〉, 1985. 7. 19

30대 회사인간, 마이카 – "아직은 힘겨운 꿈"

'빠듯한 월급 유지비 큰 부담'
'졸병이 차 굴리다니 …' 주위 눈총도 두려워
H건설의 L씨(35)와 K씨(34)는 며칠 전 한나절은
돌아본 끝에 장한평 중고차 시장에서 82년형 포니2
한 대를 골라잡았다. 같은 회사의 한 부서에 근무하고
있는 데다 회사에서 주선한 사원조합주택에 함께
입주한 이들은 집 마련이 이루어지자 곧바로 마이카
작전에 들어갔던 것. … 마이카 작전 때문에 2년여
동안 친구들과 대포 한잔 제대로 못 했다는 K씨는
그저 즐겁기만 한 표정이었다.
출처: "30대 회사인간〈23〉마이카 (…)", 〈동아일보〉, 1985. 6. 15

運轉면허시험 문제점 많다
실력보다 「脫落위주」 免許받고도 연수받는 모순
外國에 없는 컴퓨터채점뒤도 잇단 「돈去來부조리」

어머니와 연애하던 때의 아버지

아버지의 첫 차
맵시나

제조사 대우자동차
차종 소형
배기량 1,492cc
생산기간 1983 ~ 1989

출처: "1983 대우 맵시나", Retrieved June, 14, 2016 from http://auto.naver.com/car/main.nhn?yearsId=51353

"고치면 고장 나고 고치면
　고장 나고 유지비가 구매비보다
　더 많이 드는 애물단지였어."

아버지의 '맵시나'

아버지는 운전하는 것을 좋아하는 것만큼 오토바이를 좋아해 줄곧 오토바이를
타던 아버지가 선택한 첫 차는 바로 맵시나. 아버지는 한동안 병원 신세를 질만큼
큰 오토바이 사고가 났음에도 불구하고 계속 오토바이를 탈 만큼 스피드광이다.
그럼에도 오토바이보다는 차가 더 가지고 싶었다. 운전면허 취득 이후 언제쯤 차를
살까 고민만 하고 있었다. 사업을 시작하면서 더는 차 구매를 미룰 수 없었다.
넉넉하지 않은 사정도 그렇고 첫차이기 때문에 가볍게 중고차를 샀다. 서울 강서구
염창동 중고거래시장에서 가장 저렴한 연습용 차를 골랐다. 낡은 맵시나를 직접
수리했다. 부품을 교체하고 탈 만한 상태로 만들었음에도, 너무 낡아서인지
'골치나'라는 명성 때문인지 도로 위에서 고물차 그 자체였다. 그런데도 고향에 가면
잠깐 태워 달라는 시골 아가씨들이 따라다녔다. 당시에도 자가용은 본인을 나타내는
허세의 상징이었다.

그 시절 출시된 허세의 상징인 카폰이 떠오른다. 자동차 안에서 통화가 가능하다는
혁신적 발명품이었다. 하지만 시내에서 안테나를 뽑아야만 사용할 수 있었다.
주로 회사의 사장들이 사용했다. 고가의 물건으로 대중화되지 않았기 때문에 카폰을
사용하는 척 안테나만 달고 다니는 차도 있었다.

경쟁시대에 알맞는 택시 - 맵시-나 XQ. LPG

출처: "맵시를 아십니까", Retrieved June, 14, 2016 from http://goo.gl/OCdlwn

중고차 거래 최대 활황

중고차 시장이 최대의 활황국면을 맞고 있다. 전국 중고차 거래의 70%
이상을 점유하고 있는 서울지역의 경우 지난 3월 한 달 동안
1만 3백 76대가 거래되는 등 유례없는 실적을 기록했다. 거래량이 월
중 1만 대 벽을 뛰어넘은 것은 개장 이래 처음의 일이다. 특히 그동안
지지부진하던 중고차 수출 대행업무와 품질검사작업이 마무리단계에
접어듦으로써 중고차 수출이 크게 활성화될 전망이다.

출처: "중고차 거래 최대 활황", 〈매일경제〉, 1989. 4. 4

출처: "중고차시장이 변했어요", Retrieved June, 14, 2016 from http://goo.gl/5yN1cH

허세용으로 전락한 카폰

개인 자가용 승용차 등에 달고 다니는 일부 카폰(가입이동
무선전화)이 당초 설치목적대로 사용되지 않고 있다. 카폰은 당초
공중통신 서비스향상과 긴급한 업무 연락 등을 위해 정부기관을 비롯,
공공단체 승용차에 가설허가를 내주었으나 현재는 일정한 기준 없이
개인 승용차에까지 가설을 허용, 특권의식을 조장하고 허세를
부리는데 악용되고 있다. 이들 개인 카폰가입자들은 대부분이
하루에 한 통화도 사용하지 않을 정도로 바쁜 연락을 필요로 하지 않는
사람들인데도 단순히 과시효과용으로 달고 다녀 위화감마저
불러일으키고 있다.

출처: "虛勢用으로 轉落한 카폰", 〈경향신문〉, 1981. 4. 22

TSD의 걸작 – 맵시·나

승용차의 안전성은 종합적으로 이루어져야 합니다

출처 : "TSD의 걸작", Retrieved June, 18, 2016 from http://blog.naver.com/myeong1250/220148543608

생활의 멋과 안전

맵시 나의 종합안전설계 TSD가 즐겁고 안전한 드라이브를 약속합니다

맵시·나
대우자동차

출처 : "생활의 멋과 안전", 〈경향신문〉, 1984. 6. 20

출처 : "맵시", Retrieved June, 14, 2016 from http://www.carlife.net/bbs/board.php?bo_table=cl_6_1&wr_id=4826

출처 : "정말 맵시나가 좋군요", 〈global auto news〉, 2011. 6. 18

출처 : "왜 모두 맵시를 선택할까요?", Retrieved June, 18, 2016 from http://www.carmedia.co.kr/ftr/274405

91

'서울시 구로구 가리봉동
연립주택' 거주

결혼

연립주택 (1992 ~ 1993)
/ 33m²

92

딸 혜원, 출생

93

'경기도 안양시 호계동
K아파트' 거주

K아파트 (1993 ~ 1996)
/ 53m²

94

에스페로, 기다리고 기다리던 차

에스페로 구입
당시 대우는 무겁고 연비가
안 좋다는 인식에도,
단지 디자인 때문에 출시
후에 바로 구매를 했다.

출처: "1994 에스페로", Retrieved
June, 18, 2016 from http://auto.
daum.net/newcar/make/model/
main.daum?modelid=91

작은방에서 신혼생활 시작
동네에 처음 시작하는
신혼부부가 많았다. 특히
폐물을 노리고 훔치는 강도와
변태가 많았다. 어머니가
샤워 중 화장실 창문으로
변태를 목격해 아버지가
쫓아나간 적도 있다.
미리 준비한 신혼 살림이
전부 들어가지 않을 만큼
지나치게 작은 집이었다.

신혼집의 어머니

편법이 통하던 시절
차가 늘어나고 도로 정체가
시작되었다. 안전띠도
지금처럼 단속하지 않았다.
음주측정도 1년에 한두 번
정도밖에 하지 않았다.
음주단속에 걸려도 만원을
면허증과 함께 주면 넘어갔다.
그런 편법이 통하던
시절이었다.

허술한 음주단속
공직사회의 구조적 비리에
대한 정부의 자정 움직임이
일고 있는 가운데 경찰관에게
뇌물을 주려던 운전자들이
잇따라 입건되고 있다.
29일과 30일 이틀 동안
서울에서만 모두 8명의
운전자가 교통법규 위반을
단속하는 경찰들에게
뇌물을 주려다 적발돼 이 중
1명에 대해 구속영장이
신청되고 7명은 불구속으로
입건됐다.
출처: "교통경관 돈준 1명 영장신청",
〈동아일보〉, 1991. 3. 31

아파트로 이사
큰고모와 작은고모가 살고
있던 경기도 안양으로
이사했다. 전체 5층의 저층
아파트의 1층에 살게 되었다.

**창고형 대형마트 코스트코
양평점 오픈**
신세계백화점이 다음 달
7일 서울 영등포구 양평동에
문을 여는 회원제 창고형
도소매점(MWC) '프라이스
클럽'에 유통업계의 관심이
쏠리고 있다. 국내에서는
이번에 처음으로 선보이는
회원제 창고형 도소매점은
재고품이나 흠이 있는 제품이
아닌 정상 제품을 모든
유통업체들 가운데서 가장
싸게 파는 새 유통 업태로서,
이의 성공 여부에 따라
국내 유통 업계에 대규모
지각변동이 일어날 수
있기 때문이다.
출처: "'창고형 도소매점' 뿌리내릴까",
〈한겨레〉, 1994. 9. 26

J아파트(1996~2003)
/ 62m²

스타렉스, 가족여행을 위한 차

출처: "스타렉스", Retrieved June, 20, 2016 from http://tour.hyundai.com/#/h_library/list?cat=model&sub=102&type=all&order=new

협궤열차 중단

58년간 '동화 속의 꼬마열차'로 시민들의 사랑을 받아온 수인선 협궤열차가 31일 오후 8시 4분 운행을 끝으로 영원히 기적소리를 멈춘다. … 31일 마지막 협궤연차를 몰 최고참 기관사 박수광(51) 씨는 71년 협궤열차 기관조사로 철도원 생활을 시작해 24년간 이 열차를 떠난적이 없다. "마지막 운행을 끝내면 기차를 부여잡고 한없이 울어버릴것 같다."고 말하는 박 씨의 눈은 아련한 추억을 좇고 있었다.

출처: "'협궤열차'마지막 기적소리", 〈한겨레〉, 1995. 12. 30

출처: "추억의 협궤열차", Retrieved June, 18, 2016 from http://blog.naver.com/sda1201/220612603959

저층 아파트에서 느낀 따뜻한 정

저층 주공 아파트에 거주하게 되면서 가족의 추억을 많이 만들었다. 그 시절 저층 아파트에는 지금은 찾아보기 힘든 이웃 간의 정이 있었다. 위 아랫집 식구들과 함께 식사하고, 여행하며 시간을 보냈다. 또래 아이들을 키우고 있다는 유대로 가까워진 가족들과는 매주 주말여행을 계획할 정도로 좋은 기억이 많다.

모두가 이웃사촌

경기 광명시 철산동 주공8단지아파트 주민들은 모두 이웃사촌이다. … 저층 아파트 62동에 1천 4백 84가구 6천여 명이 모여 사는 큰 동네지만 주민들 간 사소한 다툼조차 보기 힘들다. 입주자 대표회와 관리사무소 부녀회 등 여러 단체들이 주민화합의 구심점 역할을 톡톡히 해내기 때문.

출처: "6천여 입주민 모두 '이웃사촌'", 〈동아일보〉, 1997. 12. 13

IMF

경제 위기로 사업이 망했다. 고향 김천으로 가서 각종 면허를 따기 시작했다. 새로운 직업을 위한 준비로 관심이 많고 잘할 수 있는 것을 하다 보니 추레라, 레커, 1종 대형, 중장비 몇 가지를 취득하게 되었다. 3개월 정도 머무르다 다시 서울로 올라왔다. 그 결과 현재 도로에 다니는 바퀴 달린 모든 것들을 운전할 수 있게 되었다.

얼어붙은 자동차 산업

국내 주요 산업이 얼어붙고 있다. 자동차·전자 등 내구소비재 시장이 위축되고 조선 등 수출 산업 부문에서도 사업 실속이 떨어지고 있다. 29일 업계에 따르면 국제통화기금(IMF) 긴급자금지원 요청 이후 자동차 내수시장의 경우 업체별로 11월 판매량이 목표의 절반 수준까지 급격히 줄고 있다. 현대·대우·기아 등 완성차업체의 이달 내수판매량이 목표 30~50%까지 떨어졌다.

출처: "자동차·가전 내수시장도 '꽁꽁' IMF 한파에 판매량 급감", 〈경향신문〉, 1997. 11. 30

기다리고 기다리던 그 차
에스페로

제조사 대우자동차
차종 준중형
배기량 1,998cc
생산기간 1990 ~ 1997

출처: "1994 에스페로", Retrieved June, 18, 2016 from
http://auto.daum.net/newcar/make/model/main.daum?modelid=91

"그때 에스페로 디자인이 정말
멋졌어. 신문에서 보고 실제로
너무 보고 싶어서 전시장까지
갔지. 그런데 그런 차에
네가 멀미를 했잖아. 어휴…
그때만 생각하면… 한두 번이
아니고 차를 탈 때마다
멀미하던 따님."

아버지의 '에스페로'

에스페로는 사실상 아버지의 첫 차이다. 처음 산 새 차기 때문이다.
어머니와 나 모두에게 가장 오래된 차임에도 기억이나 에피소드가 가장 많을 정도로
소중한 차이다. 꼼꼼한 성격의 아버지가 이 차를 사기 위해 얼마나 알아보고 생각했는
지는 보지 않아도 상상할 수 있다.
90년대 초반 자가용은 재산이었고, 자신감이었다. 아버지는 운전면허를 늦게 취득한
것도 숨기고 싶어 하셨다. 그만큼 자신의 차를 운전한다는 것은 필수적이고도 모두가
가지지 못한 문화였다. 에스페로에는 어머니, 아버지의 연애와 신혼생활 그리고 나의
어린 시절의 기억이 담겨 있다. 당시 대우차는 연비가 안 좋다는 소문이 있어 타사의
차에 비해 판매가 부진했다. 그때 국내에서는 볼 수 없었던 과감한 디자인과
함께 대우에서 야심 차게 내놓은 차가 에스페로이다. 큰 주목은 받았지만, 생소한
디자인과 대우차라는 인식에 많은 사람이 선뜻 선택하지 못했다. 하지만 까다로운
아버지의 마음에 확 들어온 에스페로의 디자인이었다. 아버지는 모든 안내서를 읽어
보고, 전시장에서 시승도 해보며 출시될 날을 손꼽아 기다렸다. 당시 아버지와 연애를
하던 어머니도 같이 전시장에 다녀오며 에스페로와 시작할 신혼생활을 기대했다.
아버지는 자동차를 구매할 때 포장되어있는 시트의 비닐도 잘 떼지 않을 정도로 차내
청결을 중요시한다. 내가 카시트에 멀미해 시트를 전면 교체한 적도 있다. 어머니는
유난이라고 말하지만, 주변까지 소문난 차사랑은 아버지의 유명한 일화이다.

에스페로에서 내리고 있는 아버지

연애 시절 어머니, 에스페로 안에서

에스페로에서 2살 무렵의 나

에스페로여야 한다!

에스페로 美學(미학) – '남들과 달라야 한다.'
세계적인 카디자인의 거장인 이탈리아 베르토네가 설계한
에어로다이나믹 스타일의 에스페로…
그 빼어난 맵시속에 독특한 개성이 돋보이는 車,
에스페로는 '개성미학'을 주장합니다.

출처: "에스페로여야 한다!",〈동아일보〉, 1994. 3. 23

대우차에 대한 부정적 인식 여전

그러나 이런 노력이 대우차에 대한 일반인식을 근본적으로
바꾸지는 못하고 있는 것 같다. 대우차에 대한 부정적 인식의 골이
깊기 때문이다. "대우차는 많이 좋아졌다. 그러나 소비자들의 인식은
크게 바뀌지 않고 있다." 대우차 관계자의 말이다. 대우자동차는
소비자들의 인식을 바꾸기 위해 지난해에 엄청난 광고비를 쏟아
부었다. 올해도 이런 추세는 계속되고 있다. 그러나 광고비
대량 지출은 회사경영에 큰 부담으로 작용하고 있다.

출처: "대우차 품질개선 온힘 1년 판매 급증…부정인식 여전",〈한겨레〉, 1994. 6. 17

새 모델 '에스페로'는 시작일 뿐

"디자인만큼은 세계 어디에 내놓아도 전혀 손색이 없다는
생각입니다." 대우자동차 기술연구소 정주현 디자인실장(36)은
아직 흥분이 가시지 않은 상태다. 4년이 넘게 스스로는 물론 전사가
심혈을 기울여온 신차 '에스페로'가 드디어 소비자들에게
선보였기 때문. 그는 우리 자동차 디자인수준이 역사는 짧으나
창의성·표현 기법등에서 결코 뒤지지 않는다고 본다.

출처: "대우차 정주현 디자인 실장 '새모델「에스페로」는 시작일 뿐'",〈경향신문〉, 1990. 10. 18

가격이상의 성능으로, 기대이상의 만족으로 —
에스페로 1.5DOHC!

출처 : "地上飛行", 〈동아일보〉, 1992. 9. 17

출처 : "誕生, 에스페로!", 〈동아일보〉, 1990. 9. 27

출처 : "에스페로 工學, 에스페로 美學", 〈경향신문〉, 1991. 1. 15

출처 : "화려한 탄생! 미스 코리아 에스페로, 뉴 에스페로!", 〈동아일보〉, 1993. 5. 26

출처 : "新 중형세단 92년형 에스페로 탄생!", 〈경향신문〉, 1991. 11. 21

출처 : "강한 것은 부드럽다 에스페로", 〈동아일보〉, 1992. 12. 15

가족을 위한 차
스타렉스

제조사 현대자동차
차종 대형
배기량 2,476 ~ 2,977cc
생산기간 1997 ~

출처: "스타렉스", Retrieved June, 20, 2016 from
http://tour.hyundai.com/#/h_library/list?cat=model&sub=102&type=all&order=new

"용문산 계곡에서 네가 거머리
잡아온 거 생각나?
우리 그때 전국 곳곳 엄청
다녔잖아. 그때가 제일 좋았어.
그렇지?"

아버지의 '스타렉스'

아이들이 뒷좌석에서 웃으며 놀고 있는 텔레비전 광고는 아버지의 눈에 단번에
들어왔다. 승합차가 세금이 저렴하다는 말로 어머니를 설득해 스타렉스를 샀다.
광고모델과 같은 색상, 같은 옵션의 차량으로 샀을 정도이다. 의자가 눕혀져 아이들을
데리고 다니기 좋았다고 아버지는 스타렉스를 기억했다. 나는 편하기는 했지만,
그 전 에스페로를 타고 여행을 했을 때도 그다지 불편하지 않았다. 아버지가 직접
나무를 자르고 천을 덧대어 뒷좌석용 침대를 만들어주었기 때문이다. 당시에는
유아 카시트 규정이 없었기 때문에 뒷좌석에서도 안전띠를 하지 않고
자유롭게 누워있을 수 있었다. 스타렉스를 타고 전국 방방곡곡 여행을 다녔다.
우리 가족에게 최적화 된 차량이었다. 여행지에서 만난 가족들이 우리 차를
부러워했다며 아버지는 뿌듯해 했다. 동생이 태어나고 우리 가족은 4명이 되었다.
저층 아파트에 살며 위 아랫집 이웃들과 많은 유대를 나눴다. 한 번 이동할 때
10명 정도의 식구가 함께 움직였다. 우리는 이웃 가족들과 함께 바다로 계곡으로
여행을 갔다. 어디를 가든 항상 사람들이 많았다.
주말마다 교외 여행을 가는 가족들이 굉장히 많아 월요일에 유치원에 가면
선생님께서 주말에 어디를 다녀왔는지 모든 친구에게 물어보았다. 특히 그 시절에
한국에는 캠핑 붐이 처음 일어났다. 아버지는 스타렉스에 이어 온갖 캠핑용품을
구입해 가족여행에 더욱 열을 올렸다. 우리 가족은 롯데월드, 서울랜드, 에버랜드
세 곳의 연간회원권을 전부 살 정도로 주말 나들이를 자주 갔다. 그 때가 가장
행복했던 때라고 아버지는 지금도 말한다.

스타렉스 페밀리웨건 가족나들이에 제격

여름 휴가철에 가족이 함께 여행을 떠날 때 밴만큼 유용한
차량은 없다. 실내공간이 여유가 있어 오랜 여행에서 오는 피로도
덜하고 혹시 낯선 곳을 찾아들더라도 차 안에서 휴식을 취하기에도
안성맞춤이다. 현대자동차는 최근 품격 있는 레저를 즐기려는
수요층을 흡수하기 위해 고급형 전통 밴인 '스타렉스 클럽'을
내놓았다. 여름 휴가철을 앞두고 밴에 대한 수요가 늘고 있는 가운데
스타렉스크럽의 성능과 편의성을 시승을 통해 알아봤다.
출처: "현대 스타렉스 클럽 '달리는 텐트' 등 다양한 공간 연출…", 〈매일경제〉, 1998. 7. 8

자동차이용 가족野外놀이 급증
간편한 나들이장비 "붐텨"

자동차 이용 가족 야외놀이 급증

자동차가 많아지고 주말이나 휴일에 가족과 함께 떠나는
나들이가 많아지면서 나들이상품의 수요도 변하고 있다.
시장 관계자들에 따르면 최근 들어 가정을 중시하는 경향이 늘면서
등산 낚시 등의 본격적인 레저보다 가까운 유원지나 야외 및 시골
들녘 등으로 차를 몰고 나가 가볍게 쉬고 오는 드라이빙 피크닉이
많아졌다. 이 경우 친구나 직장 단위보다는 가족이나 친척들끼리의
나들이가 압도적으로 많고 식사는 취사보다 도시락을
지참하거나 음식점에서 해결하는 게 보통이다. 나들이 형태의
이같은 변화를 반영, 피크닉 상품에서도 등산장비 낚시도구 버너
코펠보다 피크닉 찬합세트, 즉석식품, 레저테이블, 아이스박스,
어린이 차량안전 장구등에 수요가 몰리고 있다.
출처: "자동차이용·가족野外(야외)놀이 급증…", 〈동아일보〉, 1994. 5. 26

아버지와 나, 자동차를 타고여행다니던 때

/시승기 현대 패밀리웨건 〈스타렉스〉
시속100km서도 "승용차 느낌"

출처: "시속 100km서도 승용차 느낌", 〈동아일보〉, 1997. 3. 10

출처 : "으랏차차차!", Retrieved June, 14, 2016 from http://tour.hyundai.com/Files/h_library/image/n_hmuseum_0821.jpg

출처 : "타면 탈수록 넓은 차 - 스타렉스", Retrieved June, 14, 2016 from http://tour.hyundai.com/Files/h_library/image/n_hmuseum_0877.jpg

출처 : "당신의 여행이 부럽습니다", 〈동아일보〉, 1997. 6. 7

출처 : "스타렉스 한대로 왔습니다", 〈경향신문〉, 1997. 11. 17

출처 : "모든 것이 자신있다! 스타렉스4WD", 〈매일경제〉, 1998. 9. 9

출처 : "모든 길은 스타렉스로 통한다!", 〈동아일보〉, 1998. 12. 31

출처 : "파워LPG 스타렉스 V6 3000", 〈매일경제〉, 1999. 5. 19

J아파트 (2003 ~ 2010)
/ 106m²

엘란트라, 세 자매를 위한 중고차 ¹

1. 출처: "엘란트라", Retrieved June, 18, 2016 from http://auto.danawa. com/auto/?'Work=model& Model=1676

2. 출처: "2006 현대 아반떼 XD 세단", Retrieved June, 20, 2016 from http://auto.daum.net/ newcar/make/model/main. daum?modelid=1068

출처: "1989 캐피탈", Retrieved June, 16, 2016 from http://auto.naver.com/car/ main.nhn?yearsId=61557

아반떼 XD, 이모의 비운의 첫 차 ²

캐피탈, 30만 원짜리 중고차

연수를 위한 중고 엘란트라
장롱면허였던 어머니의
운전을 가르치려고
엘란트라를 480만 원 정도
주고 사서, 두 달 만에
240만 원 주고 되팔았다.
엘란트라로 어머니, 작은이모,
큰이모 전부 연수를 시도했지
만 모두 실패했다.

겨울에 위험한 스타렉스
전국 이곳저곳을 다니며
잘 타던 스타렉스는 취약점이
있었다. 후륜구동이었기
때문에 겨울 여행 시 매우
위험했다. 결국, 스타렉스를
팔게 되었다.

**마지막이 될 것 같은
중고 구입**
이웃 아저씨의 달콤한
설득으로 저렴한 중고차량을
샀던 적이 있다. 아저씨의
고향 친구에게 구형 캐피탈을
샀다. 비가 오면 천장에서
비가 새는 이상한 차를
30만 원 주고 샀다. 비 온
다음 날, 바지를 걷고 운전해
출근한 적이 있다. 못으로
구멍을 뚫어 물이 나가게
하곤 했다. 차량을
폐차하면서 오히려 샀던
돈만큼을 받는 경험을 했다.
하지만 그 이후로 중고차는
절대 사지 않겠다는
다짐을 했다.

이사 온 아파트에서 나의 모습

→ 출처: "2008 현대 아반떼 HD",
Retrieved June, 20, 2016
from http://auto.daum.net/
newcar/make/model/main.
daum?modelid=1070

**아반떼 HD,
오직 어머니를 위한 차**

→ 출처: "GM대우 마티즈", Retrieved
June, 20, 2016 from https://namu.
moe/w/GM대우%20마티즈

마티즈, 겁 많은 어머니를 위한 차

유아 카시트 완전 의무화

만 6세 미만 유아가 차에
탑승할 경우 유아
보호용 장구인 카시트 착용을
의무화했다.

운전 시 핸즈프리 필수화

도로교통법 시행령
(대통령령 제20038호
일부개정 2007. 4. 27)

차 선택권을 넘기는 큰 사건

캐피탈과 아반떼 XD 를
번갈아가며 타디가, 본래
차 주인이었던 작은이모가
시집을 가며 아반떼 XD를
가져갔다. 다시 운전을
해보겠다는 어머니를 위해
디자인, 기종 전부 어머니를
생각해 골랐다.
아버지로서는 이례적인
오로지 어머니를 위한
선택이었다.

초보운전자 교통사고율

보험개발원이 지난
2005년부터 지난해까지
최근 3년간의 교통사고를
분석해 봤더니 사고율은
해마다 높아지는 것으로
나타났습니다. OECD
회원국 평균 사고율의 4배가
넘고 룩셈부르크의 13배,
독일의 10배에 달해 세계
최고 수준이라 할 수 있을
정도라고 전문가들은
지적하고 있습니다. 운전
경력별로 보면 보험 가입
1년 미만인 초보 운전자의
사고율이 가장 높고 또
해마다 늘고 있는 것으로
나타났습니다.
출처: "초보운전자 교통사고율 세계
최고 수준.", 〈YTN〉, 2008. 5. 9

어머니의 운전연수를 위한 중고차
엘란트라

제조사 현대자동차
차종 준중형
배기량 1,468~1,596cc
생산기간 1990~1995

출처: "엘란트라", Retrieved June, 18, 2016 from http://auto.danawa.com/auto/?Work=model&Model=1676

"세 자매가 전부 운전에 소질이
없어. 중고 엘란트라로 엄마,
큰이모, 작은이모 전부 운전을
시도했는데, 전부 실패했어.
어휴 다들 겁이 많아가지고…."

아버지의 '엘란트라'

어머니는 내가 7살, 동생이 2살 정도 되었을 때 우리를 할머니 댁에
부탁하고 운전면허를 취득했다. 그 후 어머니의 운전면허증은 잉크도 마르기 전에
장롱으로 들어갔다. 만약을 위해 취득한 운전면허였으나 당장은 쓸 일이 없었기
때문이다. 게다가 어머니는 겁이 매우 많아 선뜻 도로운전을 시도하지 않았다.
2000년이 되던 해 아버지는 장롱면허 소지자였던 어머니에게 운전을 가르치려고
중고 엘란트라를 샀다. 광명시 하안동에 있는 중고차 시장에서 480만 원 정도
주고 산 후 두 달 만에 240만 원주고 되팔았다. 두 달 만에 240만 원을 공중분해시킨
차였다. 어머니가 운전연수에 실패했기 때문이다. 엘란트라로 어머니가 운전을
못할 것 같았던 아버지는 근처에 살고 있던 작은이모와 큰이모의 운전연습을
시도했다. 세 자매가 전부 장롱면허 소지자였기 때문이다. 하지만 전부 운전연수에
실패했다. 어머니와 두 이모는 도로 위에서 핸들을 잡기만 하면 식은땀이 나고,
손이 바들바들 떨리는 운전공포증에 단단히 걸려있었다. 아버지는 운전면허를
취득한 게 신기할 정도였다고 했다. 그렇게 아버지는 오로지 운전연습을 위해
산 연보라색의 낡은 구형 엘란트라를 손해만 잔뜩 보고 되팔았다. 두 달 정도 우리
집에 존재했지만, 그 강렬한 색상과 수동식 창문으로 강한 인상을 남기고 떠났다.

출처: "휴먼터치 세단 엘란트라", Retrieved June, 14, 2016
from http://tour.hyundai.com/Files/h_library/image/n_hmuseum_0441.jpg

출처: "우리는 엘란트라를 탑니다" Retrieved June, 14, 2016
from http://tour.hyundai.com/Files/h_library/image/n_hmuseum_0487.jpg

출처: "우리의 엘란트라. 이제 파리를 달립니다",
Retrieved June, 14, 2016 from http://tour.hyundai.com/Files/h_library/
image/n_hmuseum_0526.jpg

출처: "승용차의 고성능 시대를 연다", Retrieved June, 14, 2016 from
http://tour.hyundai.com/Files/h_library/image/n_hmuseum_0483.jpg

이상한 중고차에 대한 기억
캐피탈

제조사 기아자동차
차종 준중형
배기량 1,498cc
생산기간 1989 ~ 1996

출처: "1989 캐피탈", Retrieved June, 16, 2016
from http://auto.naver.com/car/main.nhn?yearsId=61557

"5층 아저씨한테 낡은 차 하나
샀잖아. 내가 그 후로 중고차를
정말 싫어해."

아버지의 '캐피탈'

이웃 아저씨의 달콤한 설득으로 맵시나와 엘란트라 이후 세 번째로 중고차를
사게 되었다. 아버지와 굉장히 친했던 5층에 사시던 아저씨는 중고차를
하나 구입해 타고 있는데, 아무 곳에나 막 가지고 다닐 수 있고, 긁힘이나 작은
사고에 부담 없이 세컨드카로 가지고 있기 좋다며 아버지를 설득했다.
특히 아저씨의 고향 친구의 매물이 고장도 없고 중고차답지 않은 상태라고 했다.
그렇게 아버지는 그 고향 친구에게 구형 캐피탈을 구입했다. 30만 원짜리
차니까 그냥 친구에게 차를 사주는 셈 친다고 생각했다. 그런데 차가 이상해도
너무 이상했다. 비 온 다음날, 차를 타려고 문을 열었는데, 차의 바닥에 잔뜩
물이 고여있었다. 급하게 바지를 걷고 운전을 한 적이 있다. 그리고 못으로
구멍을 뚫어 물이 나가게 하곤 했다. 도저히 이 차는 탈 수 있는 상태가 아니라고
생각한 아버지는 폐차 시장에 차를 넘겼다. 그때 폐차 대가로 27만 원을 받았다.
손해 본 것도 없었던 중고차였지만 비가 넘치던 기억은 아버지가 다시는
중고차를 사지 않겠다는 다짐을 하게 만들었다.

출처 : "아빠 마음처럼 넉넉해요", 〈경향신문〉, 1993. 5. 15

출처 : "캐피탈 때문에 할머니 표정이 밝아졌어요", 〈한겨레〉, 1990. 4. 18

출처 : "아빠의 사랑처럼 넓고 포근해요", 〈경향신문〉, 1991. 5. 17

출처 : "캐피탈 1500cc급 국내최고 115마력 강력파워!", 〈경향신문〉, 1993. 7. 27

출처 : "우리에게는 편안한 차", 〈한겨레〉, 1990. 8. 11

우리 집에 오게 된 이모의 첫 차
아반떼 XD

제조사 현대자동차
차종 준중형
배기량 1,495~1,975cc
생산기간 2000 ~ 2006

출처: "2006 현대 아반떼 XD 세단", Retrieved June, 20, 2016
from http://auto.daum.net/newcar/make/model/main.daum?modelid=1068

"사람들이 참 초보운전자에게
박해. 특히 여성운전자. 그러니
이모랑 엄마가 운전에 겁을 낼
수밖에 없지. 이모가 차를 사고
7번 끌고 나가서 7번 사고가 났지.
그중에 대부분이 사고를
낸 게 아니라 사고를 당했으니
말 다했지 뭐."

아버지의 '아반떼 XD'

우리 가족을 전국 곳곳으로 데려다주었던 스타렉스에는 취약점이 있었다.
전륜구동이 아닌 후륜구동이었기 때문에 겨울 여행 시 매우 위험했다. 또한,
유아 카시트 장착이 필수화되면서 동생은 카시트에, 나는 안전띠를 하고 카시트 옆에
앉게 되면서 스타렉스는 점점 우리 가족에게 적합하지 않아졌다. 가족들의 안전을
위해 차를 바꾸려던 차에 작은이모가 흰색 아반떼 XD를 샀다. 회사에 차를 가지고
출퇴근하기 위해 산 차였다. 하지만 7번 끌고 나가서 7번 사고가 나게 되었다.
2번은 작은이모의 과실이었고, 5번은 지나가던 자동차의 난폭운전으로 발생한
사고였다. 잔뜩 겁에 질리고 운전을 포기한 작은이모는 새 차를 내버려 뒀다.
아버지는 당시 회사 차를 타거나 가까운 곳은 대중교통을 이용했기 때문에 딱히
자가용이 필요하지 않았으나, 그 차가 아까워 우리 집으로 가져왔다. 게다가 아반떼를
이모에게 권해준 것도 아버지였고, 계약부터 수령까지 전부 아버지가 도맡아서
했기 때문에 누구보다 그 차에 대해 잘 알고 있었다. 20대 후반 여자가 매일 타고
다닐 만하고, 안전한 차라는 생각으로 고른 아반떼는 그렇게 우리 집 40대
아저씨가 종종 타게 되었다.

예비면허제 2004년 시행

오는 2004년부터 운전면허를 처음 따는 사람은 2년간 정식면허가
아닌 예비면허를 발부받게 되는 '예비면허제'가 도입된다.
또 예비면허자는 면허기간주 일정한 벌점기준을 초과할 때마다
교통안전 관련 교육기관에서 의무적으로 안전교육을 받아야 하며
3회째 교육 대상이 될 경우 자동적으로 면허가 취소된다. 총리실
및 경찰청 관계자들은 지난 21일 "최근 관계부처간 실무협의를 통해
전체사망 교통사고의 40%를 차지하는 초보운전자들의 사고를
줄이기 위해 이같은 방침을 정하고 관련법 개정, 교육프로그램 마련 등
본격적인 작업에 착수했다"고 밝혔다.
출처 : "예비면허제 2004년 시행", 〈교통신문〉, 2002. 1. 23

2003년 현대차 '뉴아반떼XD'

…당시 이전 모델이었던 아반떼XD는 95년 첫 출시 이후 경쟁 차종의
거센 도전에도 불구하고 동급 시장점유율 50%를 장악하면서
쏘나타 시리즈에 이어 국내에서 두번째로 200만대 생산을 돌파하기도
했다. 뉴 아반떼XD는 출시 당시 주로 20대 후반~30대 중반의
사무직과 30~40대 기혼 여성을 주 타깃층으로 삼아
공격적인 마케팅을 펼쳐 나갔다. 특히 여성고객을 대상으로 뮤지컬
공연 관람이나 지역 문화제 참여행사를 여는 등 감성에 호소하는
방식으로 인기몰이에 나섰다.
출처 : "[서경 마케팅 대상/10년을 돌아보며]…'뉴아반떼XD'", 〈서울경제〉, 2006. 12. 19

교통사고 통계 … 여성운전자 사고 급증

여성운전자의 교통사고가 해마다 늘어나 10건중 1건을 차지하고
있으며 계절별로는 가을, 요일별로는 토요일에 교통사고가 가장 많이
일어났다. … 운전경력으로는 초보운전을 포함한 5년 미만이
39.6%로 가장 많았고 좌석안전띠 착용률은 98년 69.0%에서 지난해
67.8%로 낮아져 사고 대비의식은 더욱 낮아진 것으로 분석됐다.
출처 : "교통사고 통계 … 여성운전자 사고 급증", 〈국민일보〉, 2000. 10. 25

초보운전자 '예비면허' 준다

신규 운전면허를 발급 받아도 일정기간(1~2년) 내 사소한
교통법규를 위반할 경우 면허가 취소되는 '예비 면허제'가 금년 중
도입된다. 정부는 26일 이 같은 내용을 골자로 하는 교통안전
종합대책을 마련, 올해 중 관련부처에 법 개정 등 시행 계획을
세우도록 지시했다. 정부 관계자는 "운전자들의 사망사고 발생비율이
전체 사망사고의 40%를 차지하고 있어 이들의 준법정신을 높이기
위해 이 같은 방안을 마련했다"고 말했다.
출처 : "[정부] 초보운전자 '예비면허' 준다", 〈한국일보〉, 2001. 3. 26

자동차업계 '女心을 잡아라'

여성 운전자 수가 급증하면서 이들의 마음을 사로잡기 위한 자동차
업계의 노력이 한창이다. 1998년 국내 최초로 여성 전용 개념을
적용한 대우의 소형차 '라노스 쥴리엣' 출시 이후 감성을 중시하는
쪽으로 차량 개발이 이뤄진 데 이어 이제는 다양한 기호의
여성 고객을 만족시키는 데 업계 관심이 모아지고 있다. 제품 개발이나
신차 출시 때 여성들의 의견을 적극 반영하는 것은 물론이고, 아예
여성 평가단을 정기적으로 운영해 경영에 도움을 받기도 한다. …
자동차업체들이 여성고객을 잡기위해 쇼핑백 걸이, 신발·선글래스
수납공간, 유아용 시트고정기등 다양한 편의사양을 제공하고 있다.
뉴렉스턴에는 좌석 높낮이와 기울기, 아웃사이드 미러 각도 등을
체형에 맞게 저장시켜 운전 편의성을 극대화했다. 또 체어맨과
뉴렉스턴 뒷좌석에는 직사광선·자외선 차단 유리를 갖췄다.
'투싼'으로 여성고객에 어필했던 현대차는 쏘나타 엘레강스 스페셜과
2005 뉴아반떼XD '님프'라는 여성 전용 모델을 선보였다. 님프는
아반떼XD 골드 모델을 기본으로 우드그레인, 자외선 차단 유리를
추가하는 등 여성을 위해 특화된 사양을 적용했다. 님프는 현대·
기아차 대학생마케팅 포럼에서 대상을 받은 여대생팀의 아이디어를
채택한 것이다.

출처 : "여심(女心)을 잡아라.", 〈세계일보〉, 2005. 2. 27

출처: "이제 당당히 최고를 말한다", Retrieved June, 14, 2016 from http://tour.hyundai.com/Files/h_library/image/ n_hmuseum_0814.jpg

출처: "모두의 심장이 다시 흥분한다", Retrieved June, 14, 2016 from http://tour.hyundai.com/Files/h_library/image/n_ hmuseum_0838.jpg

출처: "남편의 선택은 탁월했습니다", Retrieved June, 14, 2016 from http://tour.hyundai.com/Files/h_library/image/n_ hmuseum_0883.jpg

어머니를 위한 차
아반떼 HD

제조사 현대자동차
차종 준중형
배기량 1,582~1,975cc
생산기간 2006 ~ 2010

출처: "2008 현대 아반떼 HD", Retrieved June, 20, 2016
from http://auto.daum.net/newcar/make/model/main.daum?modelid=1070

"엄마 타라고 아반떼 산 거지,
색깔도 차종도 전부 엄마 때문에
고른 거야. 지금은 엄마 손을 타서
아주 엉망진창이 됐지만···."

어머니의 '아반떼 HD'

어머니는 늘 운전을 해야겠다고 생각했다. 특히 창고형 마트인 '코스트코'를 갈 때,
이제는 정말 운전을 하고 싶다고 말했다. 아버지와 함께가거나 운전을 하는 동네
친구 아주머니들과 함께 가야만 코스트코에 갈 수 있었기 때문이다. 백화점 같은 곳은
택시를 타고 갈 수 있었지만 많은 물건을 사는 경우에는 차가 필요했다. 아버지는
그런 어머니를 위해 중형차 아반떼를 샀다. 은색의 아반떼는 정말 흔한 차였다.
그만큼 보편적이었기 때문에 어머니의 첫차로 알맞다고 생각했다.
차종부터 색상까지 전부 어머니를 고려한 선택이었다. 차에 대한 애착이 큰
아버지에게는 엄청난 결정이었다. 잔 흠집을 내도 티가 안 나는 은색 차였지만,
어머니는 선뜻 차를 끌고 나갈 수가 없었다. 혹여나 접촉사고라도 난다면
어떤 일이 벌어질지 우리 가족은 모두 알고 있었다. 그렇게 어머니를 위한 차는
가장 많은 시간을 그녀가 아닌 지하주차장에서 보내게 되었다. 후에 중고차를
통해 운전을 숙달한 뒤에야, 마침내 아반떼를 운전하게 되었다. 지금까지도 이 차를
타고 교회, 마트, 할머니 댁 등 이곳저곳을 다닌다.

세상을 움직이는 우먼파워 '떡잎부터 만든다'

'여성 DNA를 심어라' 기획부터 여자…여자…여자…
심리·니즈·생활패턴 분석 '여성 맞춤형'으로 승부
운전자 손톱보호 車도어…요리법 알려주는 냉장고
수납공간 많은 아파트 등 여심 공략법 갈수록 진화

'화장품을 먹는다.'

…남성의 상징처럼 여겨졌던 자동차도 탄생 전부터 '여성의 터치'가
입혀지기 시작했다. 시트의 따뜻함을 즐기는 여성이 핸들의 차가움을
싫어한다는 것을 남자들은 모른다. 여성 운전자의 긴 손톱이
차 도어에 부딪혀 자주 깨진다는 사실 역시 남성 개발자들은 알 턱이
없다. 현대·기아차가 올해 '뉴 모닝'에 '열선 스티어링 휠'과
여성들의 손톱 손상 방지를 위한 '그립 타입 아웃사이드 도어 핸들' 등
여성용 사양을 넣게 된 것은 온전히 여성 직원들의 아이디어 덕분이다.
여성의 감수성이 딱딱하고 차가운 기곗덩어리에 여심을 아로새긴
것이다. 이에 힘입어 신형 모닝은 출시 한 달 만인 올 2월
1만 2,160대가 팔려나갔다. '그랜저' '아반떼' 등 현대·기아차의
대표 차종들을 모두 제치고 국내 판매 1위에 오르는 기염을 토했다.
이를 계기로 현대·기아차는 디자인·컬러·소재·편의사양 등
각 부문에 걸쳐 개발단계부터 여성의 기호를 반영하는 다양한
노력을 기울이고 있다.

출처: "[세상을 움직이는 우먼파워] (2) 떡잎부터 만든다.", 《서울경제》, 2011.6.21

베일벗은 '뉴아반떼', 동급 최초 적용된 사양은?

현대차가 27일 신형 아반떼에 적용된 동급 최초의 시스템들을 전격
공개했다. 특히 안전사양과 편의장치가 기존보다 대폭 강화됐다.
가장 눈길을 끄는 것은 '주차조향 보조시스템'이다. 특히 이 시스템은
동급최초이자 국내 최초로 적용돼 여성과 초보운전자들의 평행주차
시 주차 편의성을 극대화시켜줄 것으로 기대된다. 방식의 차이는
있지만 그동안 수입차에서의 전유물이었던 주차보조시스템을 국내
신차에 적용하기는 이번이 처음이다. … 동급 최초로 적용된 HID
헤드램프는 자연광에 가까운 백색광을 제공해 눈의 피로를 덜어주고
야간운전 시에도 충분한 시야를 확보해 주는 등 안전성을 크게
향상 시켜준다. 또한, 전조등을 켠 상태에서 시동을 끄고 하차할 경우
30초간 점등 상태를 유지해주는 '에스코트' 기능도 갖춰 기능면에서도
고급화됐다. 이 밖에도 신형 아반떼는 동급 최초로 뒷좌석 쿠션 부분에
도 열선을 내장, 동절기에 1열 승객뿐만 아니라 후석 탑승자에게도
안락한 승차감을 제공하고, 운전자가 차량에 접근하면서 리모콘 키나
스마트키를 작동시키면 아웃사이드 미러 하단의 LED 퍼들 램프가
점등되며 주변을 밝혀주는 템테이션 라이트 기능도 추가됐다.

출처: "베일벗은 '뉴아반떼', 동급 최초 적용된 사양은?", 《머니투데이》, 2010.7.27

부동의 1위 … 아반떼는 어떻게 진화했나?

현대자동차 아반떼가 월 판매량 1만대를 유지하며 부동의 1위를
지키고 있는 가운데 최초 모델부터 지금의 MD까지 얼마나
발전했을까. 아반떼는 올해 데뷔 16년을 맞은 국산 대표 준중형
세단이다. 1세대 모델은 1995년~2000년 출시했다. 엘란트라를
대체해 등장한 뒤 두 달 만에 1만 9,000대를 팔아 단숨에 국내
준중형 세단의 최강자로 등극했다.

#화려한 시작

화려한 디자인은 아반떼의 트레이드 마크였다. 날렵한 에어로
스타일의 차체와 스포츠카 형상의 프론트 디자인, 고양이 눈을
연상시키는 리어램프가 소비자들을 사로잡았다. 국내 기술력으로
개발한 엔진에 4단 자동변속기, 5단 수동변속기를 조합해
최고속도 197km를 돌파했다. 이 모델은 아시아-태평양 랠리에서
연속으로 우승을 차지하는 등 현대차의 진가를 널리 알렸다.

…3세대 아반떼 HD는 2006년 세련된 디자인으로 출시 이후
지금까지도 꾸준한 사랑을 받고 있는 모델. 현대차가 패밀리룩이라고
공식 발표하진 않았지만 TG그랜저, NF쏘나타의 새롭게 바뀐 외관과
비슷한 인상을 심어줬다. HD는 유선형의 깔끔한 디자인으로
고급스럽고 스포티함을 동시에 느낄 수 있어 소비자들에게 폭발적
반응을 이끌어 냈다. 특히 하이브리드 엔진을 장착한 국내 최초의
하이브리드카 아반떼 LPI 하이브리드를 선보이며 연비개선 노력도
계속했다.

출처: "부동의 1위 (…) 아반떼는 어떻게 진화했나?", 《동아경제》, 2011.9.26

우리 집의 마지막 중고차
마티즈

제조사 대우자동차
차종 경형
배기량 796cc
생산기간 2008 ~

출처: "GM대우 마티즈", Retrieved June, 20, 2016 from https://namu.moe/w/GM대우%20마티즈

"엄마가 드디어 운전을 극복했지.
그때 빨간 마티즈가 교문 근처에
오면 친구들이랑 선도 선생님이
다 넌 줄 알아봤잖아."

어머니의 '마티즈'

앞서 여러 차례 도로운전에 실패하고, 새 차 아반떼 HD를 사놓고도 운전을
하지 못하고 있던 어머니가 다시 운전을 시도해 보겠다고 하셨다. 집 앞에 있던
학교에 다니던 나와 동생이 집의 이사와 동시에 버스를 타고 등하교를 하게 되었기
때문이다. 어머니는 나와 동생을 학교와 학원으로 데려다 주기 위해 이번에는
정말 반드시 운전을 해야 한다고 생각하셨다. 다만 새 차로 운전을 하는 것이
부담되었던 어머니는 중고차로 먼저 운전에 익숙해지기로 했다. 교회의 지인이 타던
마티즈를 55만 원에 주고 샀다. 그리고 이전과 달리 아버지가 아닌 전문
운전강사에게 연수를 받게 되었다. 어머니는 운전에 자꾸 트라우마가 생기는 데에
아버지가 큰 몫을 한다고 말했다. 매일 등굣길 친구들은 빨간 마티즈를 보면 창문을
두드려 인사하곤 했다. 한동안 왕초보 운전 종이를 붙인 빨간 마티즈는 나와 동생의
상징이었다. 그렇게 11년 만에 드디어 운전을 극복한 어머니는 아반떼 HD를
넘겨받았다. 어머니의 운전 극복을 도왔던 마티즈는 여러 번의 작은 사고와 노화로
너덜너덜해진 채로 폐차되었다. 마지막 힘을 다하던 마티즈는 도로 한복판에
정차해 견인되기까지 했다.

장 보러갈 때는 OO가 최고?

국내 운전자들은 경차에 대해 '장보러 갈때 가장 타기 좋다'는 생각을 가진 것으로 나타났다. … 응답자들은 1000cc이하인 경차의 용도에 대해 장보러 갈 때(72.7%) 가장 잘 어울린다고 답했으며 이어 출퇴근 할 때(66.1%), 아이들 등하교 시킬 때(48.5%)를 들었다. … 전체적으로 운전자 2명 중 1명(53%)은 경차에 대해 호감을 갖고 있었고 모델로는 기아차 모닝을 67%, GM대우 마티즈를 25%가 선호했다. 경차를 마음에 들어하는 이유는 '연비가 좋아서'(47.7%), '차량 가격이 저렴해서'(17.1%), '혜택이 많아서'(13%) 등의 순서였다. 마음에 들지 않는 이유로는 '안전하지 않을 것 같아서'(39%)와 '승차감이 좋지 않아서'(13.5%) 등을 꼽았다. 경차의 이미지는 모닝과 마티즈 모두 '여성', '전업주부'와 어울렸고, 연령대는 모닝은 '20대 후반', 마티즈는 '20대 초반'의 이미지로 나타났다.

출처: "장 보러갈 때는 OO가 최고?", 〈헤럴드POP〉, 2009.7.25

자동차 선호도? '女-마티즈, 男-아반떼'

여성이 갖고 싶은 중고차 1위는 마티즈, 2위는 아반떼로 선정되면서 남성에 비해 경·소형차를 선호하는 것으로 나타났다. 특이한 점은 대형RV차량인 스타렉스와 카니발이 3위와 5위에 포함된 것. 이는 가족단위로 이동이 많은 가정이나 운반 및 이동과 관련된 업계의 종사자들이 주를 이루는 것으로 분석된다.
20~50대를 아우르는 전 여성층이 선호하는 중고차 모델은 역시 마티즈로 확인됐다. 이어 20대에서 아반떼와 뉴마티즈가 2·3위를 차지해 막강한 경차 지지율을 드러냈다. 여성들이 중고 마티즈를 선호하는 이유는 저렴한 중고차 가격과 차량 유지비용 때문인 것으로 추측된다.

출처: "자동차 선호도? '女-마티즈, 男-아반떼'", 〈bnt뉴스〉, 2010.3.16

"이걸 운전이라고…" "그래 잘났수"

부부끼리 운전교습 '충돌' 막으려면
감정 앞선 자극적 인신공격부터 삼가야
주의줄 땐 차 한편으로 세운 뒤 차분히 설명…
"아이구! 이 미련한 여편네야, 깜박이를 켜라니까"
"이리 멍청하니 살림도 엉망으로 하지"
"운전면허는 어떻게 땄어, 커닝이라도 했나"
한 달 전 주부 김모(34.서울 서초동) 씨는 남편을 조수석에 태우고 운전연습을 하면서 이런 '인신 공격적'인 말들을 참아내야 했다. "그래 당신 잘났수" 분을 이기지 못해 쏘아붙인 한 마디에 부부싸움이 벌어졌다. 결국 운전학원을 찾아 비싼 수강료를 내고 도로주행연습을 해야했다. … 교통전문가들은 구하기 쉬운 운전교사인 남편 등 가족 구성원이 '최악'의 운전교사가 되는 경우가 종종 있다고 말한다.

출처: "부부끼리 운전교습 [충돌] 막으려면?", 〈동아일보〉, 1997.8.28

'초보운전' 표지 안 붙여도 된다. '난폭운전자 표적 일쑤'

경찰청은 17일 초보운전자 보호를 위해 1종 또는 2종 보통면허를 받은 날부터 6개월 동안 초보운전자 표지를 부착, 운행토록 한 규정을 폐지하는 것 등을 뼈대로 한 도로교통법 개정안을 마련해 입법예고 하기로 했다. 이는 운전면허를 받고 곧바로 운전하지 않고 1~2년 동안 면허증만 소지하는 이른바 '장롱 면허' 소지자가 많고 초보운전 표지 부착 시 난폭운전자들이 위협하는 사례가 잦은 데 따른 것이다.

출처: "'초보운전' 표지 안붙여도 된다. … 경찰청, 관련법 개정", 〈한겨레〉, 1998.11.18

아는 오빠가 권해준 차가
1등급 안전성이 아니면
그냥 아는 오빠로만 지내세요

출처: "아는 오빠가 권해준 차가 1등급 안정…",
Retrieved June, 20, 2016 from http://imblog.tistory.com/477

출처: "고유가시대의 수퍼스타…", Retrieved June, 20, 2016 from
http://m.blog.daum.net/privatopia/7812164

출처: "어디, 빈틈이 있으면 들어와 보라구!", Retrieved June, 14, 2016 from
http://data.adic.co.kr/mul/paper/jpg_h/199812/ISA000443.jpg

H아파트 (2010 ~ 2016)
/ 159m²

쏘렌토, 가성비가 좋은 차

"SUV 유행이 시작됐지."
SUV 대유행. 스포츠
유틸리티를 내세우며, 여가
생활을 강조하는 광고가
나왔다. 아버지는 가족과
함께하는 여가 생활을
중요시한다. 때문에 안전을
위해 비싸더라도 사륜구동
쏘렌토를 선택했다. 하지만
아이들이 성인이 되자
여행을 전처럼 자주 가지
못하게 되었다. 게다가
강원도 산간지역이 아닌 서울,
경기 지역만 주로 다녀
사륜구동을 계속 소유할
필요가 없어졌다.

포터 2, 우리 집의 세 번째 차 [1]

출처: "기아 쏘렌토", Retrieved June,
20, 2016 from http://auto.daum.
net/newcar/make/model/main.
daum?modelid=2373

쏀타페, 기다렸던 새 디자인의 차 [2]

**"엄마한테 5년 동안 차를
바꾸지 않겠다고 설득했어."**
현대 쏀타페가 디자인을 바꿔
새로 출시되었다. 이번에는
디자인이 마음에 들어 차를
바꿔야겠다고 생각했다.
디자인 풀체인지까지 5년
동안 차를 바꾸지 않겠다고
엄마를 설득해 구매했다.

1. 출처: "현대 포터 2", Retrieved
June, 20, 2016 from http://auto.
daum.net/newcar/make/model/
main.daum?modelid=2711

2. 출처: "현대 쏀타페 더 프라임 |
갤러리 | 자동차 백과 : 다나와 자동차",
Retrieved June, 20, 2016
from http://auto.danawa.com/auto
/?Work=model&Model=3273&T
ab=photo&No=51590

포터 · 모닝, 불황에 더 빨리 달렸다
업계에서는 소형 트럭의 판매 대수가 늘어날수록 불황
시그널로 여긴다. 불황으로 창업에 뛰어든 자영업자들이 가장
많이 찾는 차가 이들 소형트럭이기 때문이다. 소형트럭들이
'불황의 아이콘'으로 불리는 이유다.

〈현대차 포터 · 기아차 봉고 연도별 내수 판매량〉

출처: "포터 불황에 더 빨리 달렸다.", 〈BUSINESSWATCH〉, 2014. 2. 3

**"내가 특별히 현대차를
좋아해서 타는 게 아니야."**
차를 사랑하는 아버지가
외제 차를 타지 않는 이유는
중고 거래 때문이다. 국산
차는 외제 차에 비해 빠른
중고 거래가 가능하다.
마음에 드는 신차가 생겼을
때 쉽게 되팔고 재구매가
가능하다. 특히 현대차가
매물이 많고, 국내
시장에 부품도 많으므로
선호한다.

"이 다음 차는 말이지…."
아버지는 요즘 지하 주차장에
있는 이웃들의 요트,
트레일러에 관심을 보인다.
제주로 이사한 후 캠핑
트레일러, 승용차, RV,
할리데이비슨을 구매할
것이라며 어머니를 설득
중이다. 특히 '할리데이비슨
투어링 라인'에 있는
'로드킹'을 사고 싶다며
계속 말하고 있다.

중고차 성적표 '감가율' 국산차가 좋다.
〈중고차 가격방어율 최고·최저업체 및 차종〉

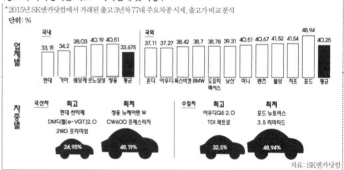

* 2015년 SK엔카닷컴에서 거래된 출고 3년차 77대 주요차종 시세, 출고가 비교 분석
단위: %

출처: "중고차 성적표 '감가율' 국산차가 좋다.", 〈세계일보〉, 2016. 2. 22

아버지의 첫 SUV
쏘렌토

제조사 기아자동차
차종 중형
배기량 2,497cc
생산기간 2002 ~ 2009

출처: "기아 쏘렌토", Retrieved June, 20, 2016
from http://auto.daum.net/newcar/make/model/main.daum?modelid=2373

"SUV 유행이 시작된 지 좀 됐지.
벼르고 벼르다 나도 드디어
SUV를 샀지. '여행 가기에도,
지방에 출장 갈 때도 딱이야.'라는
말로 엄마를 설득했지!"

아버지의 '쏘렌토'

SUV 차량의 붐이 한창 되고 있었다. 스포츠 유틸리티를 내세우며, 여가생활을
강조하는 광고가 나왔다. 평상시 여가생활을 중요시하던 우리 가족이었다.
우리 가족에게 SUV가 딱이라고 생각한 아버지는 여러 가지 SUV 차량을
알아보기 시작했다. 네이밍과 디자인 변경 패턴까지 분석할 정도로 차 디자인에
관심이 많고 꼼꼼한 그가 고른 차는 기아 쏘렌토였다. 차를 되팔 때를 염두에
둬서 현대차를 선호하는 아버지의 의외의 선택이었다. 이유는 디자인 때문이었다.
당시 현대 싼타페는 디자인 풀체인지를 마친 지 3년 정도가 지났기 때문에 1, 2년
이내에 전면 페이스오프 될 것 같았다. 램프의 디자인 하나만 바뀌어도 새로운
차가 욕심난다는 아버지는 디자인 변경을 마친 지 얼마 되지 않은 기아 쏘렌토에
더 눈길이 갔다. 지난 몇 년간 회사 차를 주로 이용하고, 주말에도 어머니의 아반떼를
이용하던 아버지에게 새 차 구매는 굉장히 설레는 일이었다. 남성적인 차를 원해
외제 차 또한 생각했지만, 역시 몇 년 뒤 차를 바꿀 것을 염두에 둬서 국산차를
선택했다. 외제차 살 돈을 이 차에 모두 몰빵하겠다고 생각한 아버지는 풀옵션의
최고 사양 쏘렌토를 샀다.

'싼타페 vs 쏘렌토' … 치열한 현대 · 기아차 'SUV 집안싸움'

지난해 SUV 시장서 처음 현대차 제친 기아차
현대차 4월 출시 '신형 싼타페' 앞세워 회복세
기아차 7월 뉴 쏘렌토 출시로 1위 굳히기 돌입

… 자존심을 구긴 현대차는 지난 4월 신형 싼타페를 출시하며
국내 SUV 시장 1위 탈환에 나섰다. 본격 판매를 시작한 지난 5월
신형 싼타페 판매량은 5,776대로 구형 싼타페를 포함하면 한 달간
총 7,809대가 팔렸다. 지난 1~4월 구형 싼타페 판매량은 6,397대였
다. 싼타페는 지난 5월 한 달간 4개월치 판매량을 웃도는 실적을 올린
셈이다. 또 쏘렌토R에 뒤처져 있던 누적판매도 역전했다. 올 1~5월
싼타페 판매량은 1만 4,206대로, 쏘렌토R(1만1967대)보다
2,000대가량 앞섰다. 기아차는 오는 7월 뉴 쏘렌토R를 출시해 또
한 번의 반격에 나선다. 기아차는 이날 뉴 쏘렌토R의 외관을 공개하고
본격적인 초기 붐 조성에 돌입하기도 했다. 기아차 관계자는
"뉴 쏘렌토R은 성능, 디자인, 연비, 신기술 등 모든 면에서 신차급
수준으로 신형 싼타페와 견줘도 전혀 손색이 없다"며 "뉴 쏘렌토R가
국내 중형 SUV 시장에 새로운 돌풍을 일으킬 것으로 기대한다"고
말했다.

출처: "'싼타페 vs 쏘렌토' … 치열한 현대 · 기아차 'SUV 집안싸움'", 〈이데일리〉, 2012.6.19

뉴 쏘렌토R … "40대 가장이 살살 몰기는 제격"

기아차 쏘렌토R의 부분변경 모델인 뉴 쏘렌토R을 내놨다. 2009년
처음 출시된 이후 3년 만에 플랫폼(뼈대)을 바꿀 정도로 신차급의
변화를 시도했다. 12일 기아차 화성공장에서 열린 기자 시승회에서
직접 운전해본 결과 30대 중후반 남성 고객을 타깃으로 삼았다는
설명에 적합한 차량이었다. 가장 큰 변화는 플랫폼을 현대차
싼타페에 들어간 것으로 바꾼 점이다. 엔진은 기존 모델과 비교해
거의 변화가 없다. 2.0ℓ 디젤만 토크가 기존 40.0㎏·m에서
41.0㎏·m로 미세하게 올랐을 뿐이다. 연비는 기존 모델보다
13%가량 좋아졌고 유로5에 만족한 정도로 이산화탄소
배출량(162g/㎞)도 줄었다. 시승차는 2.2ℓ 디젤 4륜 최고급
사양이다. 출력은 200마력(3800rpm)이고 최대토크는
44.5㎏·m(1800~2500rpm)다. 연비는 12.4㎞/ℓ이고 공차 중량은
1874㎏이다. … 문을 열고 차에서 내리며 든 생각은 기아차가
주장한 것처럼 40대 가장이 가족들과 함께 천천히 운행해야 하는,
매우 부드러운 SUV라는 것이었다.

출처: "물렁한 서스펜션 · 가벼운 핸들, 유럽차와 견주긴 무리", 〈뉴시스〉, 2012.7.12

뉴 쏘렌토R, "어디가 바뀐거지?" … 얼핏보니 구형과 비슷

먼저 외관이다. 처음 뉴 쏘렌토R을 봤을 때 살짝 당황스러웠다.
전면부에 LED(발광다이오드) 포지션 램프를 장착한 것과
뒷부분 램프 디자인이 바뀐 것을 빼면 신형과 구형을 구별하기 힘들
정도다. '세 번째 쏘렌토'라고 자랑하기엔 이전 모델인 '두 번째
쏘렌토'에서 많이 진화하지 못했다는 느낌이 들었다. 물론 이전
쏘렌토R이 워낙 잘 만들어진 탓도 있다. 인테리어도 아쉬웠다.
풀체인지(전면 변경) 수준으로 바뀌었다지만 독수리가 날개를 펼친
듯한 형상의 센터페시아 등으로 정체성을 확립한 현대차와 달리
기아차는 밋밋한 디자인이다. 쉽게 조작할 수 있도록 배치된 버튼은
제 기능을 수행했다. 7인치짜리 계기판 디자인은 일취월장했다.
대시보드 상단의 디지털시계는 계기판처럼 좀 더 세련됐으면 하는
아쉬움이 있었다. 전체적인 품질은 좋아졌어도 감성품질 만족도가
낮다는 점은 싼타페와 쏘렌토 간 형제차 대결에서 밀릴 수밖에
없는 요인이라고 조언하고 싶다. … 뉴 쏘렌토는 기아차 스포츠
유틸리티차량(SUV) 라인업의 핵심 모델이다. 경쟁 차량인
신형 싼타페는 물론 세계 어디에 내놓아도 믿음직한 동생 스포티지와
달리 조금 모자란 느낌이다. 향후 풀체인지를 위해 실력을 아껴둔
것일까.

출처: "뉴 쏘렌토R … '어디가 바뀐거지?' … 얼핏보니 구형과 비슷", 〈한국경제〉, 2012.7.27

출처 : "시간앞에 더욱 빛나는 가치", 〈매경닷컴〉, 2012. 2. 11

출처 : "自 & 他", Retrieved June, 14, 2016 from
http://pr.kia.com/ko/now/museum/library/2011-0892.do

출처 : "한결 같은 인기, 더욱 커지는 가치, 쏘렌토R", Retrieved June, 14, 2016
from http://pr.kia.com/ko/now/museum/library/2012-0978.do

출처 : "쏘렌토R, SUV의 새로운 리더로 급상승하다" Retrieved June, 14, 2016
from http://pr.kia.com/ko/now/museum/library/2009-0745.do

출처 : "새로운 플랫폼 위에서 가장 놀라운 쏘렌토를 완성하다", Retrieved June, 14,
2016 from http://pr.kia.com/ko/now/museum/library/2012-0975.do

오직 디자인 때문에 바꾼 신차
싼타페

제조사 현대자동차
차종 중형
배기량 1,995 ~ 2,199cc
생산기간 2012 ~

출처: "현대 싼타페 더 프라임 | 갤러리 | 자동차 백과 : 다나와 자동차", Retrieved June, 20, 2016
from http://auto.danawa.com/auto/?Work=model&Model=3273&Tab=photo&No=51590

"엄마한테 5년 동안 차를 바꾸지
않겠다고 설득했어.
그런데 몇 년 뒤에 싫증이
날 수도 있잖아?"

아버지의 '싼타페'

현대 싼타페가 디자인을 바꿔 새로 출시되었다. 아버지가 기다린 대로
디자인을 풀체인지 한 것이다. 바뀐 디자인이 마음에 들었던 아버지는 어머니를
설득해서 차를 바꿨다. 사실 싼타페의 디자인이 곧 바뀔 것을 알고 있었다. 자동차
브랜드별 디자인 변경 주기를 꿰고 있던 아버지의 치밀한 계획이었다.
디자인 풀체인지까지 5년 동안 차를 바꾸지 않겠다고 어머니를 설득해서 구매했다.
자동차 구매에 철두철미한 아버지는 신차 출시 후 1년간 안전 검증과 구매
평가를 기다렸다. 때마침 기아에서는 '올 뉴 쏘렌토'를 출시했다.
아버지의 쏘렌토는 구형이 되어버린 것이다. 그는 신형 차가 탐나기 시작했다.
사실 쏘렌토나 싼타페나 타보면 그게 그것이라고 말했다. 그런데도 싼타페 다음
차를 궁리하는 아버지이다. 몇 년 후 사게 될 다음 차에 대한 염두를
싼타페 구매 시부터 미리 해왔다. 중고시장에 미리 가서 영업 사원에게
싼타페의 중고거래에 대해 알아본 것이다. 영업사원은 가장 대중적인 '진주 펄
화이트' 컬러가 다른 색상보다 몇십만 원 정도 비싸게 거래된다고 말했다.
또한 쏘렌토 구매 시 장착했던 옵션 중 필요가 없던 대부분 사항을 빼고,
겨울 산간 이용을 대비해 골랐던 사륜 구동 또한 제외했다. 예전보다
여행을 자주 못 갈 뿐 아니라, 우리가 강원도 산골에 사는 것도 아니기에 연비만
나쁘고, 불필요함을 깨달았기 때문이다.

2012년형 싼타페 더 스타일 출시 … 디자인 · 옵션 보강

현대자동차는 1일부터 중형 스포츠유틸리티차량(SUV)인 2012년형 '싼타페 더 스타일'을 판매한다고 밝혔다. 2012년형 싼타페는 지난해 연말 에어백 등 상품성 보강 모델이 출시된 지 7개월 만에 나왔다. 내외장 디자인 개선 및 편의 옵션을 확대 적용한 게 특징이다. 외관은 라디에이터 그릴과 스키드 플레이트(언더 커버), 전조등 포지셔닝 램프 등이 변경됐고 18인치 전면 가공 알루미늄 휠과 블랙 하이그로시의 루프랙을 적용했다. 실내 인테리어는 센터페시아와 도어 트림 등에 신규 우드그레인을 적용했고 스웨이드 가죽 시트에 음이온 코팅 가죽도 추가했다. 또 소비자 선호 사양인 운전석 통풍 시트, 열선 스티어링 휠 및 USB 동영상 재생 기능을 더했다. 이 밖에 전 모델에 가죽시트와 리모콘 아웃사이더 미러 폴딩 기능을 기본 지원한다.

출처: "2012년형 싼타페 더 스타일 출시 … 디자인 · 옵션 보강", 〈이투데이〉, 2011.7.1

현대차 싼타페, 유럽서 가장 안전한 SUV로 선정

현대차는 25일 스포츠유틸리티차량(SUV) 싼타페가 최근 유로 NCAP(유럽 신차평가 프로그램)로부터 '2012 대형 오프로드 4X4 부문'에서 최고 안전차량으로 선정됐다고 밝혔다. 유로 NCAP(European New Car Assessment Program)는 1997년부터 시작된 유럽신차평가프로그램으로 유럽에서 판매 중인 자동차의 안전성을 검증하는 테스트를 실시하고 그 결과를 발표한다. 이 평가 결과는 유럽은 물론 전 세계 자동차 소비자들의 신차구매에 큰 영향을 미치고 있다. 현대차에 따르면 이번 유로 NCAP 조사는 지난해 안전도 평가를 거친 36개 차종을 대상으로 이뤄졌다. 차량 부문은 '초소형', '소형패밀리', '대형 패밀리', '소형MPV', '소형 오프로드 4X4', '대형 오프로드 4X4', '비즈니스&패밀리 밴' 등 총 8개다. 현대차 싼타페는 '성인 탑승자 보호'에서 96%의 점수를 획득했다. '어린이 탑승자 보호'에서는 89%, '보행자 보호'에서 71%, '안전 장비'에서 86%의 점수를 각각 얻었다. 특히 싼타페는 성인 탑승자 안전도 평가 중 측면 장애물 테스트의 신체 전체 부분에서 최고 점수를 획득했다. 지난해 4월 국내에 처음 출시한 신형 싼타페는 유럽에서는 지난해 하반기부터 판매되고 있다.

출처: "현대차 싼타페가 유럽서 최고 안전차량으로 뽑혔다.", 〈매일경제〉, 2013.1.25

"내가 제일 잘 나가" … 중고차 시장 현대차 싹쓸이, 왜?

현대차가 중고차 시장에서 높은 평가를 유지하고 있다. 16일 (현지 시각) 미국 최대 중고차 잔존가치 평가업체인 '오토모티브 리스 가이드(ALG)사'에서 선정한 브랜드별 평가에서 3위를 기록했으며 국내 중고차 시장에서도 올 하반기 매매된 중고차 중 가장 많은 차종을 보유한 브랜드로 꼽혔다. 중고차 전문사이트 카파알은 자체 분석 결과 중고차 매매 상위권 1~5위를 모두 현대차 브랜드가 차지했다고 18일 밝혔다. 1위는 현대의 그랜저 TG로, 뒤를 이어 아반떼HD, 쏘나타YF, 싼타페CM, 소나타 NF 순이었다. 이 회사 마케팅 담당자는 이에 대해 "안정적인 브랜드 파워와, 신차 출시로 인한 홍보효과, 소비자들의 품질 만족도, 시세 감가로 인한 경쟁력있는 가격 등의 복합적인 조건이 맞아떨어졌기 때문"이라고 설명했다. … 중고차시장 대표 베스트 셀링카 쏘나타의 경우, 높은 조회량과 인기를 보이지만 매물량이 부족해 거래가 활발하지 못한 K5에 비해 앞서 출시된 쏘나타 YF가 출고 2년 만에 중고차 거래량 3위를 차지하며 급부상했다. 신차 시장에서도 SUV 중 가장 많은 판매 대수를 자랑하는 싼타페는 중고차 거래량 순위권에서도 SUV 차량으로는 유일하게 상위권에 올랐다.

출처: "'내가 제일 잘 나가' … 중고차 시장 현대차 싹쓸이, 왜?", 〈전자신문〉, 2011.11.18

2012년 싼타페, 외관이 고급스러워졌다

신규 디자인 적용해 프리미엄 이미지 강화
운전석 통풍시트 등 고급차 사양 적용
동력 성능은 그대로 … 가격도 거의 비슷 …
현대차는 "싼타페와 톱스타 차승원이 오랜 시간동안 완성된 내공과 스타일을 유지한다는 점에서 공통점을 지니고 있는 만큼 TV광고 뿐만 아니라 극장광고, 프로모션 등 차승원을 활용한 다양한 커뮤니케이션을 선보일 계획"이라고 밝혔다.

출처: "2012년 싼타페, 외관이 고급스러워졌다", 〈이데일리〉, 2011.7.1

출처: "스타일에 엣지를 더하다", Retrieved June, 14, 2016 from
http://tour.hyundai.com/Files/h_library/image/n_hmuseum_1151.jpg

출처: "휴가도 스타일리시하게, 싼타페처럼", Retrieved June, 14, 2016
from http://tour.hyundai.com/Files/h_library/image/n_hmuseum_1171.jpg

출처: "겉과 속이 다르다", Retrieved June, 14, 2016 from
http://tour.hyundai.com/Files/h_library/image/pr_20120420_01.jpg

출처: "Style or Power? Style and Power!", Retrieved June, 14, 2016
from http://tour.hyundai.com/Files/h_library/image/n_
hmuseum_1140.jpg

출처: "자부심", Retrieved June, 14, 2016 from
http://tour.hyundai.com/Files/h_library/image/n_hmuseum_1158.jpg

우리 집의 세번째 차로 온 트럭
포터

제조사 현대자동차
차종 소형
배기량 2,497cc
생산기간 2007 ~

출처: "현대 포터 2", Retrieved June, 20, 2016
from http://auto.daum.net/newcar/make/model/main.daum?modelid=2711

"필요하지. 필요해서 샀다니까.
용달을 부르는 게 비싸. 몇 번 부를
돈을 생각하면 그냥 내가 포터를
하나 사는 게 나아."

아버지의 '포터'

"사업상 용달 부르는 일이 잦아졌다."라는 말로 아버지는 포터를 구매했다.
어머니는 좋은 핑계였다고 말씀하신다. 건설사업을 하고 계신 아버지는 자재를
옮길 때마다 용달차량을 대절하는 값이 비싸 아버지가 트럭 차량을 소유하는
것이 낫다고 판단하여 트럭을 샀다. 사실 나는 포터가 지하주차장을
나가는 것을 한 번도 목격한 적이 없다. 어머니도 이전에는 필요가 없었는데
갑자기 구매를 한다는 것이 이해가 가지 않는다고 하셨다.
포터가 아버지의 사업에 필요하다니 우리 가족 누구도 말릴 수는 없었지만,
아직도 포터가 왜 우리 집에 와있는지 의문이다. 이 와중에 신차를
좋아하는 아버지는 매일 타고 다니는 차가 아님에도 불구하고, 풀옵션의 가장
비싼 포터를 샀다. 중고를 구매하는 것이 어떻냐는 어머니의 말에 아버지는
"내 생에 중고차는 다시는 없다"라고 말했다.

불황때문? … 현대 포터 상반기 베스트셀링카 1위 '예약'

'서민의 발'로 불리는 현대차의 소형트럭 포터가 상반기 베스트셀링카 1위 자리를 사실상 예약, 관심이 모아지고 있다. … 9일 한국 자동차산업협회 등에 따르면 올해 1월부터 지난달까지 1t 트럭 포터는 모두 44,696대가 판매돼 국내 베스트셀링카 1위를 달리고 있다. 현재 1,430만 1,949만원에 판매되는 포터는 주로 길거리에서 채소나 과일을 팔거나 푸드트럭, 이삿짐 운반, 택배 등에 이용되는 생계형 소형트럭으로 경기가 나빠지면 자영업에 뛰어드는 퇴직자들이 많아져 포터 수요가 늘어난다고 보는 시각이 많아 불황과 상당한 관련성이 있다는 것이 중론이다.
출처: "지난달 국내 완성차 5사 판매 판매실적 분석해보니…",《한국경제》, 2016.6.9

생계형車 포터, '0원 할인'에도 고속질주

자영업자들이 주로 구입하는 현대자동차의 1톤 트럭 포터가 '0원 할인'에도 불구, 해마다 고속질주를 하고 있다. 특별한 마케팅 없이도 '저절로' 판매되는 현대차의 효자 차종이다. 현대차는 지난해 포터만으로 약 1조 5,000억 원의 매출을 거둔 것으로 추산된다. … 이처럼 포터 판매량이 높은 이유는 생계형 자영업자들이 차를 살 때 포터 외에 사실상 대안이 없어서다. 포터는 현대차의 유일한 소상공인을 대상으로 모델이다. 회사 관계자는 "포터는 워낙에 잘 팔리는 차종이어서 공식적인 할인은 없다"며 "지난달에 이어 이달에도 할인이 없다"고 말했다. … 자동차 업계 관계자는 "생계형 차는 경기 불황일수록 판매가 잘 되는 차"라면서도 "경차도 100만 원에 달하는 할인을 해주면서 할인이 더 필요한 생계형 차 소비자에게 할인을 해주지 않는 관행이 지속되고 있다"고 지적했다.
출처: "늘어난 '나홀로 사장' 덕에 마케팅 없이도 잘 팔려",《NEWSPIM》, 2016.6.4

어느 날 주차장에 있는 포터가 신기해서 사진을 찍은 나

쏘나타보다 많이 팔린 트럭 … '포터 지수'로 본 경기는?

'포터지수'통해 본 내수 경기는?=포터의 전신 'HD-1000' 트럭은 1977년 첫선을 보였는데 1981년 정부의 자동차 산업 합리화 조치로 생산이 중단됐다가 1987년 포터라는 이름으로 재탄생했다. 이후 포터는 서민들과 함께 우리 경제의 굴곡을 겪어왔다. … 자동차 업계에선 포터의 판매 급증을 불황의 '바로미터'로 여기기도 한다. 경기 불황으로 대량 실직이 이어지면 소상공인·자영업자가 늘어나고, 이에 따라 포터 수요도 증가하는 것이란 분석이 일반적이다. 2012년 이후 매년 포터 판매가 늘고 있는데, 얼어붙은 체감 경기는 이 같은 분석에 힘을 싣는다. 지난해 포터는 최대 연간 판매량인 9만 9,743대를 기록했는데, 올해에는 처음으로 10만 대 판매 달성을 이룰 것이란 예상도 나온다. '포터 지수' 논리를 적용하면 현재 현장에서 느끼는 체감 경기는 최악으로 치닫고 있는 셈이다. 포터 판매, 경기 쇼크 '후행'=포터의 판매추이는 경제 충격에 후행적으로 나타나는 경향을 보인다. IMF 외환위기와 같은 대형 충격이 닥친 시점에는 급격한 소비위축으로 절대 판매수치가 급감하게 된다. 경제 위기의 충격을 가장 크게 받는 계층이 포터의 주 소비층인 서민들이기 때문이다. 실제 IMF 당시인 1998년(연간 5만7788대 판매), 2008년 미국발 글로벌 금융위기 때(6만4422대) 판매량이 전년대비 각각 29%, 14% 큰 폭으로 줄기도 했다. 경제 충격의 여파로 감원과 구조조정이 뒤따르게 되면, 포터를 생계수단으로 삼는 사람들이 늘어 판매가 증가한다는 해석이 가능하다. 유럽 재정위기 당시인 2012년에도 8만 7,308대가 팔려 전년보다 12% 뚝 떨어졌는데 2013년부터 매년 판매량이 증가세를 보인다. 당분간 포터의 판매는 '순항'할 것으로 점쳐진다. 포터의 현재 출고 대기 물량은 1만 3,000대로, 출고까지 2~3개월은 기다려야 한다.
출처: "불혹앞둔 최장수 현대차 포터, 올 1월 단일차종 1위",《머니투데이》, 2016.2.12

출처: "더도말고 덜도말고 한가위만 같아라", Retrieved June, 14, 2016 from http://tour.hyundai.com/Files/h_library/image/n_hmuseum_1038.jpg

출처 : "1톤 사장님이시라구요?", Retrieved June, 14, 2016 from
http://tour.hyundai.com/Files/h_library/image/n_hmuseum_1103.jpg

출처 : "열심히 일하시는 사장님들을 위해!", Retrieved June, 14, 2016 from
http://tour.hyundai.com/Files/h_library/image/n_hmuseum_1039.jpg

출처 : "1등 포터로 성공까지 플러스하세요", Retrieved June, 14, 2016 from
http://tour.hyundai.com/Files/h_library/image/n_hmuseum_1134.jpg

3

자동차, 타인의 시선

류풍현

류송희의 아버지
1965. 2. 21 ~

아버지는 남자들 사이에서는 어느 정도 내가 다른 사람보다
잘 나가 보여야 한다는 심리가 존재하고 그것을 가장 잘
드러낼 수 있는 것이 자동차이며 그래서인지 남자들의 자동차에
대한 로망과 욕심이 남다른 것 같다고 했다. 그래도 아버지는
카니발을 버리지 않고 여전히 많이 타고 다니는데 원래 물건을
잘 버리지 않는 성격이기도 하고, 카니발은 BMW와는
다른 오래된 물건이 가지는 매력이 존재하기 때문이라고 한다.

'충북 제천시 청풍리 후산리'
거주

출생(1965. 2. 21)

시골집 (1965 ~ 1984)

물에 잠겨버린 옛날 집
아버지가 태어날 때부터
살았던 집이 84년도에
충주댐이 완공되면서 물에
잠겨버렸다. 그래서
원래 집과 가까운 곳으로
이사해야 했다.

**84년 수몰되기 전까지 살았던
옛날 집**

**떠내려가던 세간과
돼지 한 마리**
아버지가 살던 곳은 강 근처에
있던 작은 마을이었다.
당시 홍수를 막을 수 있는
어떠한 시설도 없었기에
비만 내리면 강물이
자주 불었다. 홍수가 날 때면
돼지가 지붕 위에서
가파른 물살에 휩쓸려 집과
함께 떠내려가는 모습을
자주 목격했다.

국민학교 앞에서 아버지

**산하 한강유역 기약하는
한국의 라인강**
남한강의 공업용수가
풍부할 뿐만 아니라 국내 최초
충주다목적댐이 완공되면
공업 도시로의 발전을
기대할 수 있는 여건을
갖추고 있다. … 가장 큰
고민 - 홍수 무방비 그러나
한강은 국내 최대 홍수피해
지대라는 이름을 벗어나지
못하고 있다. 수리시설이
안 되어 있고 산에 나무가
없어 비만 오면 홍수로
변하기 때문이다. 아직까지는
홍수 무방비지대나 다름없다.
홍수로 인해 죽어가는
사람도 매년 77명이나 되며
범람면적은 1만8천3백
정보에 달한다. 홍수를 조절,
수해를 막기 위해서도 한강
개발은 시급한 과제로
대두되고 있다.
출처: "산하 한강유역 기약하는
한국의 라인강", 《매일경제》,
1969. 7. 5

천막에서 봤던 첫 영화

동네에서 천막을 설치하여 영화 「의사 안중근」을 상영해줬다. 그것이 아버지가 본 첫 영화였다. 영화관에 가서 처음 봤던 영화는 「모세 십계명」이었다. 모세가 바다를 가르는 장면이 압도적이었다. 당시에는 컴퓨터 그래픽에 대한 것이 흔하지 않아서 충격적이고 놀라웠다.

영화 「의사 안중근」 제작 한창

호화캐스트에 외국인 출연 최다 · 잠자고 있던 증기기관차도 동원

영화 「의사 안중근」의 한 장면
출처: "영화 「의사 안중근」 제작 한창", 〈동아일보〉, 1972. 1. 24

집에 전기가 들어오다

아버지가 초등학교 5학년 때 집에 전기가 들어오기 시작했다. 그전엔 석유를 원료로 하는 호야와 호롱불을 사용했다. 전기가 들어오고 나서 마을중앙에 전화기 한대가 설치되었다. 전화가 오면 이장님이 마을방송으로 사람을 찾는 소리가 온 마을에 퍼져나갔다.

호롱불

호롱불이 그립다. 호롱불 밑에서 공부를 하던 사춘기 시절이 그립다. 그러나 이제는 호롱불을 볼 수가 없다. 요즘 아이들은 호롱불을 모르고 자라는 세월이다. … 이제 우리 고향에도 호롱불은 사라지고 없다. 산촌이지만 전깃불이 환히 켜지고 수돗물이 집집마다 촬촬 쏟아져 나오는 동네로 변해버렸다.

출처: "한국의 멋 테마에세이시리즈 호롱불", 시인 신세훈, 〈매일경제〉, 1982. 12. 6

배를 타고 등교했던 중학교

집과 중학교 사이에 남한강이
있어서 배를 타고 통학해야
했다. 비가 많이 내리는
날이면 물이 불어 배를 띄울
수 없었다. 그럴 때면
아버지는 학교에 가지 않아도
된다며 철없이 좋아했다.
어느 겨울, 차를 싣는 배에
자전거를 가지고 들어갔다가
배에서 내릴 때 아버지는
물에 빠져버렸다. 교복이
흠딱 젖어 집에 돌아가
할아버지의 옷을 입고 다시
학교를 가야 했다.

사진에 추억을 담다

중학교 2학년 때 동네
사진방에 흑백카메라가 아닌
컬러카메라가 들어왔다.
사진방에 가서 사진을
찍어보거나 카메라를 빌릴 수
있었다. 벼르고 벼르다가
중학교 수학여행을 갈 때
사진기를 빌려서 친구들과의
추억을 담은 사진을 많이
남겼다.

중학교 수학여행 당시 숙소에서

충주댐 수몰 직후 이사온
제천 고향 집 (1984 ~ 1991)
/ 69m²

하숙의 시작
당시 시골마을에는 학교가
없었기에 고등학교로
진학하려면 읍내로
나가야했다. 아버지도 그랬다.
중학교까진 집에서 등하교를
했지만 고등학교는 훨씬
먼 시내에 있어서 집을
떠나온 것이 아버지의 첫
하숙이었다. 생애 처음으로
집을 떠나 지내는 하숙은
아버지에겐 즐거운 추억이다.
"친구들과 몰래 야간자습
시간에 빠져나와 학교 뒷산
과수원에서 사과를 서리해서
홀로 자취하는 친구의
집에 놀러가 까먹던 것이
일상이었어."

고등학생 때 하숙집에서

할아버지의 900cc 오토바이
당시에 거리에서 차를 보는
일은 극히 드물었다. 조금
사는 집은 600cc~900cc의
오토바이를 갖고 있었다.
중학교 교사였던 할아버지도
900cc 오토바이를 타고
학교로 출근을 했다.
오토바이가 너무 멋있어
보였던 아버지는 할아버지가
자리를 비울 때면 몰래
오토바이에 올라타서
운전하는 자세를 취하면서
놀았다.

오토바이를 타고 포즈를

교련훈련
고등학교 졸업하던 83년
2월까지 학생들은 학교에서
군사교육을 받아야 했다.
총을 잡는 훈련과
행군을 했으며 교련 재직
훈련을 했다.

교련 훈련 중 친구들과

버스 승차권 한 장에 85원
83년도 아버지는
충남대학교에 입학하고
대전으로 올라와 큰집에서
얹혀살았다. 대학을 다니는
동안 한 달마다 승차권을
끊고 시내버스로 통학했다.
승차권 가운데에는 가격이
적혀 있었는데 아버지가
사용하던 승차권은 한 장당
85원이었다. 대전 내에서만
사용할 수 있었다.

대학생 때 사용하던 버스 승차권

1966년, 승차권 제도 실시
버스승차권제 실시 첫날인
1일 오전 매표소가
부족한데다 새벽 일찍 문을
열지 않아 큰 혼잡을 빚었다.

출처: "북새통 버스승차권제 첫날",
〈동아일보〉, 1966. 8. 1

어디서나 쓸 수 있게 버스
승차권 발행을
대중교통수단으로 우리는
제일 먼저 버스를 꼽는다.
우리는 한두 정류장을 갈 때도
대부분 버스를 타게 된다.
그만큼 버스는 우리의 발이
됐다. 그런데 한 가지 불편한
점을 여기에 투고하게 됐다.
… 버스 승차권을 한곳에서
구입하면 전국 어느
곳에서나 사용 할 수 있도록
해주었으면 한다.
출처: "어디서나 쓸 수 있게 버스
승차권 발행을", 〈경향신문〉,
1983. 2. 4

아르바이트에서 번 돈으로
만든 운전면허증

입대 전에 남는 시간이
아까워서 아버지는 교내
아르바이트를 시작했다.
한 달에 15~16만 원이라는
적지 않은 돈을 벌었다.
이 돈으로 운전면허 학원에
등록하여 아버지는 1종 보통
면허증을 취득했다.

운전면허취득자 5백만 돌파

11t 이상 대형트럭이나
버스를 운전할 수 있는
1종 대형면허 소지자는
45만2백67명, 11t 이하
트럭이나 16인승 이하
미니버스를 운전할 수 있는
1종 보통면허는 2백84만
2천2백11명, 영업용 3륜차
운전자격인 1종 소형
면허소지자는 1천25명이며
트레일러, 견인차 등
특수차 면허소지자는 7만8천
4백54명.
출처: "운전면허취득 5백만 넘었다",
〈경향신문〉, 1987. 9. 16

신기했던 자동차에 이끌려
누른 셔터버튼

아버지는 전투경찰로
복무하여 다른 군인들과 달리
임무 수행을 위해 시내로
나가는 일이 많았다. 그때만
해도 거리에서 자동차를
목격하기는 쉽지 않아 거리에
세워진 자동차를 보면
신기해서 동기들과 함께
옆에서 사진을 찍었다. 주로
대우 '맵시나'를 많이 봤고
좀 잘 사는 집에서는 타는
현대 '스텔라'도 봤다. 큰 저택
앞에서 개인 운전기사처럼
보이는 분이 '그라나다'를
청소하는 것을 본 적도 있다.

'그라나다' 앞에서 친구들과
(좌측에서 두 번째가 아버지)

마이카 붐

'집보다 차 먼저…' 마이카 붐
'샐러리맨, 독신여성 월부
차주 크게 늘어'
'주말 가족동반 여행 등
생활 패턴도 변해'
'외식, 레저, 쇼핑 바람
일으켜…'
산업구조에도 큰 영향.
교통부통계에 의하면
지난 4월 말 현재 전국 자동차
대수는 총 2백19만8천
3백96대. 이 중 55.7%인
1백22만4천9백11대가
자가 승용차로 인구
4천2백만 명을 기준으로
34명당 1대꼴, 8가구당 1대
꼴로 보유하고 있는 셈.
출처: "집보다 차 먼저 … 마이카붐",
〈동아일보〉, 1989. 7. 22

1990
충북 진천 향료회사 연구원

91
'충북 청주시 사직동
목련아파트' 거주

결혼

목련아파트 (1991 ~ 1994)
/ 56m²

92
'일본 오사카 향료회사'로
파견

93
딸 송희, 출생

← 출처 : "1985 현대 프레스토",
Retrieved April, 24, 2016
from goo.gl/m0j4Z6

→ 출처 : "1986 대우 르망 세단",
Retrieved April, 24, 2016
from goo.gl/DwWGQU

94
'충북 진천군 진천읍 읍내리
정암4차 아파트' 거주

정암4차아파트
(1994 ~ 1995) / 66m²

르망 STi, 아버지 돈으로
처음 구매한 차

머나먼 출근길

당시 아버지는 진천에 있던
식품회사에 다녔다.
그때까지만 해도 진천은
굉장히 시골이어서 거리에
자가용이 별로 다니지 않았다.
집에서 회사까지 가는
직행 버스를 타도 편도
30분 정도 걸렸다.

**이 여인숙 같은 집이
신혼집이라니?**

신혼 때 출가를 하고
처음으로 아버지 명의의 집이
생겼다. 그 집이 바로
두 부부의 신혼생활을 위한
첫걸음이었다. 그러나
파릇파릇한 젊은 두 부부가
기대하는 앞날과는 다르게
첫 보금자리가 된
목련아파트는 금방이라도
무너질 듯 허름하고 오래된
집이었고 건물 구조가
아파트라기보단 마치
여인숙 같았다. 그 정도로
낡은 집이었음에도 하필 이때
부동산 가격이 뛰기 시작해서
그들은 허름한 집을 비싸게
살 수밖에 없었다. 원래는
전세로 들어가려 했지만,
이제는 우리가 살게 될 집이니
돈을 좀 더 주더라도 그냥
사버리자는 생각에 집을
구매하게 된 것이었다.

지방 아파트값도 뜀박질

서울의 아파트값 상승에
자극을 받아 지방의
아파트값도 서서히 오르고
있다. 특히 수도권 지역은
올 들어 최고 20%나
폭등했으며 … 이는 재개발
기대 붐이 작용하고 있기
때문으로 보인다.
출처 : "지방 아파트값도 뜀박질",
〈경향신문〉 1991. 4. 10

프레스토(중고), 아버지의 첫 차

일본으로 첫 해외파견

아버지는 일본 오사카로
파견됐다. 한번은 직원들과
가라오케에 갔는데, 일본
직원들이 우리나라 노래인
'돌아와요 부산항에'를 굉장히
정확한 발음으로 불러서
놀라웠다. 그 후 1993년 서울,
일본에서 함께 일했던
직원을 만나 서로 그때의
추억을 더듬으며 이야기꽃을
피우기도 했다.

**일본에서 「돌아와요
부산항에」 큰 인기**

조용필의 「돌아와요
부산항에」가 일본 가요계에
돌풍을 일으키고 있는 가운데
NHK방송은 오는 11월8일
「돌아와요 부산항에」
특집프로를 만들기로 했다.
… 조용필이 지난 5월 CBS
소니에서 낸 「돌아와요
부산항에」는 그동안
LP싱글 카세트테이프를 합쳐
10만 장이 팔린 것으로
알려졌다.

부산을 돌아보기 위해 내한한 일본
가수 아쓰미(좌)와 조용필(우)
출처 : "일본에서 돌아와요 부산항에
큰 인기", 〈동아일보〉, 1983. 9. 12

윗집의 층간소음

목련아파트에서의 기억은
첫 인상만큼 별로 좋지
않았다. 특히 윗집의
소음공해가 매우 심했는데
성격이 드셌던 어머니가
참다못해 경찰에 신고했다.
그러나 적반하장으로
윗집 사람들은 우리 집으로
내려와 갖은 행패를 부렸다.
그 후 윗집과 사이가 점점
나빠져서 내가 태어나고 얼마
지나지 않아 곧바로 그 집을
떠났다.

**각종 소음기준 마련
주택설계 적용키로**

앞으로 건설되는
주공아파트에는 바닥 충격음,
생활소음 등을 막는 소음
기준을 도입, 소음공해가
줄어들게 된다. … 지금까지
국내에는 가구경계벽에 대한
소음 기준이 고시돼 있을 뿐
바닥이나 생활소음에 관한
내부소음 기준이 없어 민원의
대상이 돼 왔다.
출처 : "각종 소음기준 마련 주택설계
적용키로", 〈매일경제〉, 1991. 5. 11

무더웠던 1994년 여름

정암아파트엔 엘리베이터가
없는 낡은 연립식 아파트였다.
우리 가족은 꼭대기인
4층에서 1년 정도 살았다.
94년도 여름, 한 달 동안 비도
오지 않는 무더운 날씨에
어머니가 현관문을
열어놨는데 당시 내가 한창
기어 다닐 나이라 열린 문을
통해 자꾸만 밖으로 기어나가
매번 가족들에게 애를 먹게
했다고…

불볕더위 전국서 잇단 피해

40도에 가까운 불볕더위가
연일 이어지고 있는 가운데
대구에선 무더위로 인한
사망사고까지 잇따르고 있다.
… 더위에 지쳐 화가 난 형이
아파트 열쇠를 갖고 나갔던
동생이 늦게 돌아왔다고
시비 끝에 흉기로 찔러
숨지게 한 사건이 일어났다.
출처 : "불볕더위 전국서 잇단 피해",
〈한겨레〉, 1994. 7. 15

262

95

'충북 진천군 진천읍
동백아파트' 거주

남동생, 출생

[방1] [방2] [화장실] [거실 / 부엌] [안방] [발코니]

**동백아파트 (1995 ~ 1996)
/ 69m²**

출처: "Pregio", Retrieved April, 24,
2016 from goo.gl/Rya8tB

말랄량이 우리 딸

우리 가족이 동백아파트에서
살 때 내가 밤에도 놀이터에서
놀고 싶다고 울고불고 떼써서
부모님이 나와 동생을
위한 놀이방을 만들어
주었다. 둘이 어찌나
장난꾸러기였는지 놀이방이
있었음에도 한시도 가만히
있지 못하고 자꾸만 위태로운
장난을 쳤다. 결국,
엘리베이터에서 장난을 하던
나의 손이 문에 끼어버렸다.
다행히 경비아저씨가
도와주어 큰 사고는 나지
않았다. 어머니는 그런 나를
야단치며 혀를 찼지만,
아버지는 그런 나의 모습도
귀여웠다고 회상한다.

96

'경기도 안산시 본오동
833-3' 거주

회사 이직

[발코니] [방1] [거실 / 부엌] [화장실] [안방]

**본오동집 (1996 ~ 1997)
/ 59m²**

회사에서 타고 다니던 차

가장 힘들었던 시기

아버지가 안산에 있는 회사로
직장을 옮기면서 회사에
가까운 곳으로 이사를 해서
1년 정도 살았다. 급히 이사를
해온 탓에 집은 굉장히
비좁았고 주변은 공사소리로
소란스러웠다. 당시 아버지가
벌어오던 월급으로는
도저히 생계유지가 어려울 것
같아 어머니는 나와 동생을
교회 유치원에 보내고
공부를 시작했다. 아버지는
이때가 인생 통틀어 가장
힘들었던 시기로 기억한다.

마크로, 까르푸 할인점 시장 돌풍
출처: "마크로, 까르푸 할인점 시장
돌풍", 〈매일경제〉, 1997. 1. 23

97

'경기 시흥시 정왕동
모아아파트' 거주

[발코니] [부엌] [놀이방] [공부방] [거실] [안방] [발코니]

**모아아파트 (1997 ~ 2001)
/ 92m²**

출처: "새천년의 희망 - 기아 리오",
Retrieved April, 24, 2016
from goo.gl/76Iei6

다사다난했던 3년

아버지가 부천으로 직장을
옮기면서 우리 가족은
시흥으로 이사했다. 이 집에
사는 동안 가족들이 자주
아팠다. 나는 문틈에
손가락이 끼어 크게 다치면서
새벽에 응급실에 갔고 동생은
소파에서 떨어져 입술을 다쳐
수술했다. 또한, 시흥은
바닷가 근처에 공업단지가
많아서 밤이면 해풍으로 인해
인체에 해로운 연기가 자주
집안으로 들어왔는데
그 때문에 기관지가 많이
약했던 어머니는 폐렴으로
고생했다.

김치냉장고 품귀현상

너도나도 김치냉장고 …
품귀현상 며칠 기다려야 살 수
있어 … 이젠 '가전 필수품'…
업계 관계자는 "김치전용
보관용기가 아파트 등의
주거생활과 맞아 떨어지면서
김장독을 대체하고 있다"며
"수도권에서는 필수품으로
정착하고 있다"고 설명했다.
출처: "김치냉장고 품귀현상",
〈매일경제〉, 1999. 10. 28

98

인천 'S'조미료 회사
부설연구소 연구소장

업무용으로 사용했던 삐삐

아버지는 97년도에 회사에서
제공한 업무용 삐삐를
4~5년 정도 사용했다.
휴대폰이 나오기 전까지
삐삐는 연락을 위해 많은
사람이 사용했다. 사장이나
돈이 있는 사람들은
카폰이라는 것을 사용하기도
했다. 아버지는 삐삐를
사용하다가 98년도 겨울,
처음 폴더폰을 구매했다.
그 후 카메라가 달린 핸드폰,
슬라이드폰, 터치 기능이
있는 초콜릿폰, 1세대
스마트폰 (2G, 3G)을
구매했다.

99

리오, 회사에서 준 차

아버지의 주종족 '프로토스'

98년에 '스타크래프트'
CD가 발매되었다. 같은 해
겨울 아버지는 자신의
PC에서 이 게임을 처음
접하였고 이듬해 봄 회사원
후배에게 스타크래프트를
배웠다. 아버지가 주로 하던
종족은 '프로토스'였다.
이유는 가장 멋있어 보였다고.

스타크래프트 1백만 개
팔렸다

네트워크게임 스타크래프트
판매량이 우리나라에
선보인지 1년 6개월 만에
100만 개를 넘었다. 이는 전
세계에서 판매된
스타크래프트 판매량
300만 개의 3분의1에
해당하는 규모다. …
스타크래프트는 게임을
즐기는 연령층을 10 ~ 20대
에서 30 ~ 40대로
확산시켰고, 20 ~ 30대
직장인들의 퇴근 문화를
바꾸기도 했다.
출처: "스타크래프트 1백만 개
팔렸다", 〈한겨레〉, 1999. 10. 30

뜻밖의 첫 차
프레스토

제조사 현대자동차
차종 준중형
배기량 1,998cc
생산기간 1985~1989

출처: "1985 현대 프레스토", Retrieved April, 24, 2016 from goo.gl/m0j4Z6

"원래는 차를 구매할 생각이
전혀 없었는데 내 차가 생기니까
중고에도 불구하고 굉장히
뿌듯하고 설레었어."

아버지의 '프레스토'

큰아버지가 프레스토에서 엑셀로 차를 바꾸면서 아버지에게 프레스토를 물려주었다.
딱히 차를 가질 계획도, 갖고 싶던 차도 없었는데 얼떨결에 마이카가 생기게 된
것이다. 그런 아버지는 중고차임에도 뿌듯하고 설레었다. 하지만, 설렘도 잠시,
아버지의 첫차는 중고차라 그런지 잦은 고장으로 애를 많이 먹었다. 그럴 때마다
수리를 맡겼지만, 돈이 많이 들어 결국 팔아 버렸다.
아버지는 처음 프레스토를 탔을 때부터 지금까지 성격상 복잡한 걸 싫어해 차 안에
많은 물건을 가지고 다니지 않는다. 뒷자리에 앉는 사람을 위한 작은 쿠션, 방석,
담요, 비 올 때를 대비한 우산이 전부다.

목련아파트, 딸아이의 돌잔치 사진, 1993년

중고차 시장서 프레스토 각광

올 들어 지난 4월 말까지 서울 시내 중고 자동차시장을 통해 거래된
2만 3천 31내의 승용자 중 현대자동차의 프레스토가 3천 4백 대나
거래돼 거래물량의 15.1%를 차지했다. 프레스토 중
88연식이 1천 1백 대나 거래돼 단열연식차종으로는 가장 활발한
거래를 보였다.

출처: "중고차 시장서 프레스토 각광", 〈매일경제〉, 1991. 5. 22

〈 차종별 중고차 거래 현황 〉

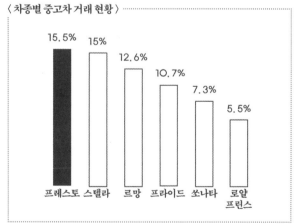

출처: "중고차 소형이 잘팔린다", 〈한겨레〉, 1991. 4. 25

출처: 〈동아일보〉, 1988. 12. 12

출처: 〈동아일보〉, 1986. 6. 17

출처: 〈경향신문〉, 1987. 7. 27

출처: 〈동아일보〉, 1988. 11. 18

출처: 〈동아일보〉, 1986. 2. 14

출처: 〈경향신문〉, 1988. 5. 16

절감되는 연료비만으로 월불입금이 해결됩니다
36개월 「보너스 할부제도」 인기리에 실시중!

출처: 〈매일경제〉, 1985. 7. 18

보너스 할부제도
하루 1,200원씩 절약하여 마이카를 마련했읍니다

출처: 〈동아일보〉, 1985. 10. 29

1分 보고 5分 생각하면 150万원이 절약됩니다.

「프레스토AMX」로 절약되는 150만원이면
3년동안 기름값 걱정은 아예 안하셔도 됩니다.

출처: 〈경향신문〉, 1987. 6. 18

美国의 「올해 10大 商品」에 선정!

출처: 〈동아일보〉, 1986. 12. 3

아버지 돈으로 처음 산 차
르망

제조사 기아자동차
차종 소형
배기량 1,498cc
생산기간 1986 ~ 1997

출처: "1986 대우 르망 세단", Retrieved April, 24, 2016 from goo.gl/DwWGQU

"현대에서 나온 엑셀을 마음에
두고 있었는데 육촌 형이
대우 영업사원이어서 어쩔 수 없이
르망을 구매했어."

아버지의 '르망'

프레스토는 중고차이기도 하고 워낙 오래되어 고장이 자주 났다. 아버지는 그런
프레스토를 팔아버리고 차를 구매해야겠다고 생각했다. 아버지의 6촌 형이
대우자동차의 영업사원이었는데, 그분이 르망 STI를 강력하게 추천하여 아버지는
르망을 사게 되었다. 원래 현대의 엑셀을 마음에 두고 있었으나 르망도 당시에
굉장히 좋은 차였기 때문에 나쁘지 않다고 생각했다. 르망은 젊은 세대에 어울리는
스포티하면서 빠른 느낌, 경쾌함이 느껴지는 차였다. 다양한 색상이 존재했는데,
빨간색 외에 다른 색은 제작 시간이 걸리기 때문에 어느 정도 기다려야 했다.
빨리 차를 타고 싶었던 아버지는 바로 타고 집으로 갈 수 있는 빨간 차를 구매했다.
STi는 르망의 신형이었다. 1994년 시세로 640만 원 하는 꽤 비싼 차였다.
우리 가족은 르망을 거의 10년 가까이 타고 다녔다. 날 좋은 여름, 가을에 르망을 타고
후산동에 있는 시골집에 자주 갔다. 가는 길에 경치가 좋아 청풍호를 배경으로 찍은
가족사진이 꽤나 많다. 한 번은 고속도로 중간에 차가 고장 나 당황한 적이 있다.
예전 차들이 지금의 차에 비해 고장이 잦은 것은 기분 탓일까. 아버지는 10년을 타는
동안 수많은 고장이 있던 르망을 이모에게 주었다.

빨간 차와 고속도로

우리 가족은 르망을 '빨간 차'라고 불렀다. 흑백의 자동차들 사이에서
빨간색은 단연 돋보였다. 차를 타고 경기도에서 충청도의 끝인
제천까지 가는 귀경길에 오르면 5~7시간은 기본이었다. 나와 동생은
지루함을 버티지 못하고 자동차 뒷좌석에서 장난을 심하게 쳤다.
한번은 동생이 격렬하게 놀다가 좌석 밑으로 떨어져 크게 다칠 뻔했다.
그 후 어머니는 뒷좌석 앞에 나무발판을 덧대어서 좌석 밑으로
떨어지지 못하게 했다. 아버지는 차 안에서 담배를 피웠고,
차 안에서는 항상 석유 냄새와 담배 냄새가 섞여 불쾌한 냄새가 났다.
나는 차에서 내린 뒤에 맑은 공기를 만끽해야 했다. 위가 안 좋은
어머니는 귀경길 내내 멀미를 했다. 수원으로 이사하고 나서 무슨 일이
있었던 것인지 아버지는 담배를 끊었다. 그 후 우리 집 자동차에서는
불쾌한 냄새가 나지 않았다.

시골집 가는 길에 르망 앞에서 찍은 아들 사진, 1999년

실속 있는 소형차, 고급 승용차

대우자동차는 모델을 새롭게 변형한 94년형 르망을 개발하고
25일부터 시판에 들어간다. 이와 함께 기존 RTi, GTi, STi, ETi 등
4도어형 르망 모델을 BX형으로 단일화하고 5백만 원대 주력 모델을
재구성해 소형 승용차부문의 경쟁력을 강화하기로 했다. 이번에
선보인 94년형 르망은 실속 있는 소형차를 목표로 주행성과 조종
안정성 소음 등을 대폭 개선하고 실내를 더욱 고급화한 1천 4백cc급
고급 소형차로 개발된 것이다. 한편 대우 자동차는 기존 3도어 5도어
모델도 레이서와 펜타파이브로 단일화했으며 판매가격도 94년형
르망(5백98만원)을 비롯해 모두 5백만 원대다."

출처: "94년형 르망 시판 대우자동차", 〈매일경제〉, 1994. 4. 23

기본가 5백90만원, 옵션추가 8백6만원

대우자동차 르망 STi도 판매가격(기본)은 5백90만원이나
에어컨(58만원), 자동변속기(69만원)를 옵션으로 추가할 경우
세금을 합해 모두 8백 56만5천원을 내야 살 수 있다. … 이에 대해
소비자들은 "차량 가격을 낮게 잡고 옵션을 늘리는 것은 소비자들을
현혹시키기 위한 업체의 횡포"라며 "에어컨, 파워핸들 등 자동차
필수품으로 자리 잡고 있는 품목은 출고 때부터 장착하고 불필요한
옵션은 줄여야 할 것"이라고 말하고 있다. 실제 최근에는
콤팩트디스크 플레이어(CD), 가죽시트 등 과소비를 조장하는
호화옵션품목이 늘어나고 있다.

출처: "승용차 옵션가격 너무 비싸다", 〈경향신문〉, 1992. 3. 7

르망이 있어,
언제 어디서나 특급휴가!

출처: 〈한겨레〉, 1990. 7. 17

우리는 바로 이런 르망을 기다렸다!

출처: 〈경향신문〉, 1988. 11. 18

MPFi 엔진의 강력한파워 ─
르망, 파워로 솟구친다!

출처: 〈매일경제〉, 1992. 9. 25

월드카 「르망」 ─
정상확인!

출처: 〈경향신문〉, 1988. 5. 16

강력 컴퓨터 엔진 ─
월드카 르망

출처: 〈경향신문〉, 1986. 7. 31

나의 「르망」, 나의 계절—
7월의 태양처럼 더욱 빛난다.

출처: 〈매일경제〉, 1987. 7. 7

합리적인 가격, 독특한 스타일로 늘 마음이 끌렸던
바로 그차, 르망 [GSI]

출처: 〈한겨레〉, 1990. 11. 14

「1분만 눈여겨 보면」
르망 오너의
지름길이 열립니다.

출처: 〈경향신문〉, 1989. 2. 10

전, 르망을 타죠!

출처: 〈동아일보〉, 1993. 10. 23

이런 조건이라면, 그것도 르망이라면!

출처: 〈한겨레〉, 1990. 12. 7

회사의 소형버스
프레지오

제조사 기아자동차
차종 대형
배기량 2,957cc
생산기간 1995 ~ 2004

출처: "Pregio", Retrieved April, 24, 2016 from goo.gl/Rya8tB

아버지의 '프레지오'
프레지오는 아버지가 다니는 회사의 차로 16명이나 탈 수 있는 큰 차였고, 회사에서 여행이나 연수를 갈 때 타곤 했다. 그런데 이상하게도, 아버지는 프레지오를 탈 때면, 사고가 자주 났다고 한다. 한번은 논두렁에 차가 빠져 몇 시간 동안 빠져나오지 못한 적도 있다.

"그때 회사에서 연수나 여행을
다닐 때면 프레지오를 타고
갔었어."

회사에서 제공해준 차
리오

제조사 기아자동차
차종 소형
배기량 1,343 ~ 1,493cc
생산기간 1999 ~ 2005

출처: "새천년의 희망 - 기아 리오.", Retrieved April, 24, 2016 from goo.gl/76Iel6

아버지의 '리오'
회사에서 아버지에게 업무 수행을 위해 리오를 제공해 줬다. 업무용 차여서 가족들과 놀러 갈 때는 리오보다는 르망을 많이 탔기 때문에 리오와 함께한 추억은 많지 않다.

"르망을 타고 가족끼리 많이 놀러
갔었지. 리오는 잘 안 탔어."

차를 끌고 오일장으로

1995년에 우리 가족은 아버지의 직장과 가까운 동백아파트로 이사를 갔다. 신축된 지 얼마 안 된 엘리베이터가 있는 복도식 아파트였으며, 우리는 12층에 살았다. 그때는 주변에 마트가 없었고 대신에 5일마다 열리는 오일장이 있었다. 장이 열리는 날이면 온 가족이 차를 타서 장을 보러 나갔다. 갈 때는 텅텅 비어있던 트렁크 안은 집에 돌아오면 채소와 고기, 그리고 장난감으로 가득 찼다.

논두렁에 빠진 자동차

아버지는 회사 차인 프레지오를 타고 직원들과 함께 여행도 가고 다른 지역으로 연수도 갔다. 16명이나 탈 수 있는 큰 차였지만 직원들이 그보다 많아서 차에는 남는 공간이 없었다. 핸들을 한번 꺾을 때마다 차가 무게를 견디지 못해 휘청거렸다. 조미료 회사이기 때문에 원재료의 연구를 위해 밭이나 논으로 연수를 가는 일이 많았는데 차가 논두렁을 지나갈 때면 진흙밭에 바퀴가 빠져 직원들과 함께 차를 밀어서 바퀴를 빼는 일이 잦았다.

멀리 가지 않아도

아버지가 부천으로 직장을 옮기면서 우리 가족은 시흥으로 이사를 가게 되었다. 옛날 목련아파트에서 살던 때의 트라우마 때문인지 층간소음 문제에 민감해졌기 때문에 우리는 아파트 꼭대기인 10층에 살게 되었다. 시흥은 간척도시이기 때문에 가까운 곳에 갯벌이 있었다. 그래서 여름이면 갯벌에서 자주 조개를 캐러 갔는데 집에 돌아올 때면 진흙투성이가 된 신발과 옷 때문에 차 안이 더러워졌지만, 아버지는 신경쓰지 않았다. 겨울이 되면 함박눈이 자주 내렸는데, 아버지와 우리 남매는 집 근처 공원에서 내 키만 한 큰 눈사람을 만들곤 했다.

소형버스 '프레지오'

기아자동차는 13일 한국종합전시장에서 국내 첫 독자모델 소형버스인 '프레지오'의 발표회를 갖고 판매에 들어갔다. 기아가 1천5백여원을 들여 4년만에 개발한 프레지오는 소형버스로는 처음 가스식 충격흡수장치와 초광폭 타이어 등을 장착해 승차감을 대폭 높였다.
출처: "기아 소형버스 '프레지오' 데뷔",〈한겨레〉, 1995.11.14

젊은 층을 노린 차 '리오'

기아차, 소형 승용차 리오 판매 독자엔진 장착 … 리오(RIO)는 '역동적인'이라는 뜻의 스페인어에서 따온 말이다 젊은 층의 출퇴근과 레저용으로 개발됐으며 독수리 눈을 형상화한 램프와 라운드형 스타일이 특징이다.
출처: "기아차, 소형 승용차 리오 판매",〈매일경제〉, 1999. 11. 8

세 살배기 딸과 돌도 안 지난 아들, 1995년

모아아파트 앞에서, 1999년

2000

딸 송희, 초등학교 입학

01

'경기 수원시 매탄동
삼성2차아파트' 거주

삼성2차아파트
(2001~2002) / 76m²

02

'충북 청주시 분평동
주공6차아파트' 거주

조미식품회사 창업

남동생, 초등학교 입학

주공6차아파트
(2002~2014) / 109m²

03

→
출처: "2003 기아 카니발2",
Retrieved April. 24, 2016
from goo.gl/PQrhtR

04

카니발2, 사업의 시작

직장도 집도 이사

아버지의 직장이 자리를 옮기면서 기존에 살던 집에서 너무 멀어져 근처 지역으로 이사하기로 마음을 먹었다. 급하게 구하느라 매물이 없어서 전보다 낡은 아파트로 이사할 수밖에 없었다. 이곳에서 1년간 전세로 살았다. 낡은 동네임에도 불구하고 주차장은 넓어서 주차하는 데에는 전보다 훨씬 여유로웠다. 아버지의 주변인이 폐암으로 돌아가시자 그날 이후로 아버지는 금연을 시작했다. 물론 내가 아버지에게 금연을 권유했던 노력도 있었지만 그 일이 굉장히 충격적이었다고 했다.

삼성2차아파트 거실에서
만화영화 시청 중인 아들, 2001년

12년을 함께한 집

수원에서 모두 정리하고 사업을 위해 청주로 내려오게 되었다. 마땅히 마음에 드는 집이 없어 이리저리 돌아다녔는데 마침 분평동에 새로 지은 집이 있었다. 전셋집을 알아보던 중이었지만 당시 시세로 9,200만 원이었다. 그래서 그냥 구매했다. 12년간 이 집에서 살면서 나와 동생은 초·중·고등학교를 모두 졸업하였고, 어머니는 새 직장을 구하게 되었다. 아버지 인생에서 가장 오랫동안 살아온 집이었다.

아파트 복도에서 다 같이 응원을

2002 월드컵 이탈리아전에서 우리나라 대표팀이 승리해서 아파트 전체가 축제 분위기였다. 아파트 주민들이 복도에 나와서 응원가를 불렀으며, 옆집 아저씨가 냄비를 들고 치면서 응원을 했다. 도로에서는 자동차들이 '대한민국! 짝짝짝짝짝'에 맞춰 경적을 울렸다.

소기업 창업 열풍

9일 서울지방 중소기업청에 따르면 중소기업청으로부터 소기업 확인을 받아 법인을 설립한 서울지역 사업체는 지난해 8월부터 올 3월까지 233개에 이르렀다. 이 기간 소기업 확인을 받아 설립된 사업체를 업종별로 보면 도소매업이 73개로 가장 많았으며 서비스업 56개, 제조업 42개, 컴퓨터 정보통신 34개 순이었다. 자본금별로는 2000만 원 이하 사업체가 168개(72.1%)였으며 근로자 수로는 5인 미만이 178개(76.4%)에 달해 대부분을 차지했다. 소기업 확인제도는 상시근로자 수가 10인 미만(광업 제조업 건설업 및 운수업은 50인 미만)인 경우 중기청에 소기업이라는 확인을 받으면 설립등기 때 주식회사 설립요건을 완화해 주는 제도다.

출처: "소기업 창업 활발 …서울지역 233개 신설", 《동아일보》, 2002. 4. 9

퇴근 후 건강한 취미 생활

초창기에 사업 시작으로
상당히 힘들었지만, 어머니의
도움으로 사업을 무사히
시작할 수 있었다. 그리고
이때부터 자전거를 즐겨
타기 시작했다. 한동안은
저녁 시간 동안만
한두 시간씩 밖에 나가
자전거를 탔는데 사업이
번창하면서 사원도 늘어
주말까지 여유가 생겼다.
그래서 동생과 함께 주말에는
무심천에서 자전거 여행을
하곤 했다.
한 번은 날씨가 좋은
여름이었다. 낮에는 더워서
해가 어느 정도 저문 뒤에
자전거를 가지고 나섰는데
얼마 안 있어 소나기가
내렸다. 무심천의 물은 금세
불기 시작했고 다리 밑에서
비를 피했다. 비가 그치고
돌아오자 밤늦게 들어온
아버지는 어머니에게 크게
야단을 맞았다.

주공6차아파트 부엌에서

첫 하이패스 설치

아버지의 사업이 번창하며
전국으로 물건을 싣고 나가는
일이 많아졌다. 그에 따라,
고속도로에 설치되어 있는
요금소를 통과할 때자주
번거로움을 느꼈다. 곧바로
하이패스를 설치했고
그 편리함에 아버지는 다른
자동차에도 설치하였다.
또 할아버지께서 돌아가시고
나서 할머니를 보살펴
드리기 위해 시골에도 자주
방문하게 되었는데 연세
탓에 매우 편찮으셔서
응급상황이 터질 때마다
언제나 빠르게 이동할 수
있었다.

대리점 방문없이 차량등록 후 하이패스 바로 이용 가능

한국도로공사(사장 김학송)는
오는 8월 1일부터 국내 주
제조사의 자동차를 구입하는
고객들이 차량등록 후
하이패스를 바로 이용할 수
있게 됐다고 밝혔다.
출처: "하이패스 이용 등록 쉬워진다",
〈브레이크 뉴스〉, 2015. 7. 15

자녀들의 학업을 위해

고등학교에 입학하게 되는
내가 미대를 가고 싶어함을
알고 큰맘 먹고 미술학원에
보내기 시작했다. 학원에
갔던 첫 날에 그려왔던
소묘작품을 벽에 걸면서
뿌듯해 했다. 그 이후로 딸의
공부를 위해 미술도구 등
필요한 것을 열심히
뒷바라지했다. 학원이 끝나고
집에서의 원활한 공부를 위해
가구도 하나둘씩 바꿨다.
용품을 보관하거나 늘어나는
자습서를 꽂을 책꽂이가
충분한 공부용 책상과 탁상을
구매했고 오랫동안 앉아 있을
나를 위해 인체공학적인
의자를 직접 골랐다. 하지만,
막상 가구를 배치해보니
의자가 침대에 가로막혀서
움직이는 데 불편하게
만들게 됐다.

나의 공부방

사업의 시작
카니발 2

제조사 기아자동차
차종 대형
배기량 2,900cc
생산기간 2003 ~ 2005

출처: "2003 기아 카니발2", Retrieved April, 24, 2016 from goo.gl/PQrhtR from goo.gl/nm31sX

"카니발은 사업가들 사이에서
무시당하지 않는 차여서 좋았어.
그리고 다 같이 여행하기도
좋은 차지."

아버지의 '카니발 2'

카니발은 아버지에게 있어 자영업을 하는데 딱 적합한 차였다. 원래 아버지의
성격상 물건을 잘바꾸려 하지 않아서 타고 다니던 르망을 바꿀 생각이 없었다. 그러나
개인사업을 시작하게 되면서 르망 같은 소형차는 물건들을 싣고 나르기엔 너무도
작았다. 거기다가 같이 타던 르망은 사업가들 사이에서 무시당하기 일쑤였다.
그러다 아버지는 봉고차들을 한번 물색하게 되었는데 주변에서 사업하는 지인들이
그렇게도 말렸다. 왜냐하면 사업 하는 사람들 사이에서 일반 봉고차는 무시당하기
쉬운 차였기 때문이었다. 그러다가 카니발을 알게 되었다. 봉고차와는 다르게
당시의 카니발은 무시당하는 차가 아니었다. 또한, 자식들도 점점 몸집이 커져가니
큰 차를 타고 여행도 가고 싶어했다. 그러기엔 봉고차는 부담스러웠다. 그래서
'카니발 2' 2004년형 모델을 구입했다.

움직이는 집

내가 11살 무렵이었다. 아버지가 자동차를 구매하고 동생과 나를
태워주었다. 매번 낡은 차만 타다가 생전 처음으로 보았던
새 자동차였기도 했고 내부가 마치 내 방처럼 넓어서 차 안에서
걸어 다녀도 괜찮을 정도로 넓었다. 또한 이전의 자동차와는 다르게
좌석을 자유자재로 옮기고 회전할 수 있어서 마음대로 배치했다.
한 번은 침대처럼 좌석을 배치한 채로 연휴에 가족들과 시골에 갔다.
귀갓길이라 도로가 많이 막혀서 침대처럼 만든 좌석에 누워서
잠을 자고 나면 익숙한 시골집에 도착해 있었다.

물놀이 여행

내가 초등학생이었을 땐 여름이면 언제나 친척들과 며칠씩 날짜를
잡고 함께 계곡으로 물놀이를 가곤 했다. 르망을 타고 갔을 때보다
훨씬 많은 양의 물건을 넣을 수 있었고 무엇보다 커다란 텐트를 보관할
수 있어서 정말 편했다. 자주 놀러 가던 화양계곡에서 친척들과
텐트를 펴서 저녁엔 고기와 라면을 끓여서 점심을 먹었으며 보트형
튜브를 물에 띄우고 반대편 기슭까지 가보기도 했다. 옷을 갈아입을 땐
넓은 차 안에 들어가 갈아입기도 했다. 또 여름이라 더위가
상당했는데 그럴 땐 텐트에 나와 차 안에 들어가 에어컨을 틀고 천장의
선루프만 열고 라디오도 틀어놓고 음악을 들으며 밤하늘을
감상하기도 했다.

카니발 2에 넣어둔 짐을 나르는 어머니

12인승도 가능했다

내가 중학교 졸업 전까지는 친척 중에서 RV(Recreational Vehicle)를
모는 집이 거의 없었다. 우리 집에서 카니발을 사고 경조사가 있을 때
마다 친척들을 모두 카니발에 태워서 데리고 다녔다.
9인승이라 운전석과 조수석 사이에도 좌석이 있었는데, 그 자리는
영구적으로 아버지의 물건을 놓아두는 간이선반이 되었다. 항상
앞자리에는 아버지와 어머니가 탔었고 가운데에는 할머니와 할아버지
또는 이모나 고모가 탔었다. 그리고 맨 마지막 뒷자석에는 항상 나와
동생 그리고 친척 동생들과 사이좋게 앉아서 탔다. 당시 우리는
몸집도 작아서 다섯이서 탈 수 있었다. 동생이 고등학교에 입학한
후에는 친척 중에서도 RV를 구매한 집도 생겨서 북적북적했던
카니발은 추억으로만 남게 되었다.

카니발 타고 떠난 여행

트립 컴퓨터를 탑재한 '2004 카니발 2'

이번에 출시되는 「2004 카니발 II」는 이미 국내외에서 검증된 최고의
안전성에다 엔진 연소를 최적화하여 연비 향상 및 배출가스 저감을
실현하였고, 소비자들의 요구사항을 철저히 반영하여 편의성을
대폭 강화한 것이 특징이다 … 국내 디젤엔진 최초로 트립컴퓨터를
적용하여 주행시 필요한 각종 정보사항인 주행가능거리,
주행시간, 평균속도, 외기온도, 시계 등을 제공토록 하였고, 신규로
후방경보장치를 적용하여 후진시 사각지대로 인한 접촉사고를
미연에 방지토록 했으며, 수신거리를 현격히 향상한 무선 도어
잠금장치 리모콘을 2개 지급하여 고객 편의성을 강화했다. 가격은
9인승 디젤 TRIP 1천650만원, LAND 1천860만원,
PARK 2천020만원이며, 7인승 가솔린 PARK 2천310만원이다.

출처: "기아차, 2004카니발2시판", 〈한국경제TV〉, 2004. 1. 14

오토캠핑용 차량 증가

본격적인 휴가철이 다가오면서 산과 바닷가에서 자동차를 세워 두고
캠핑을 즐기는 사람들이 늘고 있다. 오토캠핑의 가장 큰 장점은
호텔이나 콘도처럼 숙박지가 정해져 있지 않고 차량이 갈 수 있는
곳이면 어느 곳에서나 가족과 함께 휴식을 취할 수 있다는 것이다.
휴가철을 맞아 국내 자동차와 수입 자동차회사들은 다양한
오토캠핑용 차량과 편의장치에 대한 판촉활동을 강화하고 있다. …
기아자동차는 최근 지붕이 차체 뒤쪽 끝까지 연장된 '쎄라토 유로'와
음이온이 발생되는 가죽 시트가 내장된 '카니발 프리미엄'을
내놓았다.

출처: "'오토캠핑용 차량' 자연을 베개삼아 떠나볼까", 〈동아일보〉, 2004. 6. 21

레저용 차량(RV)

무더운 여름철이 다가오면서 피서객의 수요를 반영한 자동차가
소비자의 눈길을 끌고 있다. 레저용 차량(RV)은 뛰어난 연비와 넓은
실내공간을 갖추고 피서객을 기다리고 있다. … 제철 만난 RV =
국산 RV는 올해 들어 외관과 내장을 바꾸고 편의 사양을 업그레이드하
고 있다. 첨단 사양을 갖춘 수입차 모델도 속속 나오고 있다. …
기아자동차의 9인승 미니밴인 카니발은 공간이 넓어 두 가족이 함께
이용할 수 있다. 화물 적재 공간도 넓어 휴대품이 많은 여행객들에게도
어울린다. 또 6인 이상 승차하면 고속도로를 주행할 때
버스전용차로를 이용할 수 있어 시간 절약은 물론 운전 스트레스까지
줄일 수 있다. 카니발 트렁크를 열고 텐트와 연결한 후 시트를
수평으로 펴면 아늑한 잠자리로도 이용할 수 있다.

출처: "[오토월드]산이나 바다로 떠날 때 '바캉스車 내가 제격'", 〈동아일보〉, 2004. 6. 14

조용하고 넉넉한 카니발
비즈니스에도 정말 좋습니다

출처: 〈경향신문〉, 1998. 7. 14

소리없이 강력하다
카니발 V6 LPG 탄생

국내 LPG차의 한계를 넘어섰다!

출처: 〈조선일보〉, 1999. 5. 7

"고품격으로의 초대"

미니밴의 고품격시대를 이끌어갑니다!
2000년형 뉴 카니발

출처: 〈경향신문〉, 1998. 7. 14

Only 1

듀얼 슬라이딩 도어가 기본인 미니밴은 카니발Ⅱ 하나뿐!

5월에 카니발Ⅱ를 사시면 1년치 유류 2,000ℓ 상당의 혜택을 드립니다

출처: 〈조선일보〉, 2004. 5. 10

출처: 〈경향신문〉, 1999. 2. 9

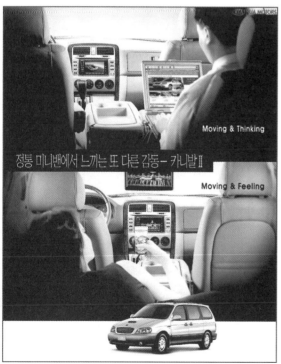

출처: 〈조선일보〉, 2003. 6. 24

13

딸 송희, 대학교 입학

14

'충북 청주시 율량동
선광로즈웰아파트' 거주

남동생, 대학교 입학

선광로즈웰아파트
(2014 ~) / 125m²

BMW 520D, 아버지의 첫 외제차

→
출처: "BMW 520D SE SALOON
AUTO", Retrieved June, 9, 2016
from goo.gl/nm31sX

자동차로 따지는 사람 등급
딱히 차를 바꿀 생각은
없었지만, 주변에서
"사장님인데 왜 그렇게
낡은 차를 타세요?"란 말을
많이 들어서 아버지는
BMW에서 중간 정도의
수준인 520d를 구매했다.
이 차를 타고나서 그 전과는
다른 시선을 느꼈다고 한다.
"사람들은 중형차, 대형차,
외제차로 사람의 등급을
매기는 것 같아."

40대의 로망 BMW
외제차를 가장 많이 타고
다니는 연령은 40대이며,
가장 선호하는 수입차
브랜드는 'BMW'인 것으로
나타났다. 국토해양부는
5월 말 현재 국내에 등록된
외국산 자동차는 전체
등록차량 수의 2.62%인
46만 892대로 전년 동기 대
비 20% 증가했다고 24일
밝혔다. 수입차는 2007년 말
28만 6284대에서 꾸준히
늘어 2008년 말 35만 8946
대, 작년 말 42만 5330대를
기록했다.
출처: "40대 외제차 선호,
인기 브랜드는 'BMW'", 〈한국경제〉,
2010. 6. 24

에어컨이 있는 아파트
오랫동안 살던 집을 내놓고
새집으로 이사하게 되었다.
도시계획으로 청주내에
새 구역이 생기고 아파트가
우후죽순으로 생기고 있는
곳이다. 그중 남향인
아파트를 고르게 되었다.
전에 살던 집과 다르게
베란다가 적은 확장형
아파트였으며 에어컨이
자체적으로 달린 집이었다.
또 다용도실이 많아서
물건을 보관하거나 빨래를
널기가 쉬웠다.

진화하는 아파트
최근 공급되는 아파트형
공장은 첨단 유비쿼터스
시스템과 다양한 편의시설도
대폭 갖춰 눈길을 끌고 있다.
… 현대지식산업센터는
지상 26층 2개 동의 대형
빌딩으로 … 다양한
지원시설과 생활편의시설을
갖출 예정이며 주차위치
정보전송, 폐쇄회로(CC)TV
등 첨단 인텔리전트 시스템도
구축한다. 또 태양광, 빗물 등
친환경 에너지를 적용해
관리비도 절감할 수 있도록
했다.
출처: "조망권 · 편의시설 …
아파트형 공장의 진화",
〈파이낸셜 뉴스〉, 2011. 6. 16

레저용 드론 큰 인기

나도 드론 띄운다. 군사용,
상업용으로 사용되던 무인
비행체 드론이 취미 · 레저용
으로 관심을 모으고 있다. …
취미용 드론은 작은
크기임에도 비행은 매우
안정적이다. 4개의
프로펠러를 이용해 공중으로
떠오르며 기본 탑재돼 있는
자이로 센서를 통해
공중에서도 스스로 수평을
유지한다. 기체와
스마트 기기 간의 무선 연결이
끊기거나 기체 배터리가
방전되더라도 지면으로
추락하는 것이 아니라 살며시
착륙해 기체에 무리가
가지 않는다. 각각의
프로펠러 주변에는 부드러운
보호 프레임을 장착할 수
있어 실내에서도 안전하게
작동할 수 있다.
출처: "드론, 취미 레저용으로 인기",
〈국민일보〉, 2015. 5. 19

새로운 여가, 드론

동생이 휴학하게 되면서
여가를 같이 보내는 일이
많아졌다. 아버지와 동생은
차를 타고 산이나
바다로 여행 가는 것을
즐겼는데 기념 사진을
재미있게 찍어보고 싶어서
공중으로 날려서 하늘에서
촬영할 수 있는 '드론'이라는
멀티콥터를 구매했다. 처음엔
초보자니까 몇 만 원대의
저렴하고 작은 크기의 드론을
샀는데 여행지에 눌러 가서
띄울 때마다 떨어뜨리고 물에
빠져서 망가지기 일쑤였다.
그래서 이번에 큰 결심을 하고
백만 원을 호가하는 고가의
드론을 구매했다.

드론으로 촬영한 후산리

사장이니까
BMW 520d

제조사 BMW
차종 중형
배기량 2,000cc
생산기간 2007 ~ 2009

출처: "BMW 520D SE SALOON AUTO", Retrieved June, 9, 2016 from goo.gl/nm31sX

아버지의 '520d'

원래는 아버지는 사업상의 이미지를 위해 국산차를 사려 했었다. 당시 외제차를 사면 주변에서 곱게 보지 않았기 때문이다. 자회사 사장들이 외제차를 끌고 나오면 '아, 저 인간은 딱히 우리와 거래를 하지 않아도 될 것 같다'는 식으로 판단했다. 그래서 외제차로 살까 말까 한창 고민을 했다. 그러던 중 2010년에 외제차가 많이 들어오게 되면서 주변의 시선이 많이 바뀌게 된다. 2014년에 BMW에서 중간 정도 수준의 차를 구매하게 되었다. 오래된 카니발을 타다 BMW를 타니 시선도 달라졌다. 같이 일하던 직원들의 눈빛도 달라졌고 고향 친구들을 만나러 갈 때 이 차를 끌고 나가면 다들 이제야 사장티가 난다며 부러워했다. 남자들 사이에서는 약간 내가 다른 사람보다 잘 보여야 한다는 심리가 작용하고 그것이 가장 잘 나타나는 것이 자동차인 것 같다. 그래서인지 남자들의 자동차에 대한 로망과 욕심이 남다른 듯싶다.

그런데도 아버지에게 있어 전에 있던 카니발도 나쁘지 않았고 처음 카니발을 샀을 때와 마찬가지로 원래 무언가를 사면 잘 버리지 않는 성격이 구매를 늦추게 했다. 아버지는 "차를 바꿀 생각은 없었는데 주변의 시선 때문에 바꾸게 된 것 같다. 아직 우리나라 사람들은 중형차 대형차 외제차로 사람의 등급을 나누어 보는 것 같다."라고 말했다.

"이 차를 끌고 나가면 다들 이제 사장티가 난다며 부러워했지."

남자들의 여행

새로운 장소에서 사색을 즐기는 것을 좋아하는 동생을 위해 아버지는
주말마다 바쁘게 차를 몰며 전국을 돌아다녔다. 여행을 떠날 때면
빈 트렁크 안이 캠핑 도구와 두 남자의 로망을 담은 물건들로
가득 찼다. 산으로 갈 때면 천문학에 관심이 많은 동생은 트렁크에서
천체망원경을 꺼내 따뜻한 캠프파이어 옆에서 밤하늘의 별을
관찰하며 아버지에게 별자리에 대한 이야기를 들려줬다. 바다로
갈 때면 아버지는 낚싯대를 꺼내 평소에 동생과 나누지 못했던
이야기를 주고받으며 낚시를 즐겼다. 하나도 낚지 못하는 날에는 근처
횟집으로 들어가 광어회를 먹으며 아쉬운 마음을 달랬다.

과시욕

보여주는 것을 좋아하는 어머니를 위해 가끔 친척들이 모이는 자리면
짐이 많은 날임에도 불구하고 BMW를 탔다. 아직 집안에
외제차를 끌고 다니는 친척들이 없어서 단연 우리 집의 자동차는
큰 이목을 끌었다.

말도 없이…

사실 자동차 구매는 가족의 동의도 없이 아버지 독단으로 결정했던
일이었다. 어머니는 아버지가 자동차를 구매로 6천만 원 상당의
거금을 사용했다는 것을 알게 되자 몹시 화를 냈다. 하지만
이미 계약을 끝냈기에 환급할 순 없었다. 아버지는 풀이 죽어서
한동안 어머니의 눈치를 보며 지내야 했고 어머니의 말이라면 무조건
따라야 했다. 곧 자동차가 입고되었고 가족들과 첫 나들이로
시승했는데 의외로 어머니는 좋은 반응을 보였다. 아버지도 그날
이후로 기가 펴졌다. 그래도 어머니는 그날 이야기를 할 때면, 어떻게
가족과 이야기도 없이 구매했냐고 섭섭해 한다.

안전이 우선

수많은 도로를 달리면서 카니발은 여기저기 낡고 변색하여 고장이
나기 시작했다. 한번은 고속도로 한복판에서 엔진이 갑자기 꺼지는
바람에 뒤쪽에서 달리던 차들이 급하게 방향을 꺾는 아찔한
상황을 연출하기도 했다. 아버지는 그 이야기를 별일 아닌 듯 대수롭지
않게 이야기했지만, 어머니는 큰 사고가 났으면 어찌할뻔했냐며
매우 화를 냈다. 그 사고 이후에 집 근처 골목에서 커브를 하다
접촉사고가 일어났다. 다행히 차만 조금 망가졌을 뿐 다친 사람은
없었지만, 아버지는 가족의 안전을 위해서라도 좀 더 튼튼한 차로
바꿔야겠다고 생각했다. 그래서 고민 끝에 튼튼하고 믿음직해
보이는 BMW를 구매하였다.

520d를 몰고 있는 아버지

청주시 외제차 급증

6일 청주시에 따르면 지난해 말 자동차 등록 대수는
26만 5천 545대로, 1년 전(25만 7천 560대)보다 3.1% 7천 985대
증가했다. 작년 말 현재 가구 수는 25만 9천 455가구여서 가구당
1.02대의 자동차를 보유한 셈이다. 차종별로는 승용차 21만 6천 86대,
화물차 3만 6천 163대, 특수차 556대, 승합차 1만 2천 740대이다.
이 가운데 외제차는 5천 742대로, 1년 사이 28.5% 1천 272대 늘었다.
시의 한 관계자는 "웬만한 가정은 자동차를 보유하고 있다고 봐야
한다"며 "특히 외제차는 과거만큼 비싸지 않은데다 디젤차 중심으로
연비 경쟁력을 갖췄다는 인식이 퍼지면서 점차 늘어나는 실정"이라고
설명했다.

출처: "청주 가구당 자동차 1.02대 보유…외제차 28.5%↑", 〈연합뉴스〉, 2014. 1. 6

BMW 520d, 수입차 판매 1위

지난달 BMW코리아가 국내 수입차 판매 1위에 오르면서 주력
모델 520d를 베스트셀링카 1위에 올려놨다. 9일 한국수입자동차협회
에 따르면 4월 국내 수입차 등록대수는 총 1만 7,845대로 이중 모델별
판매 1위는 BMW의 520d가 차지했다. 520d는 총 742대가 팔리며
2위 아우디 A6 35 TDI(492대)를 250여대나 앞섰다. 3월 520d는
574대가 팔리며 5위에 그쳤고 당시 1위는 벤츠의 E 220 블루텍이
1,526대로 1위에 올랐다.

출처: "[4월 수입차 판매] BMW 520d, E 클래스 제치고 판매 1위", 〈아시아경제〉, 2016. 5. 9

BMW의 철학

BMW는 스포티한 고성능 세단의 '달리는 즐거움'과 효율성을
추구한다. 자로 잰 듯 정확한 핸들링으로 운전자가 원하는 대로 차를
움직이고, 같은 크기의 엔진이라도 최대한 출력을 뽑아내 주행성능을
높인다. 첨단 기술 도입을 두려워하지 않고 모험적이며 혁신적이다.
너무 앞질러 가려다 간혹 시행착오도 겪지만 결국엔 목표에 도달해
소비자에게 더욱 큰 사랑을 받는다.

출처: "[세기의 라이벌 ③] 벤츠 VS BMW 럭셔리 車시장의 양대 산맥 100년의 싸움", 〈신동아〉, 2012년 7월호

삶의 변화를 꿈꾸십니까?
기회는 지금 당신 앞에 있습니다

X5
Z4
3
5
7

드라이빙, 그 이상의 즐거움이 시작된다.

출처: 〈조선일보〉, 2014. 8. 29

출처: 〈조선일보〉, 2004. 4. 14

4

티뷰론은 날렵한 속도감으로
젊은 나를 매료시켰지

곽 건

곽은영의 아버지
1966. 3. 22 ~

강릉 태생. 사 남매 중 장남이자 어머니의 든든한 남편이며 세 딸과
고양이 세 마리의 아버지이다. 한때 문학도를 꿈꾼 그는
글쓰기를 좋아했지만, 장남의 위치와 미래를 고려해 공학도의 길을
택했다. 여느 공학도와는 다르게 로맨틱한 글쓰기를 좋아하며
오토바이의 낭만을 즐기는 감수성을 지녔다. 지금은 낚시, 요리,
골프 등을 즐기며 자신만의 삶을 꾸려나가고 있다.

1960   61   62   63   64

'강원도 강릉시 사천면
노동상리' 거주

출생(1966. 3. 22)

노동상리 기왓집 (1963~)
/ 115m²

아버지의 오래된 집
자그마한 산 아래 기와집.
아버지는 그곳에서 태어났다.
집 뒤엔 대나무가 빼곡히
들어서 있었다. 그곳은
아버지의 놀이터가
되어주었다. 여름이면
논두렁에 개구리를 잡으러,
가을이면 부모님을 따라
산에 송이를 지키러 다녔다.
얼마 되지 않아, 어린
아버지는 학업을 위해
가족들과 떨어져 강릉으로
갈 수밖에 없었다. 주말마다
돌아오는 이곳이 어린
아버지에겐 매우 포근했다.

증조할머니의 환갑잔치

아버지, 할머니댁 마당 앞에서

'사천국민학교' 입학

부러운 큰아버지의 자동차

무더운 여름이면 아버지 집
마당에는 그 시절 귀한
자동차 한 대가 도착했다.
서울서 수공업 사업에 성공한
큰할아버지의 자동차였다.
여름마다 운전기사를 데리고
집으로 돌아올 때면 아버지는
차를 구경하러 마당으로
뛰어나갔다. 아버지는 그
차를 무척 타고 싶어 했지만,
차를 무척이나 아꼈던
큰할아버지는 그를 한 번도
태워주지 않았다.

자동차 대신 경운기

아버지의 어린 시절엔
경운기가 유일한
교통수단이었다. 무더운
더위가 찾아올 때면
할아버지는 경운기 뒤에
아이들을 태우고 물놀이를
갔다. 갈 때마다 항상 큰 솥을
실었는데, 저녁때 계곡에서
잡아온 미꾸라지를 갈아
그곳에 추어탕을 해 먹으면
그렇게 맛있었다.

손수레에 누워 약방으로

큰고모와 아버지는 어릴 적
홍역을 앓았다. 할아버지와
할머니는 아이들을 데리고
약방에 가야 했지만,
차가 없었기 때문에
할아버지는 아이들을
손수레에 태워 4km나 되는
먼 거리의 그곳으로 향해야만
했다. 아버지는 아직도
가마니 위에서 본 땀에 젖은
할아버지의 모습을 잊지
못한다.

'강원도 강릉시 홍제동' 거주　　　　　　'강원도 강릉시 교동' 거주

'강릉국민학교'로 전학　　　　　　　　'명륜중학교' 입학

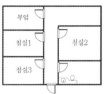

홍제동 주택 (1975 ~ 1977)
/ 99m²

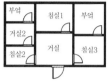

교동 주택 (1977 ~ 1983)
/ 99m²

사이 좋은 사 남매

콩나물시루 같은 버스

사 남매 중 장남인 아버지는
부모님의 기대를 한껏 받았다.
할머니는 어려운 형편에도
강릉 시내로 아버지를 보냈다.
선생님 댁에서 하숙하고,
주말마다 버스를 타고 집으로
돌아왔다. 혼자 눈칫밥을
먹으며 지내야 했던 하숙집이
너무 싫었던 아버지는 일요일
저녁 다시 그곳으로 가는 그
콩나물시루같이 꽉 찬 버스를
타는 것이 고역이었다.

할아버지, 오토바이를 사다

어느 날 집에 오자,
오토바이 한 대가 마당을
지키고 있었다. 할아버지가
큰맘 먹고 구매한
기아 혼다 오토바이였다.
아버지는 주말에 집에 올 때면
할아버지 몰래 그것을 타며
시간을 보냈다. 기름이
바닥나면 용돈으로 몰래
아무 일 없었다는 듯 기름을
채워 넣었지만 금방
들켜버렸다. 할아버지는
키를 숨겨버렸고 아버지는
그 키를 찾으러 온 집안을
뒤지고 다녔다.

전국할부판매실시!
출처: "전국할부판매실시", 〈동아일보〉, 1979. 12. 25

무거동 자취방
(1984~1986) / 23m²

대학생이 되다

아버지는 울산대학교
토목공학과에 입학했다.
한때 신문 기자들을 동경하여
문학도를 꿈꾼 아버지는
못 이룬 꿈을 위해 입학하자
마자 학교 신문사 동아리에
들어가 교내 관련 사건들을
취재하고 기사를 썼다.
신문이 발행될 즈음에는 아침
첫차를 타고 창원 경남
신문사로 갔다. 교정을 받고
신문이 다 인쇄될 때까지
아버지는 신문사 화장실에서
몰래 쪽잠을 자며 그 시간을
보냈다. 피곤한 동아리
생활이 버거울 때도 있었지만,
그는 지금까지도 신문이
발행되고 난 후의 보람을
잊을 수가 없다.

→
출처: "효성 RX125, S&T
RX125SM" Retrieved April 1, 2016
from http://goo.gl/TMgsn4

'MX 125' 구입

군 생활의 낙, 달콤한 펜팔
아버지의 관물대에는 우표가
소복이 쌓여 있었다.
당시 선임의 소개로 펜팔을
시작한 아버지는 밤마다
얼굴 모르는 그녀에게
정성스레 편지를 썼고,
그것은 일 년이 지나도
끊어지지 않고 계속 이어졌다.
마침내 아버지는 제대하고
장미꽃을 들고 그녀를 만나러
갔다. 들뜬 마음으로
이천행 버스에서 내렸지만,
곧 마음이 달라졌다. 기대가
너무 큰 나머지 실망이
컸기 때문이다. 그 이후로
다시는 편지가 오지 않았다.

펜팔저널
출처: "펜팔저널". 〈동아일보〉,
1988. 9. 20

자동차보단 오토바이
MX 125

제조사 효성스즈키
차종 오토바이
배기량 125cc
생산기간 1984 ~ 1996

출처: "효성 MX125, 효성 RX125, S&T RX125SM", Retrieved April 1, 2016 from http://goo.gl/TMgsn4

아버지의 'MX 125'

할머니 댁 뒷산엔 송이가 난다. 매년 가을 즈음이면 뒷산의 송이를 지켜 송이를
팔았다. 아버지는 제대 후 할머니 댁 뒷산에 송이를 따서 팔아 80만 원을 벌었다.
대학생 시절, 몇천만 원짜리 오토바이를 사는 게 꿈이었던 아버지는 그 돈으로
'혼다 MX 125'를 샀다. 아버지는 오토바이와 함께 복학해 친구들에게 각종
개인기를 구사했고, 어머니랑 데이트하는 날이면 그것을 태워주곤 했다. 그렇게
그 오토바이를 일 년 반 정도 탔다. 그러던 중 아버지는 할머니의 상 소식을 듣고
울산에서 강릉까지 오토바이로 급하게 달려갔다. 결국, 과도한 주행으로
아버지의 애마는 폐차시킬 수밖에 없을 정도로 톱니가 휘어버려 더는 탈 수 없었다.

"오토바이에 앉아 온몸으로 느끼는
속도감이 좋았지. 효성 MX
오토바이는 당시 나왔던
오토바이 중 가장 개성 있고
세련된 디자인이었어.
마치 오토바이 선수가 된 것만
같은 기분이었다니까."

추운 겨울에 드라이브를 하고서

아버지의 애마, 효성 오토바이

국내 오토바이브랜드 효성 오토바이는 1978년 6월 효성그룹
창업주인 조홍제에 의하여 효성기계공업으로 설립되었습니다.
설립 이후 1979년에 일본 스즈키 사와 기술제휴를 맺고
효성스즈키라는 브랜드명으로 모터사이클 생산에 들어갑니다.
최초의 효성 오토바이 독자 모델은 1987년 출시합니다.
이후 1995년에는 국내 최초 125cc급 모터사이클 DOHC 엔진을 개발
본격적인 모터사이클 출시를 하게 됩니다. 1996년 효성오토바이는
100만대 돌파, 2001년에는 200만대를 돌파하며 명실상부한 국내
최고의 오토바이 브랜드로 자리 잡게 됩니다. 하지만 1997년
부도를 맞게 되고 2003년 효성그룹으로부터 분리되어 2004년 국내
최초로 650cc급 모터사이클 엔진을 개발하였습니다. 2005년
한솜모터스에 흡수합병되며 2007년 효성기계공업에서
S&T 모터스로 사명을 변경하였으나 수출모델에는 여전히
효성(HYOSUNG) 브랜드를 달고 수출하고 있습니다.

출처: "효성오토바이 (S&T Motos) 역사와 대표적인 시리즈".
Retrieved June 4, 2016 from http://blog.naver.com/jamesmoto/90155172

해외 기업과 손잡는 국내 오토바이 회사

상공부는 오토바이를 90년대 수출 유망품목으로 육성하기 위해 오는
91년까지 국산 독자 모델 개발을 유도키로 했다. 9일 상공부가
마련한 '이륜차 공업의 수출 산업화 방안'에 따르면 지금까지
대림자동차 효성기계 등 양사가 일본합작선에만 의존하고 있는
오토바이모델을 국산화, 대량 수출을 추진할 계획이다.

출처: "오토바이 국산화 박차", 〈매일경제〉. 1989. 6. 9

오토바이 판매가 크게 늘어나고 있다. 도시 교통의 혼잡에 따른
수송 수단으로서뿐만 아니라 소득수준 향상에 따른 공단 지역
및 농촌 지역 수요가 꾸준히 늘어나고 있기 때문이다. 대림자동차와
효성기계는 올해 들어 8월 말 현재 총 18만 5천 대의 오토바이를
팔아 지난해 같은 기간보다 25% 이상 판매증가를 기록했다.
대림자동차는 8월 말 현재 9만 8천6백 대를 판매했고 효성기계는
8만 7천 대의 판매를 기록했다.

출처: "오토바이 판매 호조", 〈매일경제〉. 1990. 9. 26

효성 스즈키의 MX 125

일본 스즈키와의 제휴로 출시된 모델로 추정되며 2 행정 125CC
엔진이 탑재되어 파워풀한 성능을 느낄 수 있는 오프로드 바이크다.
당시에 출시된 바이크들이 다소 점잖은 분위기였던 데에 반해
MX 125는 젊은 감각이 물씬 배어 나와 아스팔트 위에서 오프로드
바이크가 즐비한 진풍경을 연출하기도 했다.

출처: "인기를 끌었던 대림/효성 오토바이 – 우리가 사랑해 마지않는 국산 히트 모델
〔스쿠터앤스타일〕", Retrieved June 9, 2016 from http://blog.naver.com/bikeingnet/40203559277

효성 스즈키의 오토바이 전단 광고
출처: "효성스즈키", Retrieved June 4, 2016
from http://www.bobaedream.co.kr/board/bulletin/view.php?code=bike&No=40101

1990
어머니와 연애

91
'서울' 거주

울산대학교 졸업

한국종합기술개발공사 취업

92

93
'강원도 강릉시' 할머니댁 거주

결혼

딸 은영, 출생

'충청북도 충주시'로 직장이동

94

→ 출처: Retrieved April 9, 2016 from
https://goo.gl/g02VFO

엑셀, 300만 원짜리 아버지의 첫차

돈가스의 추억
어머니는 아버지와 연애할 때, 지금은 흔하게 먹을 수 있지만 당시 고급 음식중 하나인 '돈가스'를 사주겠다는 아버지의 말에 넘어갔다.

경양식의 대중화
출처: "엘머하우스의 피자, 돈까스, 햄버거는 맛이 확실히 다릅니다."
〈한겨레〉, 1990. 6. 12

고꾸라진 오토바이
어머니와 아버지가 연애하던 당시 차가 없던 아버지는 어머니를 오토바이에 자주 태웠다. 어느 때처럼 오토바이를 타고 울산대학교 정문에서 유턴하던 중 정문 한가운데서 오토바이가 넘어졌고 어머니는 아직도 이 일을 생각하면 부끄러워 한다.

피곤한 압구정 출근길
아버지는 매일 밤 다짐했다. 하지만 아버지는 아침잠을 이길 수 없었다. 결국, 매일 사람이 가득한 2호선을 타고 압구정으로 출근했다.

독학으로 운전면허 취득
아버지는 회사 현장에 라인기를 가져다 놓았다. 오토바이를 잘 타니 운전면허쯤은 독학으로도 거뜬하다는 생각이었다. 너무 자만한 탓이었을까. 아버지는 주행 시험에서 세 번의 낙방 끝에 최종 합격을 했다.

엑셀 판매 250만대 넘어서
현대자동차 엑셀이 국내 단일 차종으로는 처음으로 2백 50만대 기록을 세웠다. … 국산차로는 처음으로 지난 86년 1월 미국시장에 진출한 엑셀은 지난 88년 37만7천여 대가 수출되어 단일 차종 최대 수출기록을 세웠고 85년부터 7년 연속 국내 베스트셀러카로 등록되었다.
출처: "엑셀 판매 250만대 넘어서", 〈한겨레〉, 1993. 11. 18

강변북로 확장 연내 개통
올해 안에 서울 강변북로의 행주대교 ~ 천호대교 31.9km 구간이 4~8차선 도로로 확장돼 올림픽대로의 교통 적체가 많이 풀릴 것으로 보인다. 또 분당과 올림픽대로를 잇는 일부 도로가 개통된다.
출처: "강변북로 확장 연내 개통", 〈한겨레〉, 1994. 2. 2

안전을 강조한 광고
출처: "측면안전 – '엑셀' 정도는 돼야죠!", 〈동아일보〉, 1993. 9. 13

95

'충북 충주시 충일아파트'
거주

둘째 여동생, 출생

충일아파트 (1995 ~ 1996)
/ 62.8m²

→
출처 : Retrieved April 15, 2016 from
https://goo.gl/jUN5SF

첫 신혼집, 충일아파트
신혼 시작부터 시집살이해야
했던 엄마를 위해 아버지는
돈을 모아 충주의 작은
아파트를 구했다. 5층밖에
되지 않는 충일아파트는
일요일마다 주민들이 모여서
아파트 공동 공간을 청소했다.
매주 일요일 어머니는
아버지를 일찍 깨웠다.
졸린 눈을 비비며 아버지는
더 나은 보금자리를
얻어야겠다고 생각했다.

96

'강원도 원주시 대흥아파트'
거주

회사 이직

대흥아파트 (1998 ~ 2000)
/ 82m²

티뷰론, 젊음의 상징

세 식구가 모두 함께
아버지는 둔내로 발령받게
되었다. 새집을 구할 시기가
애매해져 잠시 할머니 댁에서
지내게 되었다. 고모네
가족도 함께 지내게 되어
우리 가족, 고모네, 그리고
할머니, 할아버지 이렇게
세 식구가 모여 살았다.

200만원이면
소형아파트 산다
200만원이면 서울에서
소형 아파트를 마련할 수
있는 시대가 열렸다. 최근
아파트 전셋값 강세가
이어지면서 매매가와 전세가
차이가 점점 좁아져 적은
돈으로 아파트를 사려는
사람이 부쩍 늘고 있다.
출처 : "200만 원이면 소형아파트
산다", 〈경향신문〉, 1996. 8. 3

할머니 댁에서 동생과 나

97

98

토목시공기술사 취득

**프린스, 가족을 위해 젊음을
포기하다**

경매되어 손해보다
둔내로 발령을 받은 아버지는
원주로 이사 오게 되었다.
당시 직장 동료들과 같은
아파트에서 지냈기 때문에
서로 왕래가 잦아 아파트
안팎에서 친하게 지냈다.
그러나 전세로 온 아파트가
2,900만 원에 경매되는
바람에 돈을 더 주고
5,700만 원에 사야만 했다.
후에 이사 갈 때는 보증금
500만 원에 30만 원으로
월세를 두고 갔다.

유치원 등굣길, 원주

99

←
출처 : Retrieved April 9, 2016 from
https://goo.gl/Biy032

영동고속도로 새말 - 월정 간
확장 개통
지난 95년 8월 확장공사에
착수해 4년 만에 개통을 하는
새말 - 월정간은 상습지.
정체구간이었으나 이제는
100㎞/h로 주행할 수 있어
4시간이 소요되던 서울 -
강릉 간 운행시간이
3시간 30분으로 단축되고
교통지체 비용 절감액도
연간 1천억 원에 이를 것으로
추산되고 있다.
출처 : "영동고속도로 새말-월정 간
확장 개통", 〈연합신문〉, 1999. 11. 15

아버지의 첫차
엑셀

제조사 현대자동차
차종 소형
배기량 1,298cc
생산기간 1985 ~ 1994

출처 : Retrieved April 9, 2016 from https://goo.gl/g02VFO

"결혼하고 얼마 안돼 경제적
부담도 있고…. 당시 잘 나가던
차였어. 그냥 그게 제일 중요했지.
당시에는."

아버지의 '엑셀'

엑셀은 '처음'의 추억이 많은 자동차다. 아버지는 매주 주말에는 강릉 본가로 갔다.
버스를 타고 이동하기엔 너무 피곤했다. 현장을 갈 때도 버스가 별로 없어
곤란했던 아버지는 결국 차를 사야겠다고 결심했다. 평소 차보다는 오토바이에
관심이 더 크던 아버지가 고른 차는 무난하게 대중들에게 잘나가는 검은색
엑셀이었다. 어머니의 졸업식 날이 차로 첫 장거리 운전을 했고, 첫 서울 운전을 했다.
천호에 사는 친구를 만나기 위해 미숙한 운전 실력으로 서울 길에 나섰던 아버지는
그날 이후 서울이나 수도권은 운전을 꺼리게 되었다. 기껏해야 고속도로를
달리거나 차가 별로 없는 시골길을 달리던 아버지에게 서울 도로는 너무 복잡하고
차가 많았다. 이후 아버지는 서울 운전이라면 치를 떨었다.

현대차만 25% 수요 늘어

비수기인 지난 8월 기아와 대우는 승용차 내수시장의 판매실적이
7월에 비해 평균 15% 줄어든 반면 현대 24.7%늘어난 것으로 집계돼
장기간의노사분규 여파에서 완전히 벗어났음을 보여줬다.
현대자동차는 엑셀과 소나타Ⅱ의 판매호조에 힘입어 8월에모두
5만9백40대를 내수시장에 팔아 7월(4만8백55대)보다 24.7%
신장세를 보였다. 반면 기아자동차는 8월에 모두 2만3천1백대를
팔아 7월보다3천3백69대, 대우자동차는 2만3천6백34대를 팔아
7월보다 4천9백18대가 각각 줄어들었다.

출처: "현대차만 25% 수요늘어", 〈한겨레〉, 1993. 9. 8

윤화 사망 크게 줄었다

'교통사고 줄이기운동'의 원년인 지난해 교통사고로 인한 사망자가 91
년에 비해 13.7%나 대폭 줄어드는 등 감소추세를 보인 것으로
나타났다. 경찰청은 27일 지난 한 해 동안 각종 교통사고를
집계한 결과 모두 25만3천4백69건의 교통사고가 발생, 이중
1만1천5백85명이 숨지고 31만2천2백86명이 부상했다고 밝혔다.
이는 91년보다 발생은 1만2천4백95건(4.6%), 부상자는
1만9천3백24명(5.8%)씩 각각 감소한 것이다. 그러나 국가간
교통사고 사망자 비교치인 자동차 1만대당 교통사고 사망자수는
22.2명으로 11위, 인구 10만명당 교통사고 사망자는 26.5명으로
중국, 남아공에 이어 3위를 기록해 여전히 '교통후진국'이라는
불명예를 면치 못하고 있는 것으로 분석됐다.

출처: "윤화 사망 크게 줄었다.", 〈경향신문〉, 1993. 1. 28

첫 서울 운전

아버지는 천호에 사는 친구를 만나기 위해 처음으로 차를 끌고
서울 길에 올랐다. 그러나 곧 서울 운전에 질리게 되었다. 당시에는
도로도 교통사정도 좋지 않기 때문에 운전이 너무나도 힘들었다.
한참을 헤맨 후 친구를 만난 후 20여 년간을 아버지는 서울에서
운전을 하지않았다.

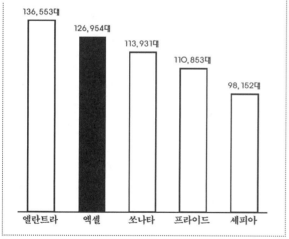

〈 차종별 93년도 판매 현황 〉

- 엘란트라 136,553대
- 엑셀 126,954대
- 쏘나타 113,931대
- 프라이드 110,853대
- 세피아 98,152대

출처: "엘란트라 2년째 최다 판매 2위 엑셀 3위쏘나타Ⅱ 차지", 〈한겨레〉, 1993. 12. 23

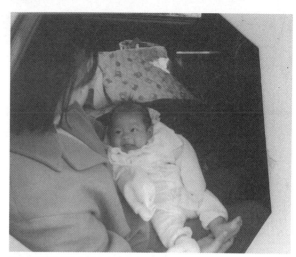

어머니 졸업식을 위해 울산으로 간 날

첫 장거리 운전

어머니의 대학 졸업식 날, 아버지는 할머니 댁에서 지내는 어머니와
할머니 그리고 갓 태어난 나를 데리고 강릉에서 울산까지 운전했다.
크게 먼 곳을 가본 적이 없는 아버지는 어린 나를 데리고 한, 첫 장거리
운전이라 많이 긴장했다. 아직도 '엑셀' 하면 가장 먼저 생각나는
기억이다.

출처: "제3세대 승용차 — 엑셀", 《매일경제》, 1989. 4. 10

출처: "고성능 쾌속질주!", 《동아일보》, 1989. 6. 27

출처: "'엑셀 안전에서도 한세대 앞서갑니다", 〈동아일보〉, 1989.10.24

출처: "'엑셀'보다 강력하고 편안한 1500cc 승용차가 있을까?", 〈동아일보〉, 1989. 7. 18

출처: "아빠, '엑셀'이 제일 멋지게 나오는 거죠?", 〈한겨레〉, 1990. 3. 14

출처: "승용차의 안전도 개념이 바뀌었습니다. 이제는 예방안전의 시대입니다", 〈동아일보〉, 1989. 11. 29

출처: "가장 이상적인 승용차 '엑셀' — 지금, 그 경제성이 돋보이는 때입니다",
〈동아일보〉, 1990. 8. 23

출처: "안전도 NO.1", 〈동아일보〉, 1990. 4. 13

출처: "글쎄, 우리 부부를 '엑셀' 스타일이래요!", 〈경향신문〉, 1990. 6. 7

출처: "파워에 놀라고 편리함에 반했어요", 〈동아일보〉, 1989. 10. 13

젊은 아버지의 자동차
티뷰론

제조사 현대자동차
차종 스포츠카
배기량 2,000cc
생산기간 1996 ~ 2001

출처: Retrieved April 15, 2016 from https://goo.gl/jUN5SF

"날렵한 속도감으로 도로를 달리는 티뷰론은 젊은 나를 매료시켰지. 외제 스포츠카에 뒤지지 않는 디자인과 나름 합리적인 가격은 지금 아니면 탈 수 없을 거라는 확신에 무리해서라도 티뷰론을 사게 만들었어."

아버지의 '티뷰론'

아버지는 젊었고, 티뷰론의 강렬한 첫인상을 잊을 수 없었다. 새빨간 이 차가 너무 탐났다. 지금 아니면 탈 수 없다는 생각에 큰맘 먹고 구매했다. 하지만 어린 우리는 왜 문이 한 짝밖에 없냐며 불평을 했고, 특히 할머니 댁에 갈 때면 구불구불한 옛날 영동고속도로 길이 너무 힘들어 차를 탓하곤 했다. 그 당시 이슈였던 이 차의 디자인은 나에겐 그저 개구리를 닮았을 뿐, 치기 예쁜 것보다 문이 없이 불편했다. 아버지는 결국 커가는 우리를 위해 차를 금방 바꿀 수밖에 없었다.

아버지와 두 딸, 티뷰론 앞에서

역동적이고 날렵한 티뷰론

현대자동차가 1996년 출시한 스포츠카이다. 프로젝트명 RD로 95년 출시한 아반떼(J2)의 플랫폼을 개량해 만들었다. 전체적인 디자인은 현대자동차 미국 캘리포니아 디자인 연구소에서 나온 콘셉트 모델 HCD-1, HCD-2의 디자인을 그대로 계승했다. 차명은 Tiburon으로 스페인어로 상어라는 뜻이다. 장착된 엔진은 직렬 4기통 1.8리터 알파엔진, 2.0리터 현대 베타 엔진을 장착했다. 156마력 19.8kg/m의 토크를 뿜어낸다. 국산차 최초로 포르쉐와 공동개발한 맥퍼슨 스트럿 서스펜션을 적용했고 4단 자동변속기와 5단 수동변속기를 채용했다. 당시 수입 스포츠카를 구매하기 어려웠던 대한민국의 젊은 세대에게 관심과 인기를 끌기에 충분했다.

출처: "응답하라 1997, 토니안의 자동차 - 티뷰론 스페셜", Retrieved April 10, 2016 from http://goo.gl/juRGp0

현대차 티뷰론 '인기폭발'

티뷰론은 당시 자동차 시장에서 보기 힘든 역동적인 디자인과 국내 최초로 적용된 프레임리스 도어는 대중들에게 신선한 디자인으로 다가갔다. 티뷰론의 시작은 현대 자동차의 최초의 컨셉트카인 HCD-1 현대자동차(대표 정몽규)가 개발한 스포츠 쿠페 티뷰론이 시판 5일 만에 1천7백여 대가 계약되는 인기를 누리고 있다. 현대 자동차는 티뷰론 국내판매를 당초 월평균 1천5백 대로 계획했는데 5일만에 월 목표량을 크게 넘는 1천7백여 대가 계약되자 월 생산 계획을 2천 대로 변경했다.

출처: "현대차 티뷰론 '인기폭발'", 〈매일경제〉, 1996.5.4

3년 동안 상어만 그린 티뷰론 디자인팀

靜中動動中靜(정중동 동중정)

산사의 면박한 노승에게서나 나옴 직한 이 말은 바로 현대자동차 티뷰론 프로젝트팀이 티뷰론 디자인하면서 던진 화두였다. 서 있을 때조 차 움직이는 것 같아야 하고 움직일 때는 물 흐르듯 자연스러워야 한다는 것. 이 화두를 풀기 위해 티뷰론 디자이너들은 공기역학을 고려한 쐐기 모양의 몸체를 고안했다. 그리고 스포츠카 특유의 이미지를 강조하기 위해 울룩불룩한 근육을 넣어 공격적이고 강한 남성 이미지를 덧붙였다. 그 결과 평소에는 이빨을 감춘 다소곳한 '상어'지만 일단 달리기를 시작하면 지느러미로 물살을 가르면서 쏜살같이 다가드는 것 같은 느낌이 티뷰론에 구현됐다.

출처: "현대자동차 '티뷰론' 디자인팀", 〈매일경제〉, 1996.8.23

90년대 스포츠카 대중화의 시대를 열다

신세대 수요층을 겨냥한 국산 스포츠카가 4월(현대), 5월(기아) 잇따라 선보이면서 국내 자동차 업계에 스포츠카 경쟁이 불붙는다. 현대는 '티뷰론'을 스포츠카의 힘과 승용차의 안락감을 겸비한 대중화 개념의 스포츠카로 정의하고 있는 데 비해 기아는 'L카'를 순발력, 순간속도를 자랑하는 정통 스포츠카로 자부하고 있다. 따라서 현대는 올해 4만 대를 생산해 2만 대는 내수, 2만 대는 외수로 하는 양산 체제를 준비 중이고 기아는 연간 2,000대를 수작업으로 생산, 국내시장에 팔겠다는 전략을 세워놓고 있다. 가을쯤이면 벤츠 및 BMW 등 해외 유명 메이커들의 경스포츠카까지 수입돼 스포츠카 관심계층의 눈을 한껏 자극할 것으로 보인다.

출처: "'스포츠카' 시장 달아오른다", 〈경향신문〉, 1996.3.20

대학생이 가장 갖고 싶은 차 "티뷰론"

대학생들이 가장 갖고 싶은 것은 자동차. 갖고 싶은 것으로 61%가 자동차를 선택했고 컴퓨터 비디오 카메라 휴대전화 오디오 전자수첩은 한참 뒤쳐져 있다. 취업정보지인 월간 인턴이 올해 초 대학생 5백 명을 대상으로 '자동차 선호도 및 자동차업계 이미지'를 설문 조사한 결과다. 자동차 중 가장 구입하고 싶어 하는 종류로는 현대자동차의 티뷰론을 꼽았다. 젊은이들답게 튀어 보이는 스포츠카를 선호한 것이다.

출처: "대학생들이 가장 갖고 싶은 차 '티뷰론'", 〈동아일보〉, 1997.3.27

(상) 기아의 엘란, (하) 현대의 티뷰론
출처: "날렵한 맵시, 화려한 원색 영화 속의 차 스포츠카 대중화 시대 활짝", 〈매일경제〉, 1996.6.7

출처: "나의 꿈에 날개를 달았다-매혹의 스포츠카, 티뷰론", 〈동아일보〉, 1996. 7. 15

출처: "단, 500명의 스피드매니아를 위하여 — 티뷰론 스페셜 탄생", 〈동아일보〉, 1997. 12. 13

출처: "본격 스포츠카 티뷰론 탄생", 〈동아일보〉, 1996. 4. 27

가족을 위해 포기한 젊음
프린스

제조사 대우자동차
차종 중형
배기량 1,798 ~ 2,000cc
생산기간 1991 ~ 1997

출처: "1997 프린스", Retrieved April 9, 2016 from http://goo.gl/c0XB1B

"묵직하고 찻값은 싼데 무게는
있어 보였어. 당시 인기가 그렇게
많진 않았는데 차가
엑셀에 비해선 조금 컸지."

아버지의 '프린스'

가족들의 '티뷰론은 답답하다'는 불평은 늘어만 갔다. 결국, 아버지는 이 차를
팔기로 했다. 유행이 지난 차는 반값도 안 되는 가격에 팔렸다. 아버지는 값이 싼
중고차를 샀고, 찻값이 저렴하면서 그나마 무게가 있어 보인다는 이유로
프린스를 구매했다. 아버지는 그 차에 큰 애정이 없었지만 정을 두려고 노렸다.
세차로 매주마다 멀끔히하고 조심히 몰았다. 그리고 결국엔 제일 오래 탄
자동차가 됐다. 하지만 나중에는 차가 너무 낡아 버려서 '똥차'라고 화를 자주 내고
관리도 소홀해져갔다. 후륜 구동이라 겨울마다 미끄러짐에 크게 신경 써야 했던
아버지는 원주로 올라오면서 가족들을 위해 안전한 자동차를 사야겠다고 생각했다.

프린스 앞에서

아버지와 막내딸 그리고 프린스

광이 나는 프린스

우리 가족은 프린스를 타고 강릉으로 친척들을 만나러 갔다. 마침
그곳에 눈이 펑펑 쏟아져 나와 동생들은 함박눈에 신나나 실컷 놀았다.
그러던 중 우리는 먼지로 지저분해진 차를 깨끗하게 닦아주고 싶어서
눈덩이를 쥐고 차에 살살 문지르면서 세차를 했다. 착한 마음에서
시작했지만, 점점 눈 속의 먼지 자국이 선명히 차를 뒤덮었다.
시내로 나가야 해서 차가 필요했던 아버지는 그것을 보자마자 큰
한숨만 쉬었다. 결국, 엉망이 된 차를 타고 시내로 나가는 아버지를
보자 우리는 너무 민망하면서도 차에게 미안했다.

빨간 낙서로 도배된 프린스

어느 날, 프린스는 밤새 누군가가 칠해놓은 빨간 페인트로 덮여 있었다.
차 위에 엑스자로 그려진 낙서들은 지워지지도 않았다. 우리 차를
비롯해 다른 두 대의 차도 똑같이 낙서 되어 있었다. 그 상태로
차를 어디 끌고 나갈 수도 없어, 견인차를 불러 새로 색칠을 할 수밖에
없었다. 범인을 잡으려 했지만, 그 당시 CCTV가 제대로 설치되어
있지 않아서 찾을 수 없었다. 나는 새 차를 사는 건가 설레었지만,
아버지는 차를 깨끗하게 원상 복구해 놓았다.

중후한 매력의 자동차, 프린스

대우 자동차의 '로얄'시리즈는 왕가의 칭호를 사용하고 있고
중형차의 명문으로 통하는 프린스는 왕자, 더 정확히 말하면
'공작 칭호를 받은 왕자'를 뜻하는 이름이다. 또한 임페리얼은
'황제'라는 뜻인데 이 이름은 대우뿐 아니라 크라이슬러의 최고급
모델에도 붙어있다. '로얄' 외에도 왕족이나 왕조를 뜻하는 '리갈',
'다이내스티' 등이 쓰이고 있다. 귀족을 뜻하는 '아리스토'는 도요타의
고급차 이름으로 쓰인다. … 이처럼 차에 귀족이나 상류층의 이름을
붙이는 것은 '고급차', '특별한 차'라는 인상을 심어주어 고객들이
자부심을 갖게 하기 위함이다.
출처: "계급·계층 나타내는 차 이름", 〈경향신문〉, 1995. 10. 4

대우의 프린스는 꾸준한 판매를 유지하고 있는 모델이다. 프린스
판매의 대부분을 차지하는 모델은 1.8. 프린스가 매월 7천 대 안팎의
판매를 유지하는 이유는 중후한 이미지가 크게 작용하고 있는 것으로
분석된다. 중형차이면서도 고급 차 분위기를 풍기는 것이 프린스의
장점 중 하나인 셈. 프린스는 경쟁차와는 달리 뒷바퀴 굴림형이다.
대우는 이 점 때문에 승차감이 뛰어나다고 강조한다. …
파워윈도의 단추가 중앙 콘솔 박스 앞에 집중돼 있다거나 시트
등받이 각도 조절이 다이얼식으로 돼 있는 것은 불편한 점들.
그럼에도 불구하고 프린스가 꾸준한 판매를 보이는 것은 중후하고
안정된 분위기가 큰 몫을 하고 있기 때문이다.
출처: "중형승용차 1,800CC급이 승부처", 〈매일경제〉, 1995. 9. 27

중형차 르네상스 속 프린스

현대 기아 대우자동차 3사가 중형 승용차 판매에서 혼신의
힘겨루기에 나섰다. 현대의 쏘나타, 대우의 프린스는 각각 양사의
전차종에서 월별 판매량이 가장 많은 대표 주자 격 차종이다.
쏘나타는 특히 현재 국산차를 통틀어 베스트 셀러 카의 자리를
지키고 있다. 여기에 지난 6월 20일부터 기아가 콩고드
후속 모델로 크레도스를 데뷔시키자 중형승용차시장에서의 한판
승부를 겨루는 판매전이 서서히 일기 시작했다.
출처: "쏘나타 크레도스 프린스 중형차시장 장악 총력전", 〈동아일보〉, 1995. 9. 4

서울시 자동차 매매사업조합이 장한평, 강남, 영등포 등 서울 시내
전 매매업자들이 보는 가장 좋은 중고차는 현대의 경우 쏘나타,
대우는 프린스, 기아의 경우는 프라이드인 것으로 조사됐다. …
한편 시장을 찾는 소비자들이 많이 찾는 중고차는 현대의 엘란트라,
대우의 프린스, 기아의 프라이드인 것으로 각각 조사됐다. 이들
차종은 설문 대상자 중 30명 이상이 선택한 것으로 중고차 시장에서
이들 차량의 인기가 압도적인 것으로 나타나고 있다.
특히 대우 프린스와 기아 프라이드는 각각 39명, 38명이 선택해
압도적인 인기를 반영했다.
출처: "쏘나타, 프린스, 프라이드 가장 좋은 중고차", 〈매일경제〉, 1995. 3. 29

(좌) 현대 쏘나타 Ⅲ, (우) 기아 크레도스
출처: "1996 쏘나타 3", Retrieved May 20, 2016 from http://goo.gl/eLIzsX (좌)
"1997 크레도스", Retrieved May 20, 2016 from http://goo.gl/yR2Vuy (우)

프린스보다 안전한 중형차가 있으면 그 차를 타십시오.

출처: "프린스보다 안전한 중형차가 있으면 그 차를 타십시오.", 《매일경제》, 1995. 7. 14

생명을 책임지는 사람들
안전한 프린스를 탑니다.

출처: "생명을 책임지는 사람들 안전한 프린스를 탑니다.", 《동아일보》, 1995. 10. 18

가족을 사랑하는 사람들
안전한 프린스를 탑니다.

출처: "가족을 사랑하는 사람들 안전한 프린스를 탑니다.", 《한겨레》, 1995. 11. 2

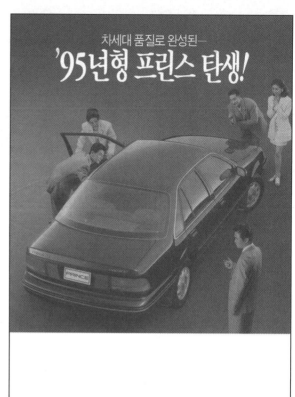

책임이 막중한 분들。
프린스가 책임져야 할 분들。

차세대 품질로 완성된—
'95년형 프린스 탄생!

출처: "책임이 막중한 분들 프린스가 책임져야 할 분들", 〈매일경제〉, 1995. 1. 23

출처: "차세대 품질로 완성된-'95년형 프린스 탄생!", 〈동아일보〉, 1994. 8. 26

안전한 프린스를 탑니다
안전을 우선하는 전문가들,
프린스를 타는 사람들.

차와 살고, 차를 잘 아는 사람들,
안전한 프린스를 탑니다。

안전한 프린스를 탑니다。
안전을 우선하는 전문가들,
프린스를 타는 사람들.

출처: "안전한 프린스를 탑니다", 〈한겨레〉, 1995. 8. 27

출처: "차와 살고, 차를 잘 아는 사람들, 안전한 프린스를 탑니다", 〈경향신문〉, 1995. 9. 16

출처: "안전한 프린스를 탑니다", 〈동아일보〉, 1995. 8. 28

'강원도 강릉시 부영아파트' 거주

'경상북도 경산시 옥산동' 거주

셋째 여동생, 출생

부영아파트 (2000 ~ 2002)
/ 69m²

주택 (2002 ~ 2005)
/ 109m²

**고향길 지루함 달랠
상품들 봇물**

유아들이 장시간 자동차에
탈 때 안전사고 예방에 필요한
유아용 안전 카시트와
뒷좌석에 바람을 불어넣어
설치할 수 있는 안전놀이방이
인기 품목. 자동차 뒷좌석에
펼치거나 앞좌석과 뒷좌석
사이에 끼워 넣어 놀이나
휴식공간으로 사용할 수 있는
안전 놀이 매트도 여러 종류
나와 있다.

출처: 〈동아일보〉, 2000. 8. 29

**영동고속도로 대관령구간
확장개통**

건설교통부와 도로공사는
영동고속도로 대관령 구간인
횡계~강릉(21.9km) 구간이
새로 확장되어 이달 28일에
개통된다고 26일 밝혔다. …
이번 구간은 그동안
꾸불꾸불했던 대관령구간이
새로이 신설하는 것으로
서울 방향 3차선, 강릉 방향
2차선이 신설 확장되었다.

출처: "영동고속도로 대관령구간
확장개통", 〈한국경제〉, 2001. 11. 26

저당 없는 집을 찾아서

이 전집에서 큰 손해를 본
경험 때문에 경산으로
이사 갈 때는 저당이 없는
주택으로 이사했다.
꽤 넓어서 우리는 이 집이
너무나도 맘에 들었다.
아버지는 이곳에서 밀양으로
매일 출퇴근을 했다. 처음
이사했을 때 지인들이 없어
외로운 아버지는 취미로
낚시와 골프를 시작했다.
새 집은 그에게 취미를
만들어 주었고 경상도
억양을 낯설어 하던 내가
어느새 정이 들어 이사 가기
싫다고 울 정도로 추억이
많이 쌓인 집이다.

프린스보다는 갤로퍼

당시 건설 일을 하는 아버지는
평일에는 승용차 대신
회사 차인 갤로퍼를 몰았다.
프린스는 후륜이라 눈길에
미끄러져 할머니 댁에 갈 때
종종 그 차를 타고 갔다.
경산에서 강릉까지는 5시간
넘게 달려야 했는데, 오랜
이동에 지루했던 우리는
의자를 눕혀 이불을 깔고
가는 것을 좋아해 갤로퍼로
바꾸자고 조르곤 했다.

**신생아 · 다자녀 소득
공제 검토**

열린우리당은 신생아에 대한
소득공제를 1회 50만 원으로
하고, 다자녀 가정은
3자녀부터 1인당 50만 원을
공제해 주기로 했다.

출처: 〈한겨레〉, 2004. 8. 29

'강원도 원주시 대흥아파트'
거주

직장, '화천군'으로 이동

주말부부 생활 시작

대흥아파트 (2005 ~ 2006)
/ 82m²

NF 쏘나타, 가족의 차

자동차에서 즐기는 CD 음반

당시 작은아버지의 'EF
쏘나타'는 CD로 노래를 들을
수 있다는 점이 너무
부러웠다. 음질은 물론
생동감있게 느껴지는
비트에 지루했던 운전길에
생기가 돋는 것만 같았다.
오래 탄 프린스는 꿈도
못 꾸는 얘기였다. 그러던
아버지는 원주에 오면서
NF쏘나타로 차를 바꿨다.
우리는 차를 새로 샀다는
사실보다 차 안에서 CD로
노래를 들을 수 있어서
정말 좋았다. 나중에는
할머니 댁에 갈 때마다
'샤이니' 노래를 들으면서
즐겁게 갔다.

대구 ~ 부산고속도로
연내 개통

"공사를 맡고 있는
신대구부산고속도로(주)측은
현재 동대구 나들목(IC)에서
경남 김해시 대동면까지
82.05㎞ 구간이 당초
계획보다 앞당겨 준공될
예정이라고 2일 밝혔다."
출처: 〈매일신문〉, 2005. 5. 2

'강원도 원주시 뜨란채아파트'
거주

뜨란채아파트 (2006 ~)
/ 109m²

←
출처: Retrieved May 4, 2016 from
https://goo.gl/ij2sy8

정착을 꿈꾸다

이사를 많이 다니느라
이골이 난 가족을 위해 원주에
정착하기 위해 마련한
집이었다. 직접 산 첫
집이어서 아버지는 이때를
생각하면 기분이 남다르다고
했다. 아버지는 "이 집을
생각하면 다시 신혼생활을
시작한 것 같은 기분.
생각하면 설레지. 빚을 갚는
것도 즐겁고, 어떻게 꾸밀까
싶기도 하고 그랬지." 라고
말했다. 이 집은 결혼할 때
산 것들을 모두 바꾸게
된 계기이자 아버지의 인생의
전환점이 되었다.

다섯 명의 식구들을 태울 자동차
NF 쏘나타

제조사 현대자동차
차종 중형
배기량 1,991cc
생산기간 2004 ~ 2009

출처: Retrieved May 4, 2016 from https://goo.gl/jj2sy8

"프린스가 너무 낡아 폐차시켜야
했었지. 막내도 커가고 차가
너무 크지 않지만, 어느 정도
내부공간이 넓은 차가 필요했어.
그래서 내 나이 때에 가장
대중적인 자동차를 골랐던 거야."

아버지의 'NF 쏘나타'

너무 낡아 버린 프린스는 더는 탈 수 없었다. 때마침 여기저기 이사를 하던 우리
가족이 원주에 정착하자 새로운 시작이라며 아버지는 차를 바꿨다.
대중적으로 인기를 얻었던 쏘나타에 믿음이 갔다. 그래서 선택한 것이
'현대 NF 쏘나타'였다. 색상도 밝은 은색으로 바꾸어 프린스와는 다른 분위기를
냈다. 차 내부는 편안하고 넓었다. 어머니는 내부가 잘 보인다는 이유로 새 차를
꺼렸지만, 그럼에도 분명 5명이 된 우리 가족이 타기에는 더없이 좋은
차였다. 다시 정착한 원주는 매년 겨울이면 눈이 자주 내렸고, 아버지의 새 차는
도로에 뿌리는 염화칼슘 때문에 하부가 부식되어 망가져 갔다.

NF 쏘나타의 탄생

'영원불멸의 명성(Neverending Fame).'

쏘나타의 최신 모델인 NF쏘나타는 이름부터 세계 최고 수준의
중형차를 만들겠다는 현대차의 강한 의지를 담고 있다. 2004년 9월
출시되기까지 26개월의 개발 기간과 2900억 원의 개발 비용이
들어갔다. 핵심기술인 세타엔진 개발에는 46개월간 1000여 명의
연구진이 휴일도 반납한 채 매달렸다. 시험 제작한 엔진만 400대가
넘고 시험 중 엔진 과열로 실험실을 다 태울 만큼의 화재도 두 번이나
일어났다. 현대차는 NF쏘나타의 자체 안전기준을 도요타의 캠리나
혼다의 어코드보다 높게 책정해 놓고 무려 200회의 충돌시험을
실행했다. 이전 모델인 EF쏘나타에 비해서도 저항테스트는 6배,
충돌테스트는 1.5배 더 많이 실시했다. … 정몽구 회장 등
경영진은 개발팀이 만들어 보낸 엔진을 몇 번이고 되돌려보내
품질에 만전을 기하도록 했다.

출처: "NF 쏘나타가 탄생되기까진 …", Retrieved May 22, 2016 from http://goo.gl/79IfnB

NF쏘나타는 다임러크라이슬러 사에 엔진개발 기술을
이전하기로 한 세계적 수준의 자체 개발 엔진인 쎄타엔진의 우수한
성능을 기반으로 첨단 기술을 집약한 고품격 편의사양을 장착했다.
또한 동급 최고 수준의 출력, 토크, 연비로 강력한 힘과 주행성능,
경제성을 실현하고 세계적 수준의 정숙성과 승차감으로 편안함과
최상의 즐거움을 제공한다. NF쏘나타는 동급 최고의 넓고 안락한
실내공간으로 운전 피로도를 최소화한 것이 특징이다. 시인성과
조작성을 증대시켰고 세련된 개성미를 자아내는 오렌지 톤의 LED
조명과 은은한 고급감의 메탈 그레인, 차폐식 에어밴트, One Unit
개념의 센터페시아 등으로 명품의 가치를 극대화 시켰다.

출처: "[fn 탑프라이드 상품] 현대자동차, NF 쏘나타", Retrieved May 24, 2016
from http://goo.gl/QnqZu0

무난하지만 안전하고 대중적인 자동차

NF쏘나타는 현대차가 세계시장 선점을 위한 야심작으로 개발한
프리미엄 중형세단이다. 지난해 9월 출시 이후 3일 만에 계약 대수가
1만 대를 돌파했고, 9월과 10월 두 달 연속 월간판매 1위를
차지하는 등 자동차 내수시장이 바닥을 기고 있는 상황에서도 돌풍을
일으키고 있다.

출처: "[JOY+BRAND 大賞 – 현대차 NF쏘나타] 출시후 두달연속 판매1위".
Retrieved May 20, 2016 from http://goo.gl/HWHaQx

국내 20대 이상 남녀 7만4126명을 대상으로 최근 한 달여간
실시한 설문조사 결과를 통해 소비자들의 현 자동차 산업에 대한
인식이 어떤지 살펴봤다. 자동차 구매력을 가진 국내 소비자가 가장
선호하는 국산차 브랜드는 역시 현대차로 나타났고, 이어 기아 –
르노삼성 – 쌍용 – GM대우 순이었다. 선호도가 높은 수입차 브랜드는
BMW가 수위를 기록했고, 이어 렉서스 – 아우디 – 메르세데스 –
벤츠 – 혼다 – 크라이슬러 등의 순이었다.

〈현재 구입 가능성이 가장 큰 차는 무슨 모델입니까?〉

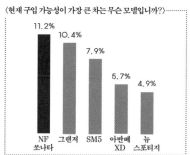

출처: "가장 사고싶은 국산차 '현대 쏘나타'", Retrieved June 21, 2016 from https://goo.gl/7w8ntl

해외에서도 인정받은 쏘나타의 안전성

현대자동차(005380)(139,000원 0 0.00%)의 NF쏘나타가
미국의 유명 자동차 정비 관련 전문지로부터 '가장 안전한 차'로
선정됐다. 안전상을 받은 NF쏘나타는 미국 앨라배마 공장에서
생산된 것으로 6개의 에어백이 장착돼 있으며, 중형차로는 처음으로
전자주행 안전 장치를 기본사양으로 탑재했다. ABS와 충격흡수형
머리 받침이 기본 장착된 점도 높이 평가됐다.

출처: "NF쏘나타, 미국서 '가장 안전한 차' 수상", Retrieved May 20, 2016 from
http://goo.gl/YTACLC

'쏘나타'는 또 지난해 12월 캐나다 자동차 기자협회인 AJAC가
주관한 평가에서 '올해 최고의 차'로 선정됐다. 이 시상은 10개 차급
(세그먼트)으로 나누어 경합을 벌였으며, 60명의 자동차
전문기자단이 3박 4일간 전용 트랙 및 일반도로 테스트를 거쳐
평가한 것이어서 의미가 큰 것으로 평가된다. 이에 앞서 미국
소비자들의 차량 구매 시 가장 큰 영향력을 미치는 것으로 알려진
컨슈머리포트지에서 '세계 최고 신뢰모델'로 선정되기도 했다. 당시
컨슈머리포트지는 14개 부문에 대한 고객만족도 조사결과 '쏘나타'는
100대당 평균 2건만의 문제가 발생, 평가대상 모델 204개 중 '가장
결함 없는 차'로 선정됐다고 발표했다.

출처: "쏘나타, 해외시장서 호평", Retrieved May 15, 2016 from http://goo.gl/E5I0rf

출처: "비교할수록 명차의 차이가 분명해집니다", Retrieved June 7, 2016 from https://goo.gl/BLXF15

출처: "역시 확신이 서는 자동차?",
Retrieved June 7, 2016 from https://goo.gl/HpSyyo

출처: "공간에서도, 안전에서도 단연 앞서가는 자리가 있습니다".
Retrieved June 7, 2016 from https://goo.gl/2fiAC4

출처: "명차의 디젤, 경험해 보셨습니까?".
Retrieved June 7, 2016 from https://goo.gl/FHCEdx

출처: "2400cc '쏘나타 F24' 스타일과 성능이 빚어내는 그 깊이 있는 감동!".
Retrieved June 7, 2016 from https://goo.gl/E8cMDS

출처: "우물 밖의 차이를 아신다면 당신은 쏘나타입니다".
Retrieved June 7, 2016 from https://goo.gl/7HgWsR

'강원도 강릉시' 거주

회사 이직

딸 은영, 대학 입학

쏘렌토 R, 업무와 취미를 위한 차

← 출처 : Retrieved May 20, 2016 from
https://goo.gl/ovXTUe

어느 겨울, 할머니 댁 앞의 '쏘렌토 R'

아버지의 낙, 낚시
아이들이 다 큰 요즘에는 매년 여름 휴가 때마다 낚시를 간다.
배도 타기도 하고 장어를 잡아 사람들과 나누어 먹는 재미가
쏠쏠하다. 어느새 트렁크는 낚시 도구로 꽉 차 있다.
몇 달 전에는 '백종원'의 집밥 레시피를 보고 외워 주말에
가족들에게 만들어 주기도 했다.

다시, 아버지를 위한 차
쏘렌토 R

제조사 기아자동차
차종 중형
배기량 1,995 ~ 2,656cc
생산기간 2009 ~ 2014

출처: Retrieved May 20, 2016 from https://goo.gl/ovXTUe

"세 자녀 할인이 되어 새 차를
살 기회였지. 카니발이랑
고민했지만 그건 너무 크고 적당한
크기에 현장 업무용으로 쓰기
좋았지. 업무랑 취미 생활 때문에
비포장도로를 많이 달려야 했는데,
이제 쉽게 다닐 수 있어 편해."

아버지의 '쏘렌토 R'

가족이 늘어나고 아이들이 크면서 큰 차로 바꿔야만 했다. 원래 아버지는 카니발로
바꾸고 싶었으나 실용적이지 못해 지금 차, 쏘렌토를 세 자녀 혜택을 받아
신차로 샀다. 가족을 위해 샀지만 우리들이 성장하며 가족 모두가 그 차를 타는 일은
줄어들었다. 차 안 우리의 빈자리는 아버지의 개인적인 짐으로 채워졌다.
차가 아버지의 물품만 싣는 것처럼, 아버지는 가족을 위한 삶이 아닌 자신의 삶을
즐기기 시작했다. 이젠 아버지의 자동차가 우리 가족의 추억을 쌓는 역할을
다 했다. 더는 가족의 차가 아닌, 온전히 아버지만의 것이다.

해외에서 인정받는 베스트 패밀리 카

제이슨 H 하퍼는 블룸버그 및 각종 잡지에 자동차와 여행, 레저 등에 대한 글을 기고하고 있다. 블룸버그에는 외국산 자동차 분야에 대한 칼럼을 기고하고 있다. 그는 기아차(000270)(46,300원 100 +0.22%) 쏘렌토R에 대해 "올해 최고의 찬사를 받은 자동차"라고 소개하며 "최적의 조건을 찾고 있는 가족들에게 쏘렌토는 최적의 차량"이라고 평가했다. 아울러 "훌륭한 연비 (29mpg : 국내 환산치 약 12.3km/l)와 10년 무상 수리보증, 최저 2만1000달러의 가격 등 쏘렌토가 가지고 있는 조건은 동급의 어떤 차도 앞서기 힘들다"며 "자동차 시장에서 쏘렌토R은 비싸지 않은 SUV 중에 베스트 카"라고 칭찬을 아끼지 않았다.

출처: "美 칼럼니스트가 꼽은 올해 Best Car '쏘렌토'". Retrieved May 20, 2016 from http://goo.gl/Tf1oiC

현대자동차와 기아자동차는 최근 미국의 유력 경제잡지인 '키플링어(Kiplinger)' 誌가 발표한 '2011 베스트 패밀리 카'(Best Cars for Families 2011)에 현대차 쏘나타와 기아차 쏘렌토R이 각각 선정됐다고 27일 밝혔다. 현대차와 기아차를 포함해 이번 키플링어誌 '베스트 패밀리 카'에 선정된 차량은 총 8개 차종으로, 현대차·기아차는 포드와 함께 이번 조사에서 2차 종이 '베스트 패밀리 카'에 이름을 올리며 가장 가족적인 차를 만드는 업체로 평가받았다.

출처: "쏘나타·쏘렌토R, 美 '베스트 패밀리카' 수상". Retrieved may 20, 2016 from https://goo.gl/GIbL5p

다양한 혜택으로 신차 마련

내달 5일부터는 18세 미만 자녀를 3명 이상 둔 다자녀가구가 취득하여 등록하는 자동차에 대하여 취·등록세를 차종에 따라 전액 면제받을 수 있게 된다. 원주시는 최근 출산장려와 다자녀 가정의 경제적·사회적 부담을 경감하기 위해 지방세법이 개정됨에 따라, 승차정원이 7~10명인 승용자동차와 승차정원 15명 이하인 승합자동차, 최대적재량 1톤 이하 화물자동차, 이륜자동차는 취·등록세가 현행 50% 감면에서 전액 면제되며, 일반승용차는 세액 경감 한도제를 도입하여 140만 원까지 취·등록세를 면제한다.

출처: "다자녀 가구 취득 자동차 취·등록세 감면". Retrieved May 20, 2016 from http://goo.gl/Pe7e0m

기아차도 대형차에 개별소비세 2% 선 보상 이벤트를 펼친다. K7, 오피러스, 모하비, 쏘렌토R 2.2 l 는 2%가 할인액이다. 또한, RV를 12일 이전에 구입하면 20만 원, 23일 이전엔 10만 원 보상을 해주며, RV와 승용 차종 출고 시 DAS 법률 비용 보험 7개월 무료 가입도 지원해준다. 연간 1회 5,000만 원까지 소송비용과 10회 상담 서비스를 받을 수 있다.

출처: "12월 신차, 혜택받고 사볼까?". Retrieved May 20, 2016 from http://goo.gl/hTDG9N

여유를 즐기는 삶, SUV

스포츠유틸리티차량(SUV·Sports Utility Vehicle)의 질주가 무섭다. '열풍'이란 표현이 어울릴 만큼 전 세계 시장에서 불티나게 팔린다. 한국시장도 다르지 않다. 2008년 16만8520대가 판매된 뒤 지난해 33만3377대가 팔리며 사상 처음 30만대를 넘어섰다. … SUV는 세단형 승용차보다 장점이 많다. 차고가 높아 전방 시야 확보가 쉽고, 도심형 SUV는 지프 등 정통 4륜구동 차보다 낮아 승하차가 편리하다. 실용성도 높다. 2열과 3열은 물론 동반자석도 접을 수 있어 운전석을 제외한 실내 대부분을 적재공간으로 활용할 수 있다. 요즘 유행인 도심형 SUV는 대부분 2바퀴 굴림이지만 'SUV의 꽃'은 4륜구동이다. 도심형 SUV도 4륜구동 차량은 얕은 시냇물을 건너거나 비포장도로 같은 험로 주행이 가능하다. 주행 안정성도 높다. 눈길과 빗길에서 2륜구동보다 덜 미끄러지고 코너링도 안정적이다. 충돌 사고 때 발생하는 인명 피해도 세단형 승용차보다 낮은 것으로 알려져 있다. 최근에는 엔진과 변속기 등 파워 트레인 성능이 높아지고, 차량 자세제어 같은 첨단 기술이 도입돼 포르쉐 카이엔 같은 초고성능 SUV도 등장했다. 카이엔 터보 모델은 SUV지만 최고속도 시속 279km, 제로백(시속 100㎞에 이르는 시간)은 4.5초로 슈퍼카가 부럽지 않다.

출처: "가족·레저의 시대… 많이 싣고 태우는 SUV가 '질주'한다". Retrieved may 20, 2016 from http://goo.gl/OqdtKr

쏘렌토, 그 스타일과 성능을 나타내다

외관은 남성미를 한층 더해 듬직해졌다. 기아차 특유의 라디에이터 그릴과 날렵한 헤드램프도 훌륭하게 조화를 이룬다. 측면부 디자인에 곡선을 많이 적용하고 전체적으로 근육질 몸매를 입혀 존재감을 높였다. 오프로드를 충분히 달릴 수 있을 것 같은 인상이다. 볼륨감을 통해 프레임타입 바디를 지닌 모하비와는 차별화를 시도했다. 내부 분위기는 다른 기아차 모델과 패밀리룩을 이룬다. 다양한 편의 장치가 추가됐음에도 깔끔한 이미지를 구현하기 위해 노력했다. 실내 공간 활용성이 우수하다. 3열에 '팝업 싱킹 시트'가 적용돼 트렁크 아래로 좌석을 숨길 수 있다. 트렁크 용량도 이전 모델 대비 90L 늘었다. 축거가 길어지면서 무릎 아래 공간 등에 여유가 생겼다. 2016년형이 출시되며 상품성이 더욱 향상됐다. 트림에 따라 어드밴스드 에어백, 스마트 크루즈컨트롤 (ASCC), 동승석 워크인 스위치 등이 기본 적용됐다. 가격은 대부분 동결됐다.

출처: "[카닥터] 기아차 쏘렌토의 '반전 매력'". Retrieved may 20, 2016 from http://goo.gl/5AWAmh

출처: "쏘렌토 R을 탄다는 건 진정한 프리미엄을 누린다는 것", Retrieved June 7, 2016
from https://goo.gl/mg1561

출처: "自 & 他", Retrieved June 7, 2016 from https://goo.gl/l8BmmW

출처: "261 마력 상상을 불허하다!", Retrieved June 7, 2016 from https://goo.gl/M8ClHM

5

소중한 이들을 태우고 달리다

박해수

박시연의 아버지
1964. 10. 2 ~

경상북도 봉화군 태생, 한적한 시골이 고향인 그는 삼 남매 중
장남으로 태어났다. 동네 사람들 중 차를 소지하고 있었던 사람은
아무도 없었고. 그 시절의 교통 편은 버스와 기차가 전부였으며
도시와 읍내를 연결하는 버스는 하루에 몇 대 정도 밖에 없었다.
버스와 트럭을 마주치면 기름 냄새가 신기해 뒤따라갔던
기억, 기차 레일 위에 못을 올려놓거나 나무토막을 놓고 도망갔던
기억. 집과 학교의 거리가 40분이나 걸림에도 열심히 두 발로
걸어 등교를 했었고 친구들과 열매를 따먹으면서 개울에서 놀다가
집에 오는 게 어린 시절 그의 일상이었다.

1960   **61**   **62**   **63**   **64**

'경상북도 봉화군' 거주

출생(1964. 10. 2)

봉화군 일대
출처: "오지개발사업의 일환으로
마련된 봉화군의 독립가옥·집단마을",
〈매일경제〉, 1969. 11. 7

'서울시 도봉구 수유리' 거주

공부를 위해 서울로 상경

생애 처음 방문한 서울역
출처: "1970년대 서울역모습",
Retrieved June, 2, 2016 from
http://www.instiz.net/
pt?no=2306960&page=1

시내버스도 5백 대 늘리기로
서울시는 내년도에 택시
5천 대와 시내버스 5백 대 등
대중교통 수단을 대폭
증차키로 확정, 교통부에
기본대수 확대를 3일
요청했다 서울시가 예년과는
달리 택시 등 대중교통수단을
크게 늘리기로 한 것은 거의
불가능한 택시잡기 등
어려운 대중교통사정을
완화하기위해 취해진
것이다.
출처: "시내버스도 5백 대 늘리기로
내년 택시 5천 대 증차", 〈경향신문〉,
1977. 11. 3

고려대학교 입학

포니2 出庫價
3百47萬원으로

상공부는 12일 현대자동차의 '포니2' 승용차가격을 당초 신고가격보다 1만 4천 원 (0.045%)을 내린 3백 47만 1천 원에 출고토록 하라고 지시했다… 현대자동차는 '포니2'의 판매가격을 기존 포니 대비 5.5%인상한 3백 48만 5천 원으로 하겠다고 보고해왔었다.

출처: "포니2 출고가 3백47만원으로", 〈동아일보〉, 1982. 3. 12

봄비는 면허 시험
출처: "운전 면허 試驗場 만원", 〈매일경제〉, 1987. 11. 17

1990

경기도 광명시 하안동 거주

언니, 출생

91

'대전광역시 유성구
대덕연구단지' 거주

카이스트 대학원 입학

92

'서울시 성북구 정릉동
한림아트빌라' 거주

딸 서연, 출생

93

94

한림아트빌라
(1992 ~ 1993) / 106m²

1982년형 포니2, 아버지의 첫차

출처: "내가 개인적으로 좋아하는 차",
Retrieved June, 5, 2016
from http://goo.gl/XMmTxF

포니2의 첫 캐나다 수출
출처: "포니2의 첫 캐나다 수출",
〈매일경제〉, 1992. 8. 4

**운전연습 대학생
농촌총각 숨지게**
서울성북경찰서는 운전면허
없이 차를 몰다 맞선을
보기 위해 상경한 농촌총각을
치어 숨지게 한 Y대생
신모군을 9일 교통사고
처리특례법 위반혐의로
구속했다. 신군은 운전연습을
하기 위해 아버지의 엑셀
승용차를 몰고 다니다 지난
7일 새벽 2시경 서울 성북구
돈암동 돈암파출소앞에서
무단횡단하던 두기동(32,
전북 옥구군 옥구읍
수산리) 씨를 치어 숨지게
했다.
출처: "운전연습 대학생 농촌총각
숨지게", 〈동아일보〉, 1991. 1. 9

**지프형 승용차시장
"춘추전국시대"**
지프형 승용차시장이
춘추전국시대에 돌입했다.
스포츠와 레저 등 여가생활에
대한 운전자들의 인식변화와
안전도 등을 감안한
고객들의 호응으로 수요가
늘어나자 기아와 쌍용이
스포티지와 무쏘를 선보이면
서 경쟁에 본격적으로
뛰어들었다. 지프형 승용차가
전체 승용차 내수시장에서
차지하는 비율은 지난 91년
3.5%에서 92년 5.2%,
올해들어 6월 말까지는 5.6%
를 차지하는 등 갈수록
찾는 고객이 늘고 있다.
출처: "지프형 승용차시장
'춘추전국시대'", 〈경향신문〉,
1993. 8. 3

'서울시 성북구 정릉동
소산 3차 연립 주택' 거주

여동생, 출생

소산 3차 연립 주택
(1996 ~ 2000) / 60m²

←
출처: "2012형 프라이드 해치백
분석", Retrieved June, 5, 2016
from http://goo.gl/2v9N3g

→
출처:
1. "1세대 기아 스포티지",
Retrieved June, 5, 2016
from http://goo.gl/kljrVj

2. "쏘나타, 변화의 끝은 어디?",
Retrieved June, 5, 2016
from http://goo.gl/xrHWnZ

프라이드, 우리 가족의 차

스포티지, 안전이 우선 [1]

쏘나타 3, 부산에서 함께한 차 [2]

프라이드 탄생 10돌 사은행사

프라이드를 한국의 '비틀'로. 기아자동차가 탄생 10주년을 맞는 소형차 프라이드를 독일 폴크스바겐의 비틀과 같은 명차로 만들겠다며 의욕적 청사진을 내놓았다. 기아는 우선 프라이드를 오는 2000년 이후까지 생산해 86년 9월이후 최소한 14년 이상 계속 생산하기로 했다. 이와 함께 국내시판이 시작된 87년에 프라이드를 구입한 고객 중 1백 명을 추첨해 순금 기념 메달을 증정하고, 19일부터 다음달 말까지 87년형 프라이드를 소유한 고객이 세피아와 교환할 경우 5~10%를 특별 할인하는 등의 사은행사를 펼치고 있다. 87년에 생산된 프라이드는 모두 2만 8천 6백 23대로 이중 2만 4백 28대가 아직 운행 중인 것으로 파악됐다고 기아는 밝혔다. 프라이드는 지난 6월 말까지 모두 1백 20만 대가 생산돼 60만 대가 세계 38개국에 수출됐고 60만 대가 국내에 판매됐다.
출처: "프라이드 탄생10돌 사은행사", 〈한겨레〉, 1995. 7. 20

美 남성 가장 갖고 싶은차 기아 스포티지 선정

기아자동차(대표 김영귀) 스포티지가 미국의 맨스저널(Men's Journal)에 '미국 남성이 가장 갖고 싶은 차'로 선정됐다. 맨스저널은 미국의 대표적인 남성 교양지이다. 이 잡지 11월호는 스포티지가 뛰어난 디자인과 우수한 성능을 갖고 있다고 평가했다. 또 종합적인 상품성에서도 "무명의 신인이 메이저리그에서 4할대의 타율을 기록한 것에 비유된다"고 밝혔다. 이번 최우수차 선정은 도요타 RAV-4, 지오트레커, 스즈키 X-90 등과 경쟁해 따낸 것이다. 기아는 이에 따라 세계 최대의 RV(레트리에이셔널 차) 시장인 미국에서 스포티지의 판매신장에 상당한 효과가 있을 것으로 전망했다. 스포티지는 올해 10월까지 미국에만 1만1천 6백 68대가 팔렸으며 10월까지의 총수출은 2만 1천 6백 7대를 기록했다.
출처: "美 남성 가장 갖고 싶은 차 기아 스포티지 선정", 〈매일경제〉, 1996. 11. 28

지프시장 되살아난다

국제통화기금(IMF)체제에 들어선 후 급속하게 냉각됐던 지프형승용차 판매실적이 크게 늘어나고 있다. 국내 자동차 3사가 최근 발표한 9월 한 달간 지프형 승용차 판매실적에 따르면 총 4,208대를 판매해 8월의 2,244대에 비해 2배 가까운 신장세를 보였다. … 지프형 승용차 시장이 이러한 회복세를 보인 것은 소비자들이 유가인상 때문에 가솔린 차량에 비해 기름값과 유지비용 부담이 낮은 디젤차량을 선호하는데다 업체별로 신모델을 대거 출시하고 있기 때문이다. 대우 관계자는 "IMF체제 후 기존 승용차를 가지고 있는 고객이 지프형으로 바꾸는 비율이 높아지고 있고 가솔린 차에 비해 경제적 혜택이 커진 지프형 승용차가 앞으로 경차와 더불어 IMF형 차량으로 자리 잡을 것"이라고 전망했다.
출처: "지프시장 되살아난다", 〈매일경제〉, 1998. 10. 14

아버지의 첫차
포니 2

제조사 현대자동차
차종 소형
배기량 1,238 ~ 1,439cc
생산기간 1982 ~ 1990

출처: "내가 개인적으로 좋아하는 차", Retrieved June, 5, 2016 from http:// goo.gl/XMmTxF

"차가 엄청 고물차라…
되게 낡은 차라서 그냥 편하게
몰 수 있었지. 그때는 마음에
들고 자시고가 없어서…
그냥 주신거니까!
그냥 공짜로 생긴거 아냐.
그니까 신났었지 뭐."

아버지의 '포니 2'

연구원 시절, 담당 교수의 연구연가로 인해 아버지는 1년간 교수의 차인 포니2를 맡게 되었다. 그 시절에도 유달리 낡았던 차였으나 공짜로 얻은 차였기 때문에 마냥 신났던 순간이었다. 운전면허를 딴 후 처음 잡아보는 운전대라 익숙하지 않았던 운전 때문에 학교 운동장에서 선배들의 시범을 보면서 운전을 익혔다. 주로 차는 대전 안에서 움직였고 대학원 동기들과 맛있는 음식을 먹으러 식당에 들르거나 당구장에 놀러 갈 때만 운전했었다. 위낙 오래된 차라 겨울에는 시동 걸기가 어려워 걸릴 때까지 10~15분을 계속 걸었던 기억이 있다.

운전면허

1988년도에 학교 학생회에서 주관한 단체 운전면허 수강이 계기가 되어 면허를 등록하였다. 가난한 대학생의 신분이었던지라 학교에서 금액을 할인해주는 것이 가장 매력적으로 다가왔다. 하지만 이후 운전대를 잡을 기회가 없어 장롱면허로 묵혀야만 했다.

그 시절 차에 대한 생각

대학원 동료들 중 엑셀을 몰고 다닌 친구가 떠오른다. 고가의 자동차는 아니었지만 학생 신분에 자동차를 몰고 다니는 모습은 흔하지 않았기 때문에 부러움의 대상이었다. 그때 아버지에게 있어 차는 어른스러움의 기준이자 로망으로 자리 잡았다. 반면 대학원이 대전지역이라 주말마다 자가용을 가지고 서울을 오고 가는 학생들 중에 사고를 당해서 다치는 사례도 많이 보며 차의 위험성 또한 실감했었다.

대학원 시절, 아버지의 모습들

가족과 떨어져 대전에서 서울로

1990년 어머니와 아버지의 첫째 딸, 우리 언니가 태어났다. 당시 대덕연구단지에서 대학원을 다니던 아버지는 주말마다 서울로 올라와 가족과 시간을 보내며 육아에 힘썼다. 주말을 제외한 주중엔 가족들과 떨어져 있어야 한다는 점이 가장 힘든 순간이었다.

대학원 시절, 아버지와 어머니 그리고 갓 태어난 언니

출처: "한국에서 만난 멋진친구 포니2", 《동아일보》, 1983. 11. 15

출처: "세계 승용차의 주류와 함께하는 포니2스타일", 《동아일보》, 1983. 10. 21

출처: "만족 포니2의 세계", 《동아일보》, 1982. 5. 18

출처: "승용차의 혁신 5도어 포니2탄생", 《동아일보》, 1982. 2. 20

출처: "세계인이 만족하는, 한국인의 긍지 포니2", 〈동아일보〉, 1983. 4. 4

출처: "마이카의 멋진 출발 포니2", 〈경향신문〉, 1983. 4. 27

승용차를 사실땐 다음 12가지를 확인하십시오.

출처: "승용차를 사실땐 다음 12가지를 확인하십시오", 〈동아일보〉, 1983. 10. 24

출처: "베스트셀러 마이카 포니2", 〈경향신문〉, 1983. 5. 19

출처: "포니2어때요 역시 포니2입니다", 〈경향신문〉, 1983. 10. 27

우리 가족의 차
프라이드

제조사 기아자동차
차종 소형
배기량 1,323cc
생산기간 1986 ~ 2000

출처: "2012형 프라이드 해치백 분석". Retrieved June, 5, 2016 from http://goo.gl/2v9N3g

"내 차라기보다 가족 차니까….
결혼하고 나면 가족 차가
되는 거야."

아버지의 '프라이드'

동네 아주머니에게 150만 원을 주고 샀던 중고차. 어머니가 언니와 나를 유치원에 데리고 다니려는 목적으로 샀던 터라 어머니의 취향을 적극 반영해 빨간색으로 선택하였다. 아버지는 빨간 색상의 차가 조금 낯설었지만 나중엔 프라이드 색 중에 빨간색이 가장 예쁜 색이라고 생각할 정도로 만족해했다.

출퇴근용 차, 여행용 차

주말부부인 부모님은 평일엔 어머니가, 주말엔 아버지가 프라이드를 몰았다. 유치원 선생님이었던 어머니는 평일에 언니와 나를 데리고 차로 출퇴근했고, 주말엔 아버지가 서울로 올라와 운전대를 잡고 가족들과 함께 같이 놀러 다니곤 했다. 그럴 때면 언니와 내가 편히 놀 수 있도록 차 뒷좌석 발을 놓는 곳에 쿠션으로 막은 뒤 방처럼 만들어두곤 했다. 우리 가족에게 프라이드는 어느 캠핑카도 부럽지 않은 차였다.

프라이드와 함께한 추억

할머니 댁에 갔다 오는 길이면 항상 할머니가 싸준 김밥과 과일을 먹곤 했다. 항상 차 안에는 풍족한 음식들이 있었기 때문에 휴게소 음식은 잘 먹지 않았다. 또한 어머니는 평소 유치원에 갈 때면 자던 언니와 나를 급하게 깨우고 바로 차에 태워 아침을 먹이곤 했다. 유치원 가는 차 안에 앉아 아침밥을 먹는 재미가 쏠쏠했는데 어머니는 그때에 아침마다 뒷좌석에서 우리의 벌어지는 싸움을 말리느라 고생이었다고 한다.

프라이드와 함께 만든 추억의 조각들

첫 교통사고

한 번은 주말에 가족들과 시장에 들렀다 집으로 오는 길에 후진을 하다 마침 골목으로 들어오는 트럭을 치는 사고를 냈다. 다행히 큰 사고가 아니었기 때문에 다친 사람은 없었지만 가족들이 모두 타고 있던 상황에서 난 사고였기에 아버지는 지금도 생생히 기억이 나는 사건이다.

후진시 접촉방지 경보기 개발

룸미러에 자동차와 뒤쪽 장애물과의 거리를 띄워주는 경보장치가 나왔다. 초보운전자에게 매우 유용한 제품이다.

나산테크(대표 송현)는 자동차를 후진할 때 접촉사고를 막아주는 후방 장애물 감지.경보기를 개발했다고 9일 밝혔다. 이 장치는 운전자가 후진기어를 넣으면 뒷 범퍼에 설치된 센서 2개에서 장애물과의 거리를 감지해 룸미러의 LCD(액정표시장치) 창에 표시해준다.

센서는 좌우로 2.2m 범위까지 감지하며 최대 거리는 1.6m.기존 룸미러에 덧씌우는 룸미러 경보기는 0.1m 단위로 거리를 알려준다. 장애물과의 거리가 가까워지면 4단계에 걸쳐 급박한 경보음을 내보내며 0.3m 이하로 좁혀지면 표시창이 '0'으로 변한다. 또 장애물이 있는 방향을 좌우측 LED(발광다이오드)로 나타내준다. 이 장치의 핵심 기술은 LCD에서 나오는 빛을 투명 유리가 아닌 거울의 도금층에 투과시키는 것으로 지난해말 특허출원됐다.

동아대 전자공학과를 졸업한 송현(43) 사장은 "10여년전 후진사고로 사망한 선배의 모습을 보고 후방 감지기 개발에 매달리게 됐다"며 "특히 룸미러로 후방을 보기 어려운 밴이나 봉고차의 사고예방에 큰 효과가 있다"고 설명했다.
출처: "후진시 접촉방지 경보기 개발", 〈한국경제〉, 2000. 3. 9

고속도휴게소 식품 안전성 문제많다

식품 위생, 안전문제로 상당수 고속도 휴게소가 영업정지 등 행정처분을 받게 됐다. 식품의약품안전본부는 지난 4월21일부터 26일까지 전국 고속도로 휴게소에 대한 위생점검을 실시한 설과 13개 휴게소와 12개 식품업체가 식품위생법을 위반했다고 6일 발표했다. … 안전본부는 문제의 고속도 휴게소를 총괄하는 도로공사에 지도감독 강화를 요청하고 해당 시군구에 행정조치토록 통보했다.
출처: "고속도휴게소 식품 안전성 문제많다", 〈연합뉴스〉, 1997. 5. 6

출처: "우리가정 기쁨주고 우리가족 사랑받는 - 스마일 카 프라이드", 〈한겨레〉, 1990. 5. 15

출처: "프라이드를 타는 것은 아내를 사랑하는 것", 〈동아일보〉, 1991. 3. 26

출처: "프라이드 기아가 만들고 세계가 함께 탑니다", 〈동아일보〉, 1987. 2. 3

출처: "프라이드 붐은 끝이 없습니다", 〈한겨레〉, 1993. 5. 12

출처 : "프라이드 탄생3주년 새봄 새출발 - 프라이드 출발!", 〈한겨레〉, 1990. 3. 17

출처 : "프라이드가 가져다준 즐거운 변화 3가지", 〈경향신문〉, 1990. 4. 4

출처: "프라이드는 역시 안전한 차 보이지 않는 부분에도 안전이 보인다", 〈경향신문〉, 1991. 7. 24

출처: "프라이드는 어디서나 좋은 차", 〈한겨레〉, 1991. 11. 28

출처: "프라이드의 고성능, 앞선 스타일 - 미국에서의 높은 가격으로 입증되었습니다", 〈매일경제〉, 1987. 5. 8

출처: "프라이드 공간설계의 비밀-필요한 공간은 최대한 넓혔다", 〈한겨레〉, 1991. 10. 15

출처: "성능도 프라이드, 실속도 프라이드 타면 탈수록 프라이드를 느낍니다", 〈경향신문〉, 1987. 10. 6

출처: "세계가 공감하는 그 멋, 성능 – 우리는 프라이드가 좋다", 〈한겨레〉, 1991. 1. 4

출처: "한국승용차중 유일한 우수소형차 – 프라이드", 〈한겨레〉, 1990. 5. 1

출처: "프라이드 소비자 만족도 1위", 〈경향신문〉, 1988. 12. 13

튼튼한 지프형 자동차
스포티지

제조사 기아자동차
차종 준중형
배기량 1,988cc
생산기간 1993 ~ 2002

출처: "1세대 기아 스포티지", Retrieved June, 5, 2016 from http://goo.gl/kljrVj

"스포티지는 장거리에 최적화됐지.
나는 장거리운전을 많이 하니까
'안전성을 고려해야겠다'가
우선적인 고려사항이었어.
이전의 지프차는 각지고 진동,
소음도 심했는데 스포티지는
모양도 둥글게 나오고 안전성과
연비도 좋고… 또 디젤차니까."

아버지의 '스포티지'

아버지가 교수가 된 기념으로 할아버지, 할머니가 선물한 차였다. 당시 1,500만 원 정도 했던 것으로 기억하는데, 가격도 가격이었지만 중고차가 아닌 처음으로 갖게 된 새 차여서 더욱 애착이 갔던 자동차였다. 그 시절 아버지는 교수직을 하며 서울에서 용인까지 장거리 출퇴근하였으며, 이전의 차는 작고 위험하다 느꼈고, 그 해 98년에 셋째인 내 동생도 태어나면서 더 많은 인원을 수용할 수 있는 큰 자동차인 스포티지를 선택하였다. 스포티지는 장거리에 최적화된 자동차였으며 다른 차들보다도 튼튼한 지프였기 때문에 아버지의 고려 사항 중에 가장 적합했다. 그때 당시 지프형 자동차에 대한 선호도가 높아지던 때였고 기존의 지프보다 좀 더 부드러운 외관으로 나와 부담이 없었으며 소음도 적고, 디젤 차로 연비도 좋아 아버지는 망설임 없이 스포티지를 선택했다. 또한, 처음으로 구매하는 새 차였기 때문에 깔끔해 보이는 이미지를 더 부각하고 싶어 흰색을 선택했다.

아버지가 자동차를 고르는 기준

자동차를 볼 때 가장 먼저 보는 것은 안전성이다. 차를 살 때는 내 차에
탈 소중한 사람들의 안전을 생각하게 되며 차가 튼튼한지 아닌지를
우선적으로 고려한다. 이런 튼튼한 차들은 승차감이 떨어진다는
단점이 있지만 안전이 우선이라는 생각에 지프형 자동차를 선호하게
되는 것 같다. 그 다음으로 보는 것은 연비다. 이전엔 경유가 휘발유의
절반 가격이라 경유차를 선택하곤 했었다.

起亞(기아) 신형 지프「스포티지」첫선

추진 승용차 모양의 신형지프「스포티지」가 9일 신차발표회에서
첫 선을 보인다. 기아자동차가 고유모델수출전략차종으로
4천 4백억 원을 투자해 개발한 스포티지는 스포츠레저와 함께
일상용도로 사용할 수 있도록 4륜구동 지프이면서 외관 등을 승용차
모양으로 꾸민 다목적 차이다. … 스포티지는 승용차 기능도 보강해
후륜 ABS를 기본 품목으로 장착했으며 측면 충돌시 승객 보호를
위해 임팩트바를 앞뒷문모두에 채용하고 고장력강판 및 표면처리강판
사용을 확대하는 등 제품 경량화와 안전도 향상에 역점을 두었다.
또 93년 미국 배기가스규제치를 충족하는 배출시스템도 갖추었다.
기아는 스포티지 개발품을 91년 10월 동경모터쇼에 출품해
호평을 받았으며 올해 초에는 시작차를 가지고 파리~다카사막횡단
경주대회에 참가하기도 했다.

출처: "起亞(기아) 신형 지프「스포티지」첫 선", 〈매일경제〉, 1993. 7. 6

美남성 가장 갖고 싶은 차 기아스포티지 선정

기아자동차(대표金永貴)스포티지가 미국의 맨스 저널
(Men's Journal)誌에 '미국 남성이 가장 갖고 싶은 차'로 선정됐다.
맨스 저널은 미국의 대표적인 남성 교양지이다. 이 잡지 11월호는
스포티지가 뛰어난 디자인과 우수한 성능을 갖고 있다고 평가했다.
또 종합적인 상품성에서도 "무명의 신인이 메이저리그에서 4할대의
타율을 기록한 것에 비유된다"고 밝혔다. 이번 최우수자 선정은
도요타R AV-4, 지오트레커, 스즈키X-90등과 경쟁해 따낸 것이다.
기아는 이에 따라 세계 최대의RV(레크리에이셔널 차)시장인
미국에서 스포티지의 판매신장에 상당한 효과가 있을 것으로
전망했다. 스포티지는 올해 10월까지 미국에만 1만 1천 6백 68대가
팔렸으며 10월까지의 총 수출은 2만 1천 6백 7대를 기록했다.

출처: "美남성 가장갖고 싶은차 기아스포티지선정", 〈매일경제〉, 1996. 11. 28

출처: "도전! 10억불", 〈한겨레〉, 1998. 2. 25

출처: "스포티지가 했습니다", 〈매일경제〉, 1994. 3. 12

출처: "스포티지 돌풍!", 〈동아일보〉, 1994. 1. 12

출처: "도시에 강하다! 자연에 강하다! 4륜구동 스포티지", 〈한겨레〉, 1993. 10. 14

출처: "스포티지 세계최초 사하라 횡단 성공!", 〈매일경제〉, 1996. 6. 12

출처: "기아 스포티지 - 신조차 버린 땅을 달렸다!", 〈한겨레〉, 1993. 1. 21

출처: "스포티지, 유럽의 명차로 등장합니다", 〈동아일보〉, 1994. 5. 3

출처: "전혀 새로운 차가 나타났다", 〈한겨레〉, 1993. 8. 6

부산에서 함께한 차
쏘나타 3

제조사 현대자동차
차종 중형
배기량 1,796 ~ 1,997cc
생산기간 1996 ~ 1998

출처: "쏘나타, 변화의 끝은 어디?", Retrieved June, 5, 2016 from http://goo.gl/xrHWnZ

"그때는 사람들이 차를 살 때
엘란트라, 엑셀, 쏘나타…
그리고 어느 정도 돼야 그랜저,
이렇게 됐다고…. 그러니까 보통의
30대 중반, 40대는 쏘나타를
타고 싶어했지. 그래서
쏘나타가 오랫동안 국민차로
이어져 온 거잖아."

아버지의 '쏘나타 3'

자녀들이 커 감에 따라 프라이드의 공간이 좁다는 생각이 들어, 수용 공간이 넉넉한 쏘나타 3를 중고로 구매하게 되었다. 그때 가격은 500만 원 정도. 이미 흰색 차인 스포티지가 있었기 때문에 반대의 어두운 차를 마련하고 싶어 검은색 승용차를 선택했다. 이 시기와 맞물려 아버지는 직장을 부산으로 옮기게 되었고 스포티지를 부산으로 가져갈 생각이었다. 하지만, 부산에서는 학교 수업과 업체 방문 외에 운전을 할 일이 없었고, 서울로 올라올 때도 비행기를 이용했기 때문에 스포티지보다 작은 쏘나타가 이동하기에 더 적합했다. 그렇게 아버지는 쏘나타를, 어머니는 스포티지를 몰게 됐다. 이 시기의 쏘나타는 가장 대중적인 차였고 적당한 크기와 가볍지 않은 이미지를 가졌기 때문에 아버지, 어머니 모두 선호했다. 아버지는 1년 동안 서울에 오고 가는 비행기 교통비용으로 대략 천만 원을 지출하였고 KTX가 생긴 후에는 기차를 이용하게 되어 교통의 경제적 부담을 크게 줄였다.

쏘나타 3년째 1등

'쏘나타 3년째 1등'

'지난해 국내서 가장 많이 팔려… 아반떼 2등'

현대자동차가 생산하는 중형 승용차인 쏘나타가 지난해에도 국내
내수시장에서 가장 많이 팔려 3년 연속 베스트셀러 카 자리를
지킨 것으로 나타났다. … 중형은 10만 2천 5백 96대의 판매량을
기록한 기아의 크레도스가 쏘나타의 뒤를 이었으며, 대형 역시 현대의
그랜저 판매량이 3만 1천 4백 6대로 2만 4백 5대가 팔린 기아의
포텐샤를 누르고 선두를 차지했다. 그러나 지프 부문에서는
쌍용자동차의 무쏘가 1만 9천 6백 70대의 판매량으로 기아의
스포티지(1만9천3대)와 1만 7천 5백 97대를 기록한
현대정공의 갤로퍼를 누르고 판매량 선두자리를 차지했다.

출처: "쏘나타 3년째 1등", 〈한겨레〉, 1997. 1. 11

'쏘나타의 진화' 20년명성 잇는다

'머스탱, 골프, 어코드'

수십년 동안 세계의 도로를 누비면서 자동차 회사의 이름보다
더 유명해진 승용차 모델들이다. 급변하는 사회 환경과 운전자의
욕구에 따라 수많은 모델이 나타났다가 사라진다. 경쟁의
산물이다. 그러나 이들은 여전히 세계 운전자들의 사랑 속에 장수하고
있다. 폭스바겐이 국민차라는 회사 이름 그대로, 국민차로 개발한
비틀(딱정벌레)이 70년이라는 세월을 달리다 끝내 단종되기는
했지만 운전자들의 사랑이 끊긴 것은 아니다. 우리나라에서도 그
세월만은 못하지만 20년 베스트셀러카의 등장을 눈앞에 두고 있다.
현대자동차의 쏘나타가 주인공이다. 1985년 10월 국내 시장에
선보인 쏘나타는 88년 6월 뉴쏘나타, 93년 5월 쏘나타Ⅱ, 96년 2월
쏘나타Ⅲ, 98년 3월 EF쏘나타로 5세대에 걸쳐 진화를 하면서
지금까지 베스트셀러 자리를 지키고 있다.

출처: "'쏘나타의 진화' 20년명성 잇는다", 〈경향신문〉, 2004. 5. 11

출처: "남성미 가미한 쏘나타2의 대변신 쏘나타3 어떤 차인가", 〈매일경제〉, 1996. 2. 14

출처 : "그이름에 한국 자동차의 미래가 보입니다,
명품의 완성 - 쏘나타3", Retrieved June, 9, 2016
from http://goo.gl/aqXJbn

출처 : "유사한 차는 많지만, 아직 따라온 차는 없습니다 -
쏘나타3", Retrieved June, 8, 2016
from http://goo.gl/QaCCp1

출처 : "요즘 쏘나타3가 더욱 돋보입니다",
〈한국광고총인협회 광고정보센터〉, 1970. 1. 1

출처 : "소비자가 뽑은 최고의 차-쏘나타3", 〈광고정보센터〉, 1996. 9. 17

'서울시 성북구 정릉4동
대우아파트' 거주

'서울시 성북국 정릉1동
경남아파트' 거주

'부산 사상구'에서 교수직으로
가족과 떨어져 거주

대우아파트 (2000~2002)
/ 132m²

경남아파트 (2002~2005)
/ 103m²

**최대 시속 330km 2010년
2차개통땐 부산까지 1시간대**
KTX(Korean Train
Express)로도 불리는
한국고속철도의 개통일은
금년 4월. … 철도청이 최근
내놓은 '2004년 고속 · 일반
열차 통합운영계획'에
따르면 개통과 함께 경부행
60편, 호남행 22편 등
평일 기준 82편, 주말에는
92편의 고속열차가 운행한다.
서울역이나 광명역, 용산역
등을 이용하는 수도권
시민만 기준으로 했을 때
부산은 하루 총 40편,
대구는 54편, 광주는 16편.
목포까지는 8편의
고속열차가 간다. …
최대시속은 330㎞(경제적
운영속도 300㎞). 고속철은
모두 20량으로 이뤄져 있으며
총길이는 388m에 이른다. …
이 경우 철로의 획기적
개선으로 서울~부산
운행시간이 2시간
40분대에서 1시간
56분대로 더 단축된다.
출처: "최대 시속 330km 2010년
2차 개통땐 부산까지 1시간대",
〈문화일보〉, 2003. 12. 31

'서울시 성북구 돈암2동
일신건영아파트' 거주

일신건영아파트 (2005 ~)
/ 139m²

주말부부 · 기러기 늘어

2005년 한국인의 가족형태는
급속도로 진전되고 있는
한국 사회의 가족 해체가
인구주택 통계에 고스란히
드러나고 있다. 사상
처음으로 한국 사회의 가구당
평균 가구원 수가 3명 이하로
떨어졌기 때문이다. 자식
한 명도 부담스러워 하는
부부나 아예 결혼조차
늦추면서 혼자 사는 싱글족,
주말이나 돼야 만날 수 있는
맞벌이 부부가 늘면서 한국
사회의 가족 형태가 바뀌고
있다. 또 아파트 선호 현상이
두드러지면서 사상
처음으로 아파트 가구가
단독주택가구를 앞질렀다.
아울러 저출산 · 고령화
영향으로 여성 인구는
35년 만에 남성보다 많아진
것으로 조사됐다.
출처: "2005년 가족형태, 주말부부 ·
기러기 늘어 1인가구 급증",
《매일경제》, 2005. 12. 27

**대한민국 일류브랜드 대상
현대자동차 '쏘나타'**

1985년 '소나타'라는
이름으로 처음 세상에 모습을
드러낸 '쏘나타'는 지속적인
디자인과 성능 향상 노력을
통해 1993년 '쏘니타 II',
1998년 'EF 쏘나타', 2004년
'쏘나타(프로젝트명 NF)',
2009년 신형 '쏘나타'에
이르기까지 출시될 때마다
선풍을 일으키며 한국의
자동차 역사를 새로 썼다.
특히 지난 9월 출시된
신형 쏘나타는 그 동안
'쏘나타'가 쌓아온 최고의
브랜드 이미지와 제네시스,
에쿠스 등의 잇따른 출시를
통해 검증받은 최상의
품질력이 결합해 탄생한
프리미엄 중형 세단.
사전계약 하루 만에 계약대수
1만대 돌파, 월 평균 약 1만
5,000대 판매 등 국내
중형차 시장에서 새로운
기록을 쏟아냈다.
출처: "대한민국 일류브랜드 대상
현대자동차 '쏘나타'", 《서울경제》,
2009. 12. 29

쏘렌토, 가성비가 좋은 차

출처: "2002 쏘렌토",
Retrieved April, 24, 2016 from
http://auto.naver.com/car/main.
nhn?yearsId = 13361

**KTX 2단계 오늘 개통식 …
서울~부산 22분 단축**

오는 11월 1일 경부고속철도
(KTX) 2단계 구간(동대구~
부산)이 개통된다. KTX
서울~부산 간 요금은
5만 5,500원으로 지금에
비해 4,300원 상승하지만
소요시간은 지금보다 최대
22분 단축된다. 또한
같은 날부터 영등포역과
수원역에도 KTX가 정차해
서울 및 수도권 서남부 지역
거주자들도 편리하게
KTX를 이용할 수 있게 된다.
국토해양부는 11월 1일부터
KTX 2단계 구간을 개통하고
영등포 및 수원역에도
KTX를 정차키로 했다고 6일
밝혔다. KTX 2단계 구간이
개통되면 서울~부산 간
소요시간은 2시간 18분으로
지금에 비해 최대 22분
단축된다. 동대구~부산 간
신설 노선에는 오송,
김천(구미), 신경주,
울산(통도사)역이 신설돼
주변 지역 주민들의 교통
편의가 개선된다. 동대구~
부산 간 기존 철도노선을
이용하는 KTX는 지금과 같이
2시간 40분에 운행한다.
출처: "KTX 2단계 오늘 개통식 서울~
부산 22분 단축", 〈파이낸셜뉴스〉,
2010. 10. 6

**기아차 쏘렌토,
누적판매 200만대 넘었다**

기아자동차의 대표 SUV
(다목적스포츠차량)
쏘렌토의 글로벌 누적
판매가 200만대를 돌파했다.
기아차는 올 상반기까지
쏘렌토의 국내외 판매량이 총
206만 9,033대를
기록했다고 17일 밝혔다.
이중 160만대가 해외
시장에서 판매됐다. 쏘렌토는
2002년 출시 첫 해
9만 4,782대 판매를
시작으로 2010년에 누적
판매량 100만 대, 올해
누적 판매대수가 200만 대를
넘었다. 쏘렌토 1세대
모델은 … 내수와 수출로
각각 24만 대와 66만 대로
총 90만 대가 판매됐다.
2009년 4월 쏘렌토R로
출시된 2세대 모델은
2010년부터 기아차
미국공장에서 생산되면서
미국 시장 판매를 견인했다.
쏘렌토는 미국에서 판매되는
국내 SUV 중 최대 판매
차종으로서 2011년에는
14만 6,017대가 팔려 미국
출시 후 역대 최고 실적을
기록했다.
출처: "기아차 쏘렌토 누적판매
200만대 넘었다", 〈머니투데이〉,
2014. 7. 17

레이, 회사 업무용 리스 차량

자동차 리스시장 4년 만에 급팽창

지난해 자동차 리스시장이 급팽창한 것으로 나타났다. 그전까지 이 시장은 사실상 답보상태에 머물러 있었지만, 지난해 수입차 리스 실적이 폭발적으로 늘어나면서 4년 만에 다시 최대 성장률을 기록했다.

출처: 김의석, "자동차 리스시장 4년만에 급팽창 왜", 〈한국금융신문〉, 2015. 5. 27

←
출처: "기아 레이",
Retrieved April, 24, 2016 from
http://www.kia.com/kr/vehicles/
ray/features.html

이달의 중고차 선정 '레이'

기아자동차 '레이'가 엔진 배기량 1,000cc 미만인 경차 가운데 처음으로 중고차 전문기업 동화엠파크의 '이달의 중고차'에 선정됐다. 지난 한 달간 판매대수와 매매 증가율 등을 고려해 산정한 결과다. 저유가와 개별소비세 인하 등의 요인으로 신차 시장에서는 경차 판매가 위축됐지만 중고차 시장에서 경차의 인기는 여전하다. … 2011년 11월 출시된 레이는 일본 업체 다이하쓰의 '탄토'를 벤치마킹해 만들어졌다. 경제성에 실용적인 실내 공간까지 겸비한 소형 크로스오버유틸리티 차량(CUV)이라 출퇴근용은 물론 자영업자들에게도 인기가 높다. … 여기에 *l* 당 13㎞를 상회하는 연비와 고속도로 및 도심 혼잡 통행료, 공영 주차료가 50%나 감면되는 경차만의 혜택도 중고차로 레이가 많이 선택되는 이유다.

출처: "경차연비에 널찍한 실내", 〈한국일보〉, 2016. 3. 16

최고의 가성비
쏘렌토

제조사 기아자동차
차종 중형
배기량 2,497cc
생산기간 2002 ~ 2009

출처: "2002 쏘렌토", Retrieved April, 24, 2016 from http://auto.naver.com/car/main.nhn?yearsId=13361

"쏘렌토가 가성비가 좋아.
가격 대비 성능. 그래서 지금도
인기 있는 거야 쏘렌토가."

아버지의 '쏘렌토'

서울에 올라오면서 쏘나타를 폐차시키고, 스포티지를 팔아 금액을 보태어
장만한 차이다. 아버지가 개인적으로 큰 덩치의 차를 선호하는 것과 커가는
자녀들의 안전을 우선으로 생각해서 지프형 차로 샀다. 가족끼리 계곡이나 산길로
놀러 갈 때면 다른 승용차와 다르게 차가 거침없이 달릴 수 있다는 점이 마음에
든다고 하셨다. 이전의 흰색, 검은색의 차를 이미 타본 터라 쏘렌토를 살 땐 은색으로
골랐다. 또 흰색은 조금 때가 많이 타고 어두운 색깔도 금방 먼지가 앉기 때문에
은색이 가장 무난하다고 생각했다. 쏘렌토는 가격 대비 성능이 아주 좋고 여태까지
타본 차 중 잔 고장도 가장 적어서 마음에 드는 차라고 하셨다. 하지만 2016년 현재,
낡기도 많이 낡았고 오랫동안 탄 차이기 때문에 다른 차로 바꿔야겠다는 생각이
들곤 한다.

기아自, 신형 SUV 차명 '쏘렌토'로 결정

기아자동차는 올해 말 출시 예정으로 개발중인 신형 SUV
(프로젝트명 : 'BL')의 차명을 「쏘렌토(SORRENTO)」로 결정
했다고 5일 밝혔다. 「쏘렌토(SORRENTO)」는 '돌아오라 쏘렌토로'로
유명한 이탈리아 나폴리항 근처의 아름다운 항구 휴양지 이름이자
미국 샌디에이고 근처의 하이테크단지 이름으로서 '멋있는 스타일과
하이테크 성능을 겸비한 차'라는 의미를 지니고 있다. … 기아는
쏘렌토(SORRENTO), 메이사(MESA), 세라토(CERATO) 등
사내에서 정한 세 가지 후보명을 놓고 지난 8월 한 달간 자사
홈페이지(www.kia.co.kr)를 통해 공모한 결과, 총 응모 수 5만여 건
가운데 50%인 2만 5,000여 명의 네티즌들이 「쏘렌토」가 기아의
신형 SUV의 차명으로 적합하다고 추천함에 따라 이같이 결정했다고
설명했다.

출처 : "기아自, 신형 SUV 차명 '쏘렌토'로 결정", 〈머니투데이〉, 2001. 9. 5

기아차 쏘렌토, 누적판매 200만대 넘었다

기아자동차는 SUV 모델 쏘렌토가 글로벌 누적 판매 200만 대를
돌파했다고 17일 밝혔다. 기아차에 따르면 쏘렌토는 2002년 2월
첫 선을 보인 후 지난 6월까지 총 206만 9,033대가 팔렸다.
출시 첫 해 9만 4,782대를 시작으로 8년 후인 2010년 누적판매
100만 대를 기록했으며, 다시 4년 후인 올해 200만 대를 넘어선 것.
특히 약 160만 대는 해외시장에서 판매됐다.

출처 : "기아차 쏘렌토 누적판매 200만대 넘었다", 〈머니투데이〉, 2014. 7. 17

한국차 유럽시장 '고속질주' 기아차 지난해 판매 50%
가까이 늘어나

"2002년 출시된 쏘렌토가 유럽사람들에게 기아차를 '퀄리티
브랜드'(품질 좋은 제품)로 인식시켜 줬습니다. 쏘렌토가 출시된 뒤
사람들이 기아차 쇼룸을 찾아 카렌스, 리오 등 다른 차종들도
구경하는 일이 많아졌습니다." 리벤스 부사장은 "질리나 공장
건설은 유럽사람들에게 기아차가 유럽시장에 매우 진지하다는
인식을 심어줄 것"이라고 기대했다. 하지만 만일 유럽시장 확대에
실패할 경우 현지공장은 현대차그룹에 곧바로 부담이 돼,
부메랑으로 돌아올 수밖에 없다. 현지공장이 공략의 발판인 동시에
배수진이 되는 이유다.

〈현대 기아차 유럽 판매대수〉

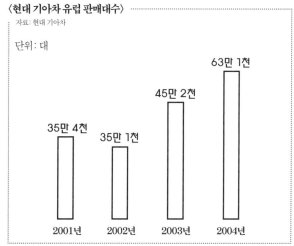

자료 : 현대 기아차

단위 : 대

- 2001년 : 35만 4천
- 2002년 : 35만 1천
- 2003년 : 45만 2천
- 2004년 : 63만 1천

출처 : "한국차 유럽시장 '고속질주' 기아차 지난해 판매 50% 가까이 늘어나", 〈한겨레〉, 2004. 4. 15

출처: "VGT엔진을 아신다면 단연코 쏘렌토", 〈광고정보센터〉, 2005. 5. 23

출처: "VGT엔진을 가졌다면!", 〈광고정보센터〉, 2005. 9. 13

출처: "쏘렌토라는 무게감", 〈광고정보센터〉, 2005. 11. 3

회사 업무용 차
레이

제조사 기아자동차
차종 경형
배기량 998cc
생산기간 2011 ~

출처: "기아 레이", Retrieved April, 24, 2016 from http://www.kia.com/kr/vehicles/ray/features.html

아버지의 '레이'

회사 법인으로 리스를 받아 장만한 업무용 차량이다. 최근 회사를 간편하게 오고가며 짐을 싣고 다닐 목적으로 차를 구매하게 되었다. 레이가 조그맣긴 하지만 뒷좌석의 공간이 많고 옆으로 여닫는 뒷문이 있어 공간활용도가 높아 짐을 놓고 옮기기 편할 것 같다는 생각에서였다. 그리멀지 않은 거리를 편하게 이동할 수 있을 것 같다는 생각 또한 구매 이유였다.

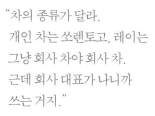

"차의 종류가 달라.
개인 차는 쏘렌토고, 레이는
그냥 회사 차야 회사 차.
근데 회사 대표가 나니까
쓰는 거지."

고심 끝에 결정한 색상

레이는 워낙 색상이 다양해서 색상을 고를 때 고민을 많이 했었다. 가족의 의견도 많이 들어보고 몇 날 며칠을 고민한 결과, 밝고 비비드한 색은 아버지와 맞지 않다는 생각이 들었고, 경차이긴 해도 묵직한 느낌을 주고 싶은 맘에 티타늄실버색으로 결정하게 되었다. 본 구매의 목적은 회사용이었지만, 기존에 쏘렌토 한 대뿐이었던 터라 각자의 퇴근을 맞추는 데 힘이 들어 하나 더 마련한 이유도 있다. 레이는 처음 이용한 리스차이지만 적은 비용으로 장기간 차를 빌릴 수 있다는 것에 만족하며 이용하고 있다.

벨로스터 '짙은 회색' 레이 '순백색' 가장 잘 팔려

현대 · 기아자동차의 차종 중 다양한 컬러를 갖추고 있는 '벨로스터'와 '레이'. 무려 10가지의 컬러 선택지가 있는 이 차들에서 가장 사랑받는 컬러는 '짙은 회색'과 '순백색'인 것으로 나타났다. … 파스텔톤부터 원색까지 다양한 색깔이 매력인 기아차의 레이 역시 아쿠아민트, 순백색, 은빛실버, 티타늄실버, 시그널 레드, 체리핑크, 미드나잇 블랙, 앨리스블루, 셀레스티얼 블루, 밀키 베이지 등 총 10가지 색상을 갖고 있다. 지난 10월까지 레이를 구매한 고객들이 가장 많이 선택한 색깔은 다름아닌 순백색(29%)이었다. 다음은 밀키 베이지(24%), 아쿠아 민트(12%) 순이었다. 벨로스터와 레이는 현대기아차 차종 중 가장 개성이 넘치는 차량이기 때문에 그에 맞춰 색상을 여러 가지 선택할 수 있도록 했다는 게 회사 측의 설명이다. 통상적으로 일반 차량들은 흰색, 회색, 검정색 등 무채색 계열 컬러의 선택 비율이 80%에 육박하지만 개성을 강조한 벨로스터와 레이는 유채 컬러의 선택 비율이 매우 높은 편에 속한다.

출처: "벨로스터 '짙은회색' 레이 '순백생 가장 잘 팔려". 〈이데일리〉. 2015. 12. 19

미니 CUV 레이

출처: "기아 레이 - 연비좋은 소형 CUV 자동차 | 기아 레이 특징 | 기아자동차 공식 사이트", Retrieved June, 10, 2016 from http://www.kia.com/kr/vehicles/ray/features.html

출처: "Kia Ray 2011 commercial (korea) 기아 레이 광고", Retrieved June, 10, 2016 from https://www.youtube.com/watch?v=tvkeIsBN4w0

출처: "VGT엔진을 아신다면 단연코 쏘렌토", 〈광고정보센터〉, 2005. 5. 23

출처: "한발앞서 전기차의 미래를 밝히다", 〈광고정보센터〉, 2011. 12. 28

출처: "하나부터 열까지 새로운RAY", 〈광고정보센터〉,
2011. 12. 14

부록

국내 자동차 네이밍 사전

GALLOPER

갤로퍼 GALLOPER

영어로 '전속력으로 질주하는 말'을
나타낸다.

그라나다

그라나다 GRANADA

스페인 남부 안달루시아 지방에
있는 도시명이다.

GRANDEUR

그랜저 GRANDEUR

영어로 '웅장, 장엄, 위대함'을
뜻한다.

Grace

그레이스 GRACE

영어로 '우아하고 품위 있음'을
뜻한다.

Nubira

갤로퍼 GALLOPER

우리말 '누비다'에서 착안하여,
전 세계 사람들이 믿고 탈 수 있는
안전하고 대중적인 차라는 의미를
담았다.

niro

니로 NIRO

극대화된 친환경 기술력을
연상시키는 'Near Zero(제로에
가까운)'와 한층 강화된 친환경
차종의 위상을 상징하는
'Hero(영웅)'에서 따왔다.

DAMAS

다마스 DAMAS

스페인어로 '좋은 친구들'을 뜻한다.
언제 어디서나 시간, 장소에
구애받지 않고 친숙하게 지낼 수
있는 차라는 뜻이다.

DYNASTY

다이너스티 DYNASTY

영어로 '왕조'를 뜻한다. 전통과
권위를 나타낸다.

Lanos

라노스 LANOS

라틴어 'laetus(즐거운)'와 'nos
(우리)'의 합성어다. 우리를 즐겁게
해주는 차라는 뜻이다.

LABO

라보 LABO

영어로 'labor(일하다)'의 일부를
가져와, 일 속에서 목표를 향해
도전한다는 의미를 담았다.

LAVITA

라비타 LAVITA

이탈리아어로 'la vita', 풍요로운
삶을 뜻한다.

LACETTI

라세티 LAVITA

라틴어 'lacertus(힘 있는, 성능
좋은, 젊음이 넘치는)'에서 따왔다.

Rhino

라이노 RHINO

영어로 '코뿔소'를 뜻한다. 돈이라는
의미의 속어로 사용되기도 한다.

Leganza

레간자 LEGANZA

이탈리아어 'elegante(우아함)'와
'forza(힘)'의 합성어로, 소리 없는
우아한 힘을 지닌 차를 뜻한다.

RAY

레이 RAY

영어로 '빛, 서광'을 의미한다.

REZZO

레조 REZZO

이탈리아어로 '그늘,
산들바람'이라는 뜻으로, 도심
생활에 지친 현대인들에게
안락함을 느낄 수 있는 공간을
제공하는 차를 뜻한다.

RETONA

레토나 크루저 RETONA CRUISER
영어로 'cruiser'는 '순양함'을 뜻한다. 강력한 힘과 호쾌한 주행능력으로 물과 땅을 지배하는 차라는 뜻이다.

REXTON

렉스턴 REXTON
라틴어 'rex(왕가, 국왕)'와 영어 'tone(품격, 기조)'의 합성어로 왕가의 품격을 상징한다.

RODIUS

로디우스 RODIUS
영어 'road(길)'와 'Zeus (제우스)'의 합성어로 길 위의 제왕을 뜻한다.

LEMANS

르망 LEMANS
자동차 경주대회가 유명한 프랑스 서북부의 도시 이름이다. 스포티한 스타일과 성능을 표현하고 있으며, 자체로서 우수한 차의 대명사라는 의미를 담았다.

Rio

리오 RIO
스페인어로 '강'을 뜻하며 힘이 넘치고 역동적인 이미지를 표현했다.

Marcia

마르샤 MARCIA
이탈리아어로 '행진곡'을 뜻한다.

Matiz

마티즈 MATIZ
스페인어로 '깜찍하고 빈틈이 없으면서 단단한' 느낌을 의미한다.

MAXCRUZ

맥스크루즈 MAXCRUZ
영어 'maximize(극대화하다)'와 'cruise(유람선)'의 합성어다. 맥스크루즈를 만나, 삶이 한층 다채롭고 풍요로워진다는 의미를 담았다.

맵N-나

맵시나 MAEPSY-NA
'맵시'는 순우리말로 '아름답고 보기 좋은 모양새'를 뜻한다. '맵시-나'는 가, 나, 다 순을 붙여 2번째 맵시라는 뜻이다.

MOHAVE

모하비 MOHAVE
영어 'Majesty Of High-tech Active VEhicle(최고의 기술을 가진 SUV의 최강자)'의 준말인 동시에 미국 모하비 사막의 지명을 약간 변형한 이름이기도 하다.

MUSSO

무쏘 MUSSO
코뿔소의 또 다른 순우리말로, 코뿔소처럼 튼튼하고 강력한 힘을 지닌 차를 뜻한다.

VERACRUZ

베라크루즈 VERACRUZ
멕시코의 항구 도시 이름인 'Veracruz(베라크루스)'에서 따왔다.

VERNA

베르나 VERNA
이탈리아어로 '청춘, 열정'이라는 뜻을 지닌 파생어다.

BESTA

베스타 BESTA
영어 'best(최고의)'와 'ace(에이스)'의 합성어다.

Veloster

벨로스터 VELOSTER
영어 'velocity(속도)'에 접미사인 '-ster (다룰 줄 아는 사람)'를 합성하여, 속도를 다룰 줄 아는 사람을 뜻한다.

BOXER

복사 BOXER
권투선수처럼 힘차고 깅인한 트럭임을 뜻한다.

BONGO

봉고 BONGO
영어로 아프리카에 서식하는 '야생 영양'을 뜻한다.

Brougham

브로엄 BROUGHAM
영어로 중세 유럽 귀족이 타던 '덮개 마차'를 뜻한다.

VISTO

비스토 VISTO
이탈리아어로 '경쾌하게, 빠르게'라는 뜻이다. 20~30대 젊은 층의 스피드, 활동성, 밝음 등을 뜻한다.

SANTAFE

싼타페 SANTAFE
미국 뉴멕시코의 휴양도시 이름으로, 일상에서 벗어나 여유와 자유를 추구한다는 의미를 담았다.

CERES

세레스 CERES
'세레스'는 고대 그리스 신화에 등장하는 땅, 농사, 풍요의 여신을 말한다.

SEPHIA

세피아 SEPHIA
영어 'Style Economy Power Hi-tech Ideal Auto'의 합성어다.

Shuma

슈마 SHUMA
라틴어 'summa(최고, 가장 중요한 것)'의 조어이다. 퓨마(Puma)와 스타일상의 이미지 및 유사발음에 역점을 두었다.

SCOUPE

스쿠프 SCOUPE
영어 'sports(스포츠)'와 'coupe(쿠페형 자동차)'의 합성어로, 특종을 의미하는 'scoop'과 동음어이기도 하다.

Starex

스타렉스 STAREX
영어 'star(별)'와 'rex(왕)'의 합성어다. 별 중의 별, 모든 측면에서 가장 뛰어난 차를 뜻한다.

STELLAR

스텔라 STELLAR
라틴어 'stellaris(별의)'에서 따와, '중요한, 우수한, 일류의'란 뜻이다. 참신한 이미지와 세련된 품위, 뛰어난 기능을 지닌 승용차라는 의미를 담았다.

SPECTRA

스펙트라 SPECTRA
영어로 '빛의 근원'을 뜻한다.
무지개를 상징하는 일곱 가지
빛깔과 같이 다양한 욕구를
충족시키는 차라는 의미다.

스포티지 SPORTAGE
영어 'sports(스포츠)'와
'portage(운반)'의 합성어다.
레저와 업무를 동시에 만족하게
하는 신감각의 차라는 뜻이다.

Santamo

쌴타모 SANTAMO
영어 'Safety and talented
motor'의 약자로, 안전하고 다양한
기능을 뜻한다.

SONATA

쏘나타 SONATA
고도의 연주 기술이 요구되는 4악장
형식의 악곡인 '소나타'에서 따온
것으로, 혁신적인 성능, 기술,
가격을 지닌 종합 예술 승용차라는
의미이다.

SORENTO

쏘렌토 SORENTO
이탈리아 남부 캄파니아 주
북부 나폴리 현 남부의 휴양지
'Sorrento(소렌토)'에서 따온
이름이다.

CIELO

씨에로 CIELO
스페인어로 '하늘'을 뜻한다.
하늘처럼 넓고 푸른 꿈과 야망을
지닌 현대인에게 운전의 즐거움을
주는 차라는 의미다.

AVANTE

아반떼 AVANTE
스페인어로 '전진, 발전,
앞으로'라는 뜻이다.

Avella

아벨라 AVELLA
라틴어 'avelo(갖고 싶은)'와
'illa(그것)'의 합성어다. 갖고 싶은 차,
풍요, 풍만을 의미한다.

ASLAN

아슬란 ASLAN
터키어로 '사자'라는 뜻이다.

IONIQ

아이오닉 IONIQ
전기적인 힘의 결합과 분리를 통해
새로운 에너지를 만들어내는
'이온(ion)'과 현대자동차의
'독창성(unique)'이 결합한 합성어다.

ARCADIA

아카디아 ARCADIA
고대 그리스어로 '경치 좋은
이상향'을 뜻한다. 누구나 한 번쯤
가지고픈 편안하고 안전한 이상적인
차라는 의미를 담았다.

ATOZ

아토스 ATOZ
'A to Z'. 알파벳 A에서 Z까지의
뜻으로 모든 것이라는 의미다.

ACTYON

액티언 ACTYON
영어 'action(액션)'과
'young(젊은)'의 합성어다.

Yamouzine

야무진 YAMOUZINE
영어 'Yes! Mount the Zone of
Images'의 이니셜 조합으로,
누구나 꿈꾸던 1톤 트럭의 새로운
세계를 의미한다. 동시에 우리말
'야무지다'의 뜻을 담았다.

ESPERO

에스페로 ESPERO
스페인어로 '희망, 기대'를 뜻한다.
꿈과 희망을 함께 성취하는
인생의 동반자라는 의미를 담았다.

EQUUS

에쿠스 EQUUS
라틴어로 '개선 장군의 말'을 뜻한다.
멋진 마차라는 뜻을 담고 있다.

accent

엑센트 ACCENT
영어로 '강세, 강조'라는 뜻과 함께,
'Advanced Compact Car of Epoch
making New Technology'의
약자이기도 하다. 외래어 표기법상,
'악센트'가 맞는 표기이고,
실제 영어 발음으로는 '액센트'에
가깝지만, 어감을 고려하여
'엑센트'가 공식 차명이 되었다.

EXCEL

엑셀 EXCEL
영어 'excellent(우수한, 뛰어난)'의
줄임말이다.

Enterprise

엔터프라이즈 ENTERPRISE
영어로 '진취, 모험, 기업가정신'을
뜻한다. 최고의 지위와 품격을
이룬 성공한 사람을 상징한다.

ELANTRA

엘란트라 ELANTRA
프랑스어 'Elan(열정)'에 영어
'transport(운송)'의 맨 앞 세 글자인
'tra'를 덧붙여 만들었다.

OPIRUS

오피러스 OPIRUS
영어로 '의견 주도층(Opinion
Leader Of Us)'을 의미하며,
라틴어로 '보석의 땅,
황금의 땅(Ophir Rus)'이라는
전설 속 지명이기도 하다.

Optima

옵티마 OPTIMA
영어로 '최상, 최적'을 뜻한다.
고품격의 세련된 품위, 뛰어난
기능을 발휘하는 차를 의미한다.

ISTANA

이스타나 ISTANA
말레이어로 '궁전'을 뜻한다.
마치 궁전에 있는 것처럼 편안하고
안락한 차라는 의미를 담았다.

ㅈ   ㅊ   ㅋ

GENESIS

제네시스 GENESIS
영어로 '기원, 창세기'라는 뜻이다.

GENTRA

젠트라 GENTRA
영어 'gentle(온화하고
세련된)'에서 따왔다.

체어맨 CHAIRMAN
영어로 '의장, 회장, 사장'을 뜻한다.
우수한 차량성능과 고품격의
이미지를 표현했다.

CARNIVAL

카니발 CARNIVAL
라틴어로 '사육제 행사'를 뜻한다.
축제에 잘 어울리며 자유롭고
낭만적인 레저를 추구한다는 의미를
담았다.

CARENS

카렌스 CARENS
영어 'car(자동차)'와 'Renais-
sance(부흥)'의 합성어다.
다시 한 번, 부흥기를 열겠다는
기아의 의지를 담았다.

CARSTAR

카스타 CARSTAR
영어 'car(자동차)'와 'star(별)'의
합성어로, 자동차의 별,
즉 '자동차 중 으뜸'이라는 뜻이다.

KYRON

카이런 KYRON
'무한대'를 뜻하는 수학 용어
'Kai(카이)'와 영어 'runner(러너)'의
합성어다.

Korando

코란도 KORANDO
영어 'Korean can do(한국인은
할 수 있다)'의 줄임말이다.
한국 지형에 맞게 설계 및 개발한,
한국인이 만든 사륜구동차라는
의미이다.

**코란도 투리스모
KORANDO TURISMO**
'코란도'에 여행을 뜻하는
이탈리아어 'turismo'를 결합하였다.

코 티 나

코티나 CORTINA
이탈리아 북부 베네토주(州)의
돌로미티케 산맥에 둘러싸인
휴양도시 'Cortina d'Ampezzo
(코르티나담페초)'에서 따왔다.

CREDOS

코티나 CORTINA
라틴어로 '믿다, 확신하다'라는
뜻으로, 고객이 충분히 신뢰할 수
있는 차라는 의미를 담았다.

Click

클릭 CLICK
컴퓨터 세대에 친숙한 느낌을 주기
위해 지어진 이름으로, '마우스를
누른다, 성공하다, 잘되다, 사랑하는
사이가 되다' 라는 의미를 담고 있다.

E

TOWNER
타우너 TOWNER
영어로 '도시 사람'이란 뜻이다.

Terracan
테라칸 TERRACAN
영어 'terra(대지)'와 몽골어 'Khan(황제)'의 합성어로, '대지를 지배하는 왕'이라는 뜻이다.

TOSCA
테라칸 TERRACAN
영어로 'Tomorrow Standard Car (내일의 표준 자동차)'를 의미한다.

Tuscani
투스카니 TUSCANI
고대 로마 문명의 기원지였던 이탈리아 지역명 'Tuscany (투스카니)'에서 유래한 것으로, 단순하면서도 품위를 지향한다는 콘셉트에 따라 붙였다.

Tucson
투싼 TUCSAN
미국 애리조나 주의 도시 'Tucson(투손)'에서 따왔다.

TRAJET
트라제 TRAJET
프랑스어로 '여행, 여정'을 의미한다.

TIVOLI
티볼리 TIVOLI
이탈리아 로마로부터 동북동쪽으로 30km 정도 떨어진 곳에 있는 휴양지 이름이다.

티뷰론 TIBURON
스페인어로 '상어'라는 뜻으로, 역동적인 스타일과 고성능을 뜻한다.

ㅍ

TiCO
티코 TICO
영어 'Tiny Tight Convenient Cozy'의 조어로, 작지만 단단하면서 편리하고 아늑한 경제적인 차를 뜻한다.

ㅍ

pony
포니 PONY
영어로 '조랑말'을 뜻한다.

PORTER
포터 PORTER
영어로 '짐꾼'을 뜻한다.

POTENTIA
포텐샤 POTENTIA
영어로 '힘센, 강력한, 유력한, 잠재적인'이라는 뜻이다. 부와 권위를 가진 최상의 신분을 의미한다.

PRIDE
프라이드 PRIDE
영어로 '자부심, 긍지'를 뜻한다.

PRESTO
프레스토 PRESTO
악보에서, 매우 빠르게 연주하라는 뜻의 이탈리아어이다.

PRINCE
프린스 PRINCE
영어로 '왕자'를 뜻한다. 귀족의 품위를 지닌 고급 승용차라는 의미를 담고 있다.

I

i30
i30 시리즈
'i'는 영어 'inspiring(영감)'과 'intelligence(신기술)' 그리고 'innovation(혁신)'을 상징한다. 동시에 현대차의 영문명인 'Hyundai'의 끝자리 'i'도 나타낸다. 숫자 30은 'i30'이 속한 'C세그먼트 차량(준중형차)'을 뜻한다.

K9 시리즈
'기아자동차(Kia)'와 '대한민국
(Korea)', 그리스어 'Kratos
(강력함, 지배, 통치)', 영어 'Kinetic
(활동적인, 동적인)'의 앞글자인
'K'에 대형급을 의미하는 숫자 9를
결합하였다.

SM5

SM5 시리즈
'Samsung Motors Sedan'의 약자로,
숫자 5는 중형(1에서 9까지)임을
나타낸다.

아버지의 자동차

초판 1쇄 발행일   2016년 11월 9일

기획   오창섭

리서치 · 글   강민재   아버지의 자동차 - 3. 자동차, 타인의 시선 | 류풍현
(메타디자인연구실)   고민경   1960년 이후, 한국 - 의복 문화, 기술 문화, 정치 · 경제 · 사회 / 인터뷰 - 채영석, 구 상
   고은희   인터뷰 - 채영석 / 아버지의 자동차 - 4. 티뷰론은 날렵한 속도감으로 젊은 나를 매료시켰지 | 곽 건
   곽은영   인터뷰 - 채영석 / 아버지의 자동차 - 4. 티뷰론은 날렵한 속도감으로 젊은 나를 매료시켰지 | 곽 건
   길예람   1960년 이후, 한국 - 음식 문화, 기술 문화, 통계
   류송희   아버지의 자동차 - 3. 자동차, 타인의 시선 | 류풍현
   박민아   1960년 이후, 한국의 자동차 - 쌍용자동차 · GM코리아 / 부록 - 국내 자동차 네이밍 사전
   박서연   인터뷰 - 구 상 / 아버지의 자동차 - 5. 소중한 이들을 태우고 달리다 | 박해수
   박지희   1960년 이후, 한국 - 주거 문화, 기술 문화
   박혜원   아버지의 자동차 - 2. 그 후로 중고차를 정말 싫어해 | 박세영
   신유하   1960년 이후, 한국의 자동차 - 신문기사에 나타난 자동차, 자동차 관련 통계
   왕한영   아버지의 자동차 - 1. 흘러가는 자동차, 흘러가는 아버지 | 조철현
   이건희   인터뷰 - 구 상 / 1960년 이후, 한국의 자동차 - 기아자동차 · 현대자동차, 르노삼성자동차
   이지숙   인터뷰 - 채영석 / 아버지의 자동차 - 5. 소중한 이들을 태우고 달리다 | 박해수
   이학영   아버지의 자동차 - 2. 그 후로 중고차를 정말 싫어해 | 박세영
   조민규   인터뷰 - 구 상 / 아버지의 자동차 - 1. 흘러가는 자동차, 흘러가는 아버지 | 조철현

펴낸이   박영희

편집 · 디자인   이건희

교정   김영림

인쇄 · 제본   AP 프린팅

펴낸곳   도서출판 어문학사
   서울특별시 도봉구 쌍문동 523-21 나너울 카운티 1층
   대표전화: 02-998-0094 / 편집부1: 02-998-2267 / 편집부2: 02-998-2269
   홈페이지: www.amhbook.com
   트위터: @with_amhbook
   인스타그램: amhbook
   페이스북 페이지: http://www.facebook.com/amhbook
   네이버 블로그: http://blog.naver.com/amhbook
   다음 블로그: http://blog.daum.net/amhbook
   e-mail: am@amhbook.com
   등록: 2004년 4월 6일 제7-276호

ISBN   978-89-6184-421-5 03300
정가   24,000원

이 도서의 국립중앙도서관 출판예정도서목록(CIP)은 e-CIP홈페이지(http://www.nl.go.kr/ecip)와
국가자료공동목록시스템(http://www.nl.go.kr/kolisnet)에서 이용하실 수 있습니다.
(CIP제어번호: CIP 2016026446)

※잘못 만들어진 책은 교환해 드립니다.